付録　とりはずしてお使いください。

漢字おさらいドリル

前学年で習った漢字

5年生で習った漢字を復習しましょう！

もくじ

		この付録のページ
1	あ行の漢字 か行の漢字①	2～3
2	か行の漢字②	4～5
3	か行の漢字③ さ行の漢字①	6～7
4	さ行の漢字②	8～9
5	さ行の漢字③ た行の漢字①	10～11
6	た行の漢字② な行の漢字　は行の漢字①	12～13
7	は行の漢字② ま行の漢字　や行・ら行の漢字	14～15
8	五年生で習った漢字	16～17
答え		18～19

6年　　組

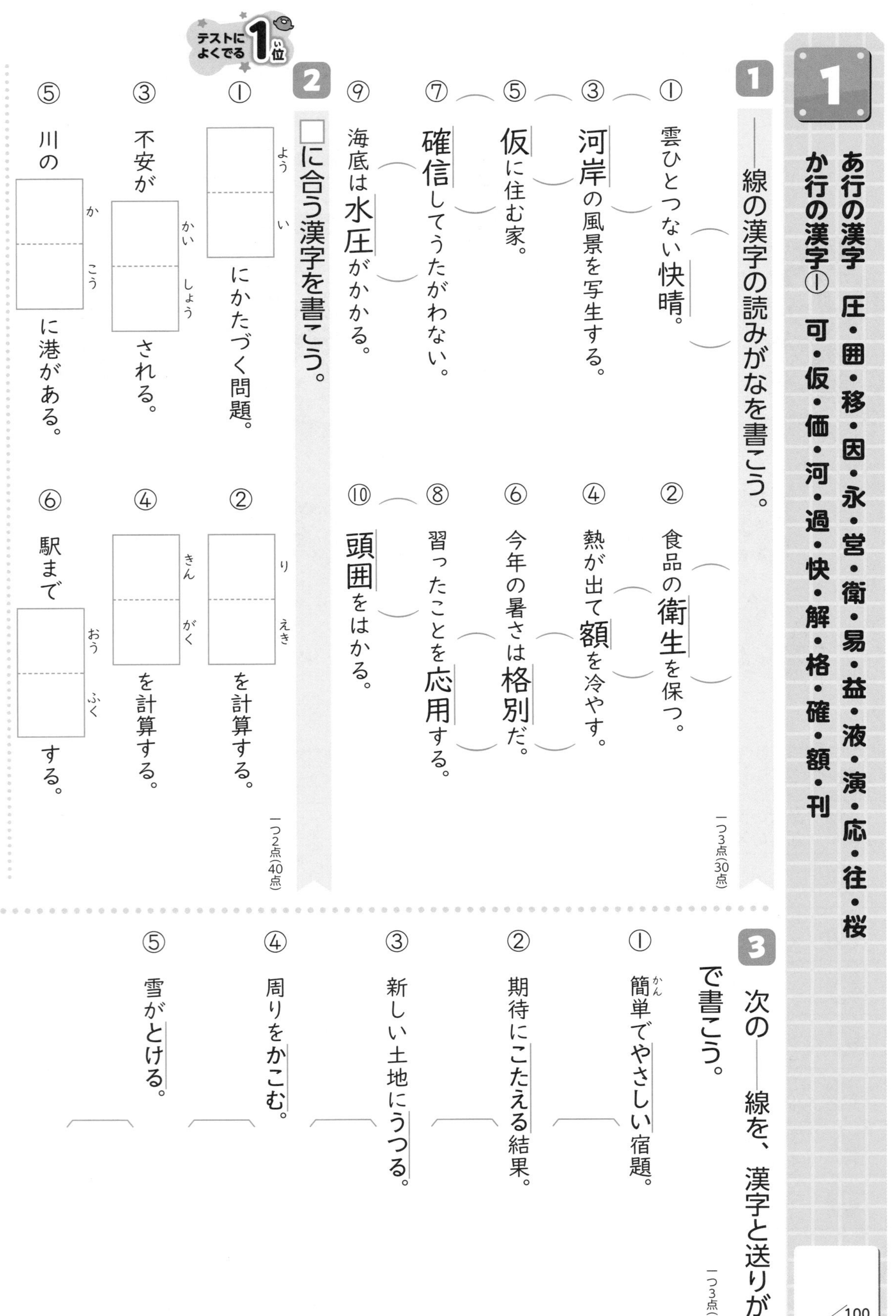

1 あ行の漢字 か行の漢字①

圧・囲・移・因・永・営・衛・易・益・液・演・応・往・桜・可・仮・価・河・過・快・解・格・確・額・刊

／100

テストによくでる1位

1 ――線の漢字の読みがなを書こう。

一つ3点（30点）

① 雲ひとつない快晴。（　）
② 食品の衛生を保つ。（　）
③ 河岸の風景を写生する。（　）
④ 熱が出て額を冷やす。（　）
⑤ 仮に住む家。（　）
⑥ 今年の暑さは格別だ。（　）
⑦ 確信してうたがわない。（　）
⑧ 習ったことを応用する。（　）
⑨ 海底は水圧がかかる。（　）
⑩ 頭囲をはかる。（　）

2 □に合う漢字を書こう。

一つ2点（40点）

① □□（よう・い）にかたづく問題。
② □□（り・えき）を計算する。
③ 不安が□□（かい・しょう）される。
④ □□（きん・がく）を計算する。
⑤ 川の□□（か・こう）に港がある。
⑥ 駅まで□□（おう・ふく）する。

3 次の――線を、漢字と送りがなで書こう。

一つ3点（30点）

① 簡（かん）単でやさしい宿題。
② 期待にこたえる結果。
③ 新しい土地にうつる。
④ 周りをかこむ。
⑤ 雪がとける。

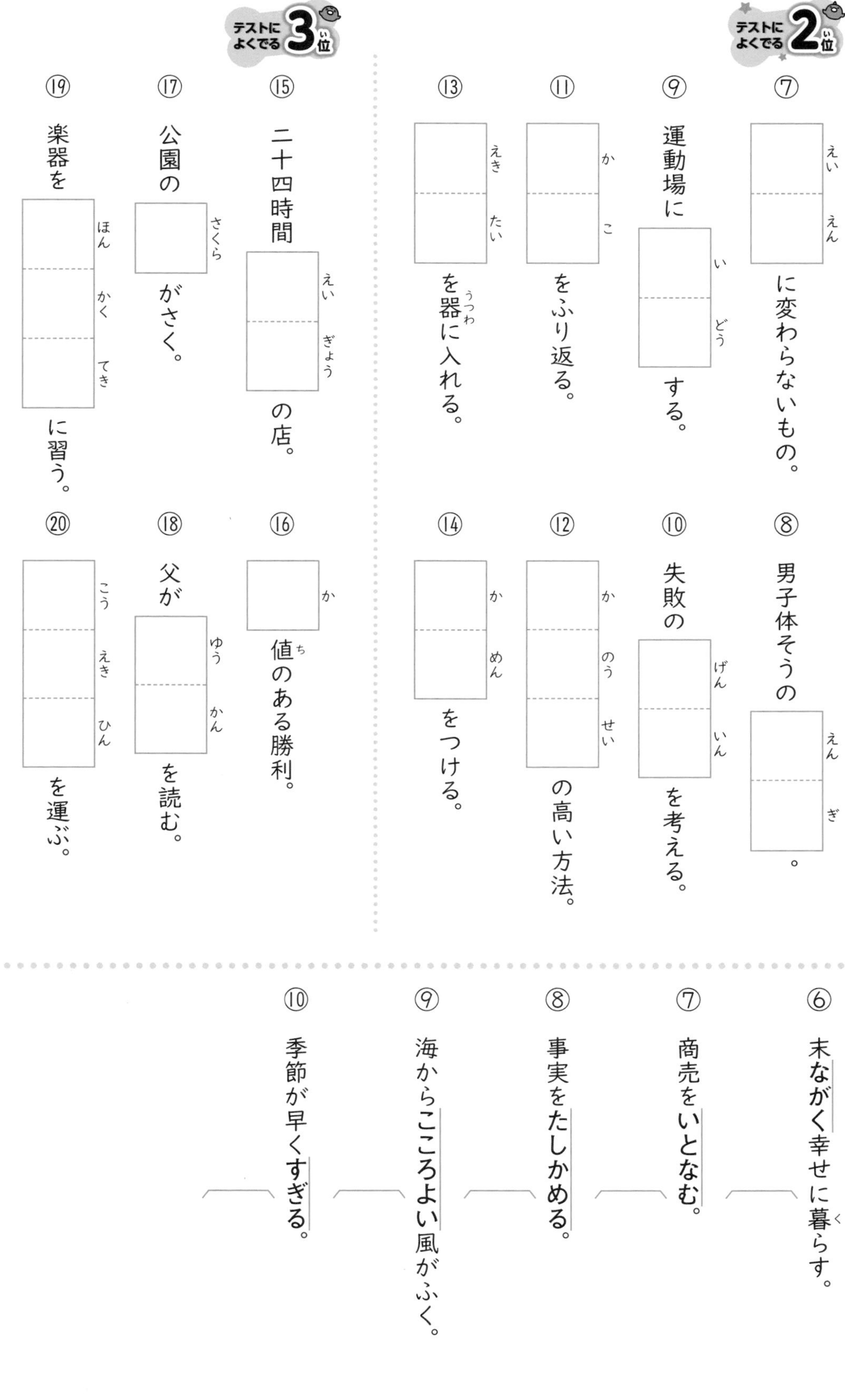

テストによくでる2位

⑦ □□（えいえん）に変わらないもの。

⑧ 男子体そうの□□（えんぎ）。

⑨ 運動場に□□（いどう）する。

⑩ 失敗の□□（げんいん）を考える。

⑪ □□（かこ）をふり返る。

⑫ □□□（かのうせい）の高い方法。

⑬ □□（えきたい）を器（うつわ）に入れる。

⑭ □□（かめん）をつける。

テストによくでる3位

⑮ 二十四時間□□（えいぎょう）の店。

⑯ □（か）値（ち）のある勝利。

⑰ 公園の□（さくら）がさく。

⑱ 父が□□（ゆうかん）を読む。

⑲ 楽器を□□□（ほんかくてき）に習う。

⑳ □□□（こうえきひん）を運ぶ。

⑥ 末ながく幸せに暮（く）らす。（　　　）

⑦ 商売をいとなむ。（　　　）

⑧ 事実をたしかめる。（　　　）

⑨ 海からこころよい風がふく。（　　　）

⑩ 季節が早くすぎる。（　　　）

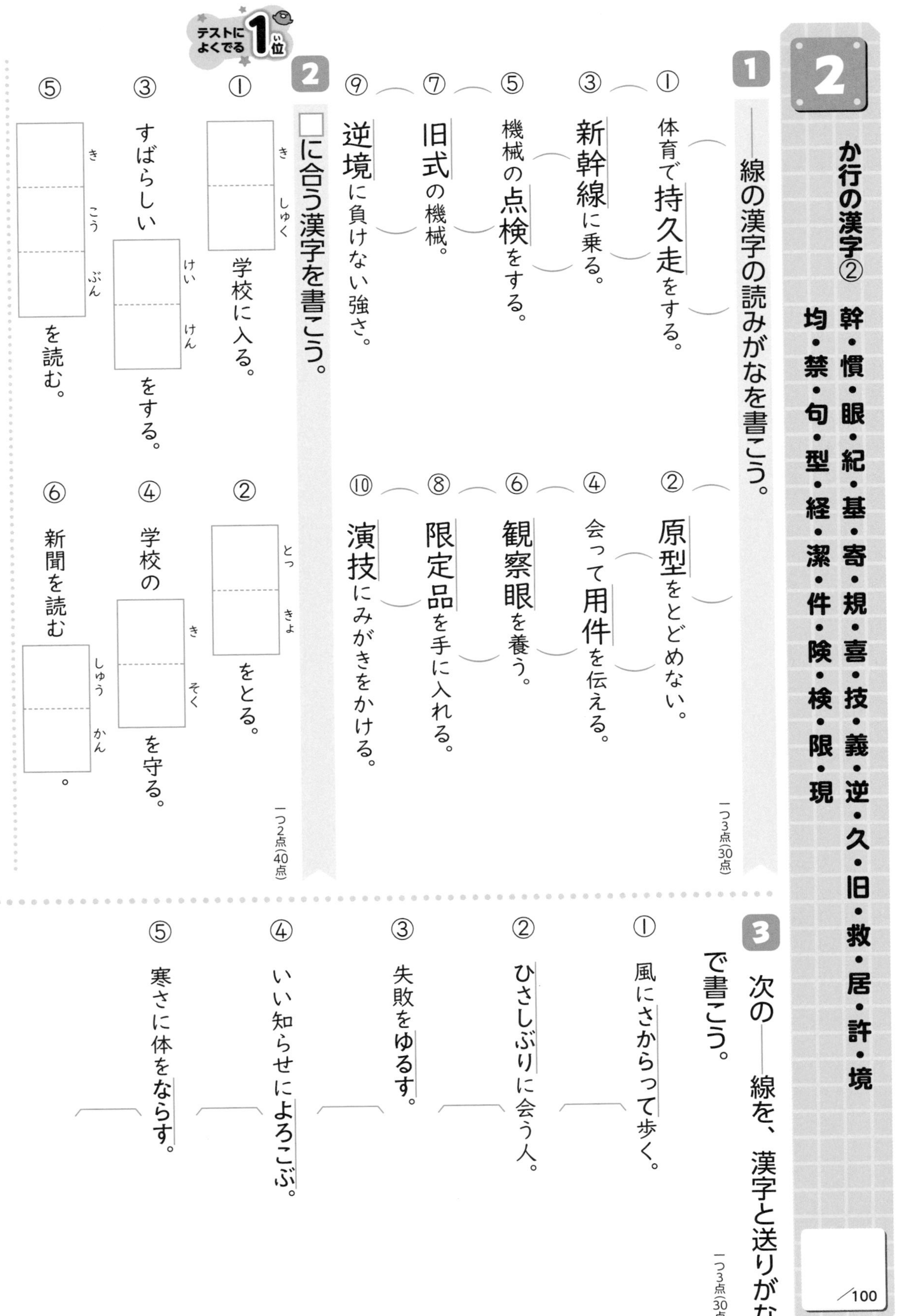

2 か行の漢字②

幹・慣・眼・紀・基・寄・規・喜・技・義・逆・久・旧・救・居・許・境・均・禁・句・型・経・潔・件・険・検・限・現

／100

1 ――線の漢字の読みがなを書こう。

一つ3点(30点)

① 体育で持久走をする。（　　）
② 原型をとどめない。（　　）
③ 新幹線に乗る。（　　）
④ 会って用件を伝える。（　　）
⑤ 機械の点検をする。（　　）
⑥ 観察眼を養う。（　　）
⑦ 旧式の機械。（　　）
⑧ 限定品を手に入れる。（　　）
⑨ 逆境に負けない強さ。（　　）
⑩ 演技にみがきをかける。（　　）

2 □に合う漢字を書こう。

一つ2点(40点)

テストによくでる1位

① □□（き しゅく）学校に入る。
② □□（とっ きょ）をとる。
③ すばらしい□□（けい けん）をする。
④ 学校の□□（き そく）を守る。
⑤ □□□（き こう ぶん）を読む。
⑥ 新聞を読む□□（しゅう かん）。

3 次の――線を、漢字と送りがなで書こう。

一つ3点(30点)

① 風にさからって歩く。（　　）
② ひさしぶりに会う人。（　　）
③ 失敗をゆるす。（　　）
④ いい知らせによろこぶ。（　　）
⑤ 寒さに体をならす。（　　）

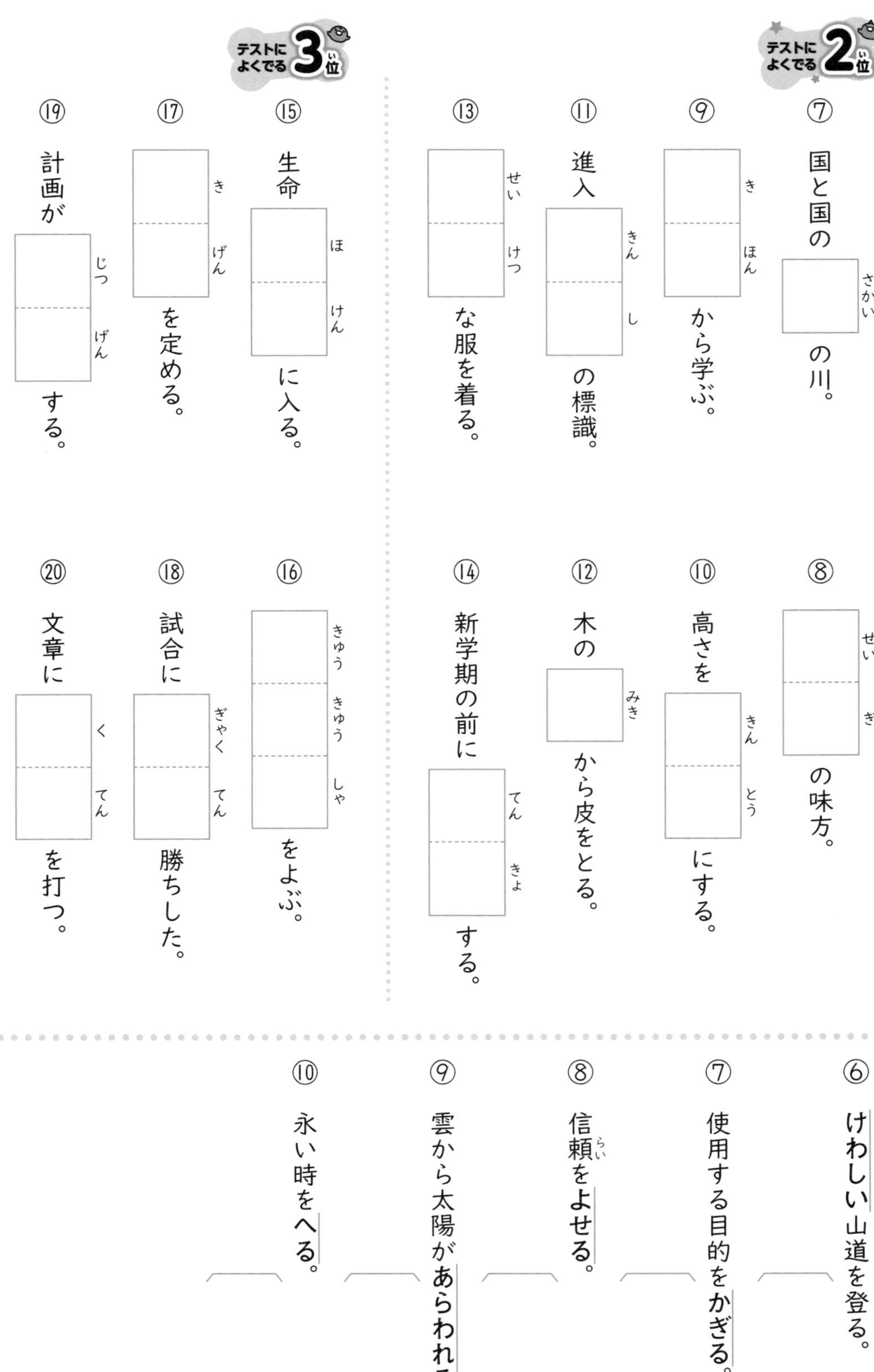

テストによくでる2位

⑦ 国と国の□（さかい）の川。

⑧ □（せいぎ）の味方。

⑨ □（きほん）から学ぶ。

⑩ 高さを□（きんとう）にする。

⑪ 進入□（きんし）の標識。

⑫ 木の□（みき）から皮をとる。

⑬ □（せいけつ）な服を着る。

⑭ 新学期の前に□（てんきょ）する。

テストによくでる3位

⑮ 生命□（ほけん）に入る。

⑯ □（きゅうきゅうしゃ）をよぶ。

⑰ □（きげん）を定める。

⑱ 試合に□（ぎゃくてん）勝ちした。

⑲ 計画が□（じつげん）する。

⑳ 文章に□（くてん）を打つ。

⑥ <u>けわしい</u>山道を登る。（　　　）

⑦ 使用する目的を<u>かぎる</u>。（　　　）

⑧ 信頼（らい）を<u>よせる</u>。（　　　）

⑨ 雲から太陽が<u>あらわれる</u>。（　　　）

⑩ 永い時を<u>へる</u>。（　　　）

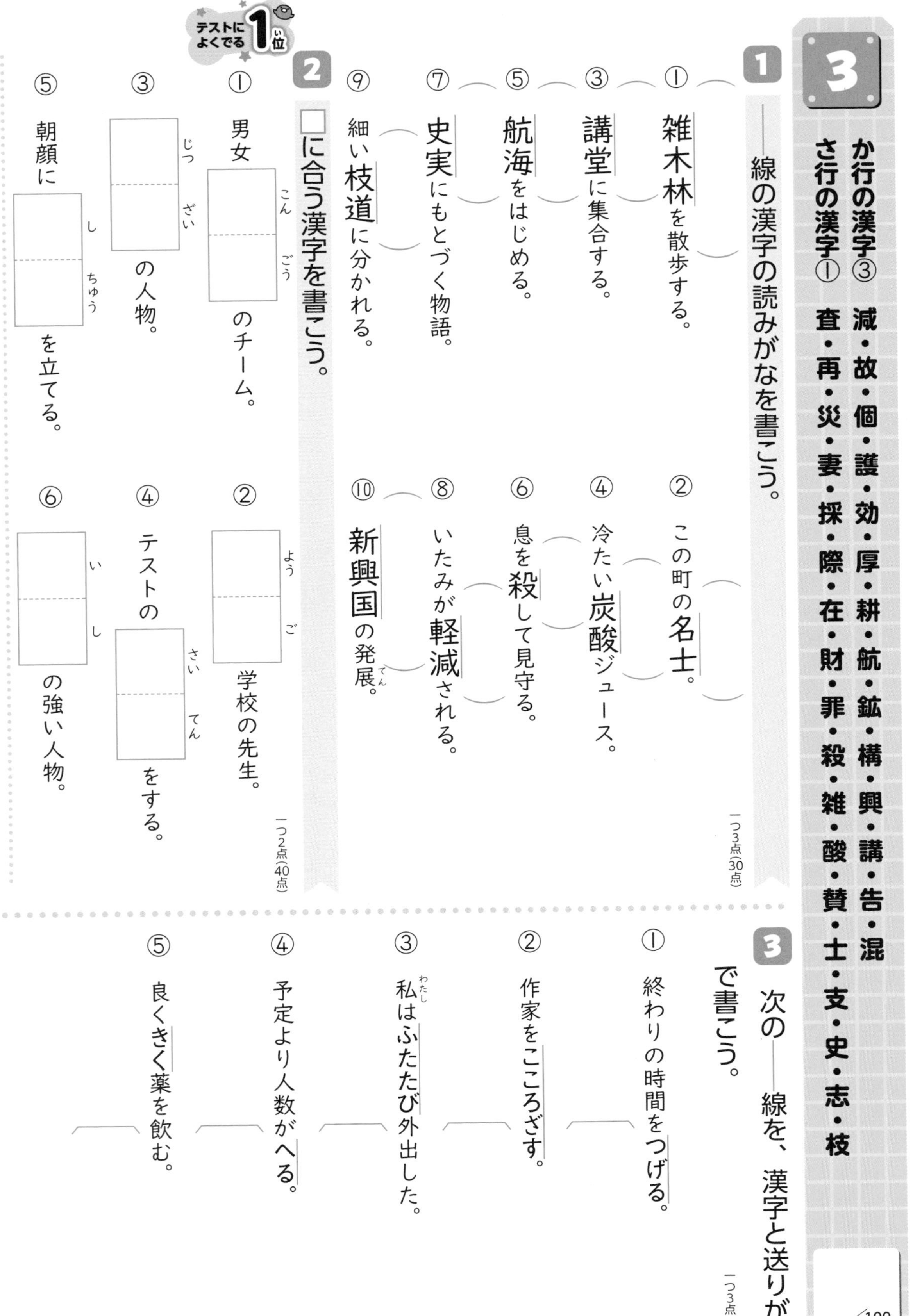

3 か行の漢字③ さ行の漢字①

減・故・個・護・効・厚・耕・航・鉱・構・興・講・告・混
査・再・災・妻・採・際・在・財・罪・殺・雑・酸・賛・士・支・史・志・枝

／100

1 ――線の漢字の読みがなを書こう。

一つ3点（30点）

① 雑木林を散歩する。（　　）
② この町の名士。（　　）
③ 講堂に集合する。（　　）
④ 冷たい炭酸ジュース。（　　）
⑤ 航海をはじめる。（　　）
⑥ 息を殺して見守る。（　　）
⑦ 史実にもとづく物語。（　　）
⑧ いたみが軽減される。（　　）
⑨ 細い枝道に分かれる。（　　）
⑩ 新興国の発展。（　　）

テストによくでる1位

2 □に合う漢字を書こう。

一つ2点（40点）

① 男女□□（こんごう）のチーム。
② □□（ようご）学校の先生。
③ □□（じつざい）の人物。
④ テストの□□（さいてん）をする。
⑤ 朝顔に□□（しちゅう）を立てる。
⑥ □□（いし）の強い人物。

3 次の――線を、漢字と送りがなで書こう。

一つ3点（30点）

① 終わりの時間をつげる。（　　）
② 作家をこころざす。（　　）
③ 私（わたし）はふたたび外出した。（　　）
④ 予定より人数がへる。（　　）
⑤ 良くきく薬を飲む。（　　）

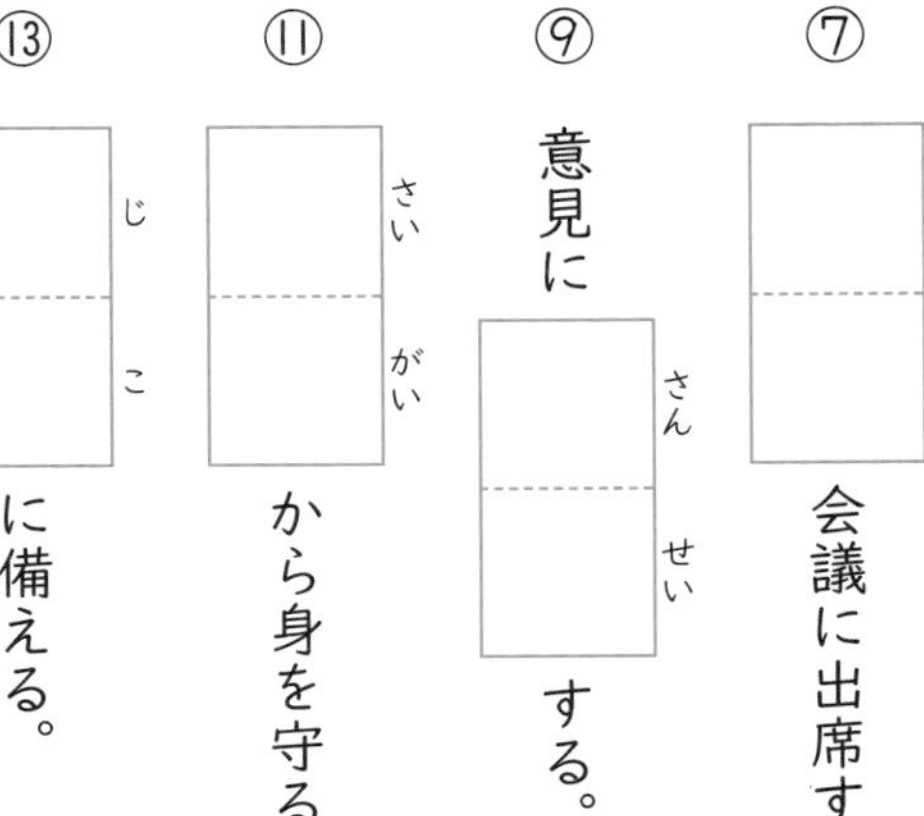
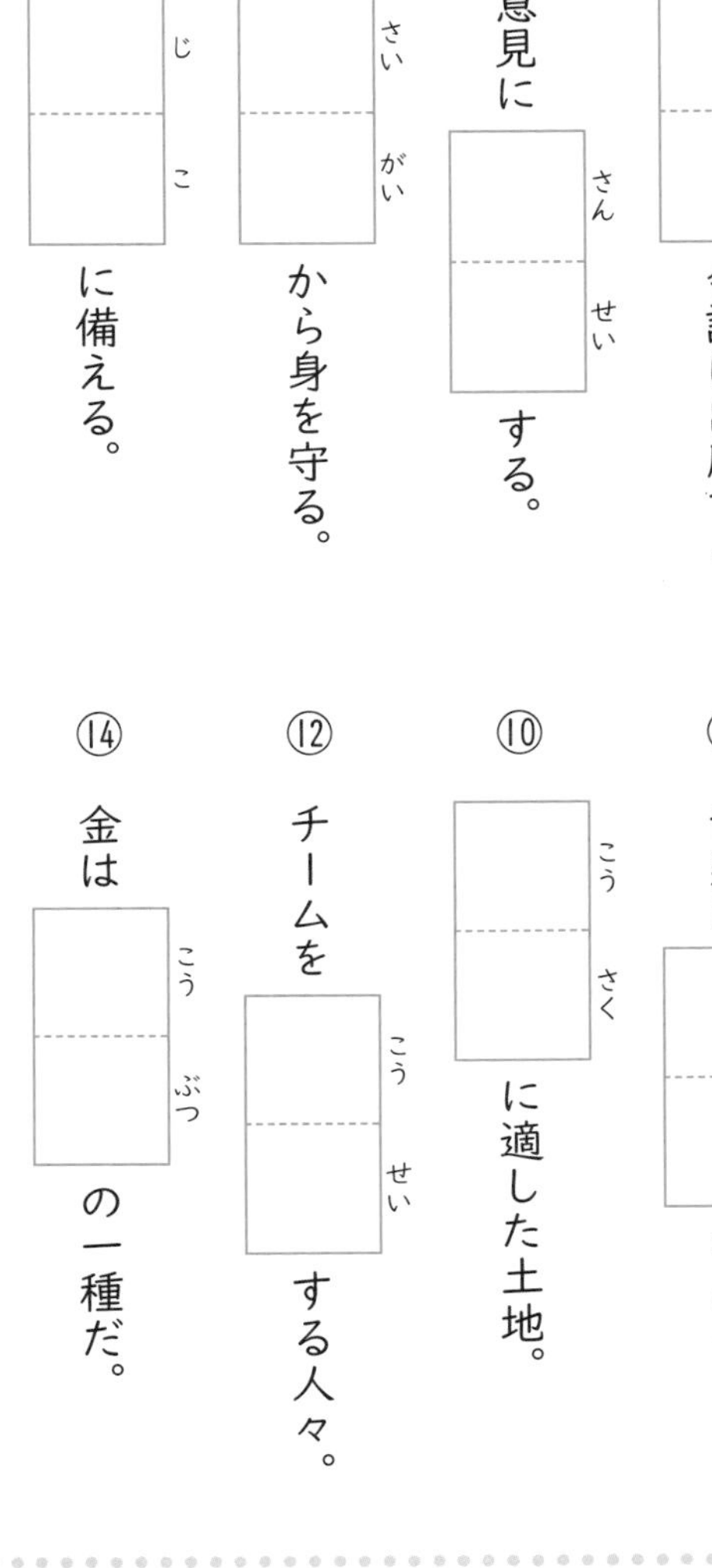
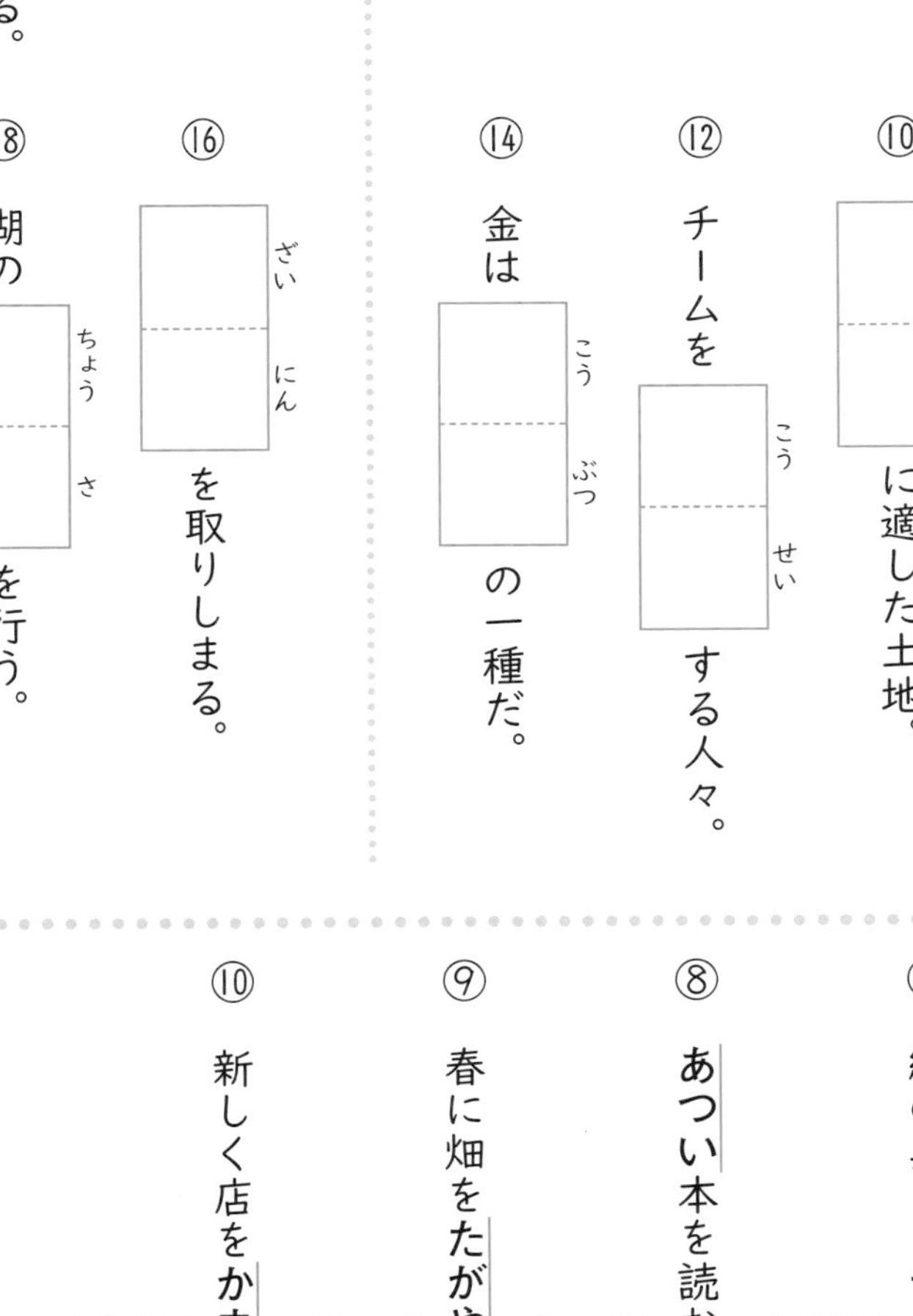

⑦ □□（こくさい）会議に出席する。

⑧ 音楽に□□（きょうみ）がある。

⑨ 意見に□□（さんせい）する。

⑩ □□（こうさく）に適した土地。

⑪ □□（さいがい）から身を守る。

⑫ チームを□□（こうせい）する人々。

⑬ □□（じこ）に備える。

⑭ 金は□□（こうぶつ）の一種だ。

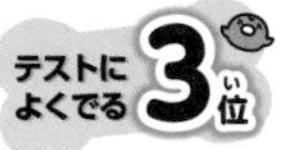

⑮ 友との□□（さいかい）を喜ぶ。

⑯ □□（ざいにん）を取りしまる。

⑰ □□□（ぶんかざい）に指定する。

⑱ 湖の□□（ちょうさ）を行う。

⑲ 必要な□□（こすう）をそろえる。

⑳ やさしい□（つま）。

⑥ 山菜をとりに行く。（　）

⑦ 絵の具をまぜる。（　）

⑧ あつい本を読む。（　）

⑨ 春に畑をたがやす。（　）

⑩ 新しく店をかまえる。（　）

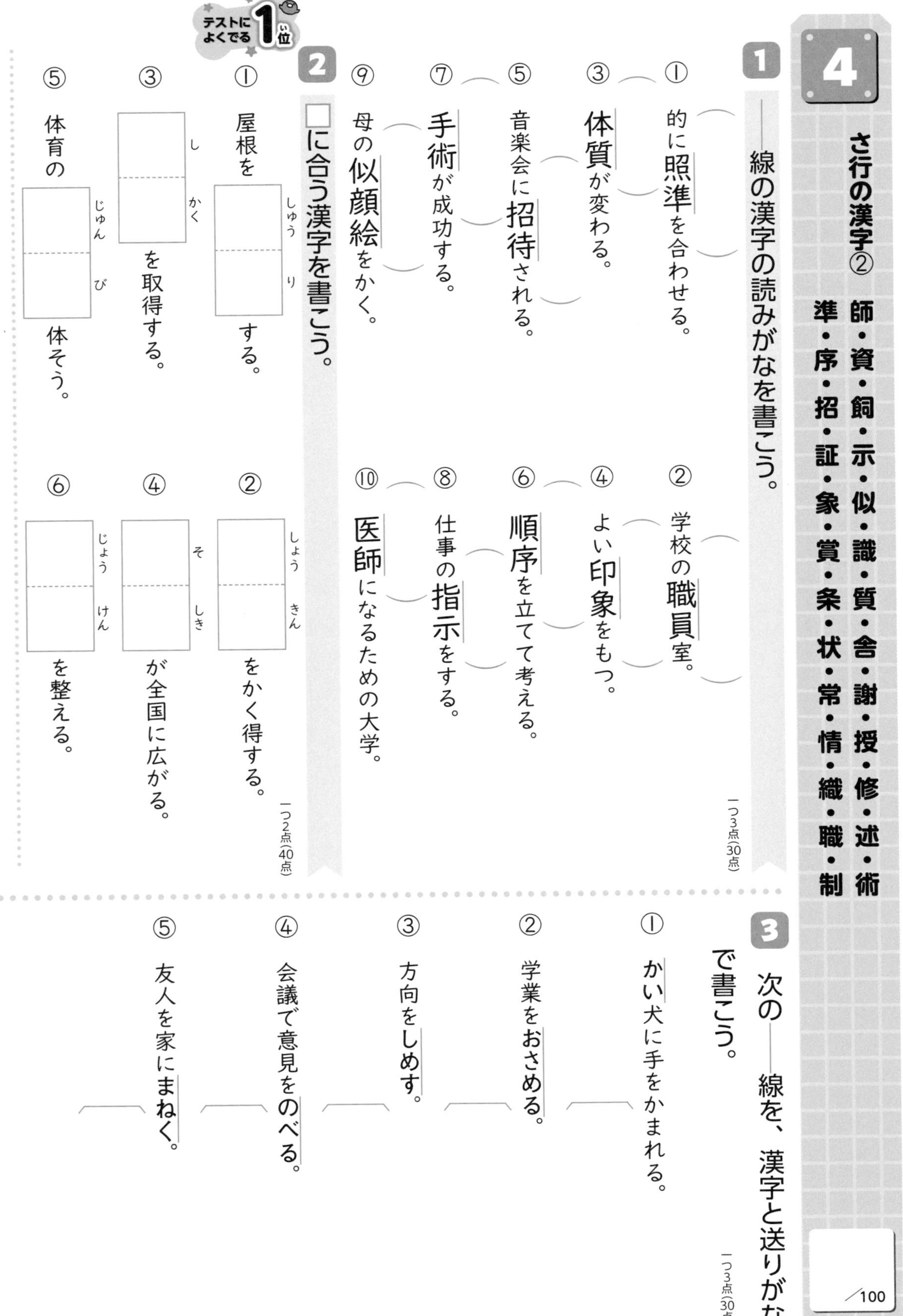

4 さ行の漢字②

師・資・飼・示・似・識・質・舎・謝・授・修・述・術・準・序・招・証・象・賞・条・状・常・情・織・職・制

テストによくでる1位

／100

1 ――線の漢字の読みがなを書こう。 一つ3点（30点）

① 的に照準を合わせる。（　　）
② 学校の職員室。（　　）
③ 体質が変わる。（　　）
④ よい印象をもつ。（　　）
⑤ 音楽会に招待される。（　　）
⑥ 順序を立てて考える。（　　）
⑦ 手術が成功する。（　　）
⑧ 仕事の指示をする。（　　）
⑨ 母の似顔絵をかく。（　　）
⑩ 医師になるための大学。（　　）

2 □に合う漢字を書こう。 一つ2点（40点）

① 屋根を□□（しゅう・り）する。
② □□（しょう・きん）をかく得する。
③ □□（し・かく）を取得する。
④ □□（そ・しき）が全国に広がる。
⑤ 体育の□□（じゅん・び）体そう。
⑥ □□（じょう・けん）を整える。

3 次の――線を、漢字と送りがなで書こう。 一つ3点（30点）

① かい犬に手をかまれる。（　　）（　　）
② 学業をおさめる。（　　）（　　）
③ 方向をしめす。（　　）（　　）
④ 会議で意見をのべる。（　　）（　　）
⑤ 友人を家にまねく。（　　）（　　）

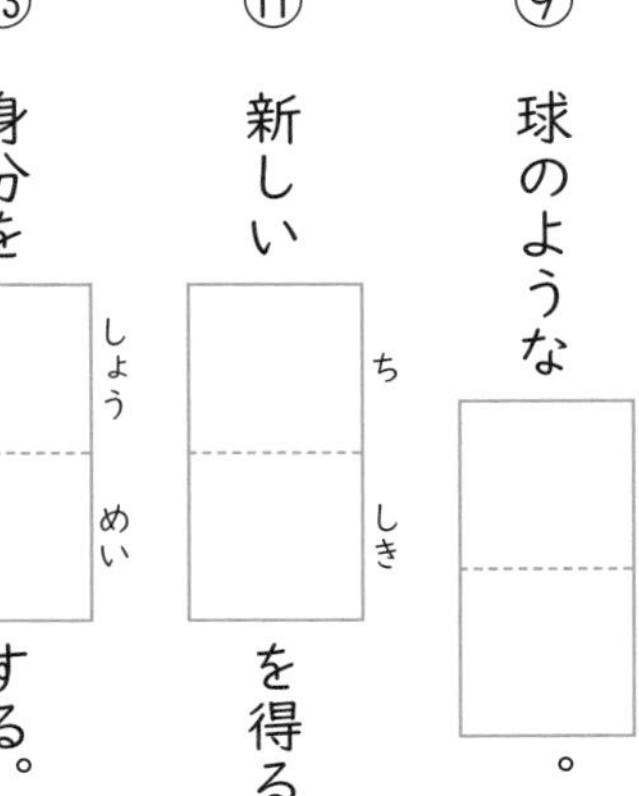

⑦ □□（ひょう・じょう）が明るくなる。

⑨ 球のような□□（けい・じょう）。

⑪ 新しい□□（ち・しき）を得る。

⑬ 身分を□□（しょう・めい）する。

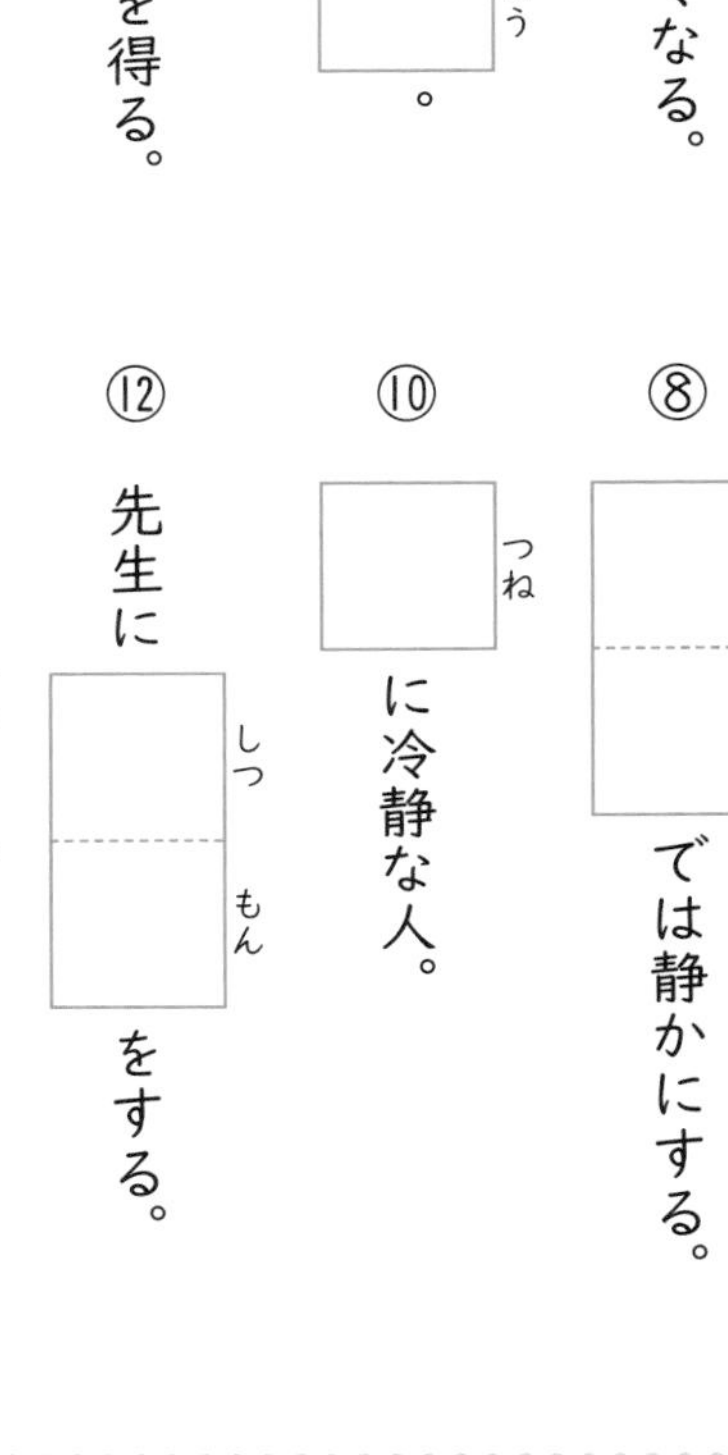

⑧ □□（じゅ・ぎょう）では静かにする。

⑩ □（つね）に冷静な人。

⑫ 先生に□□（しつ・もん）をする。

⑭ 国の□□（せい・ど）を定める。

⑮ □□（かん・しゃ）の気持ちを伝える。

⑰ 牛や馬を□□（し・いく）する。

⑲ あこがれの□□（しょく・ぎょう）。

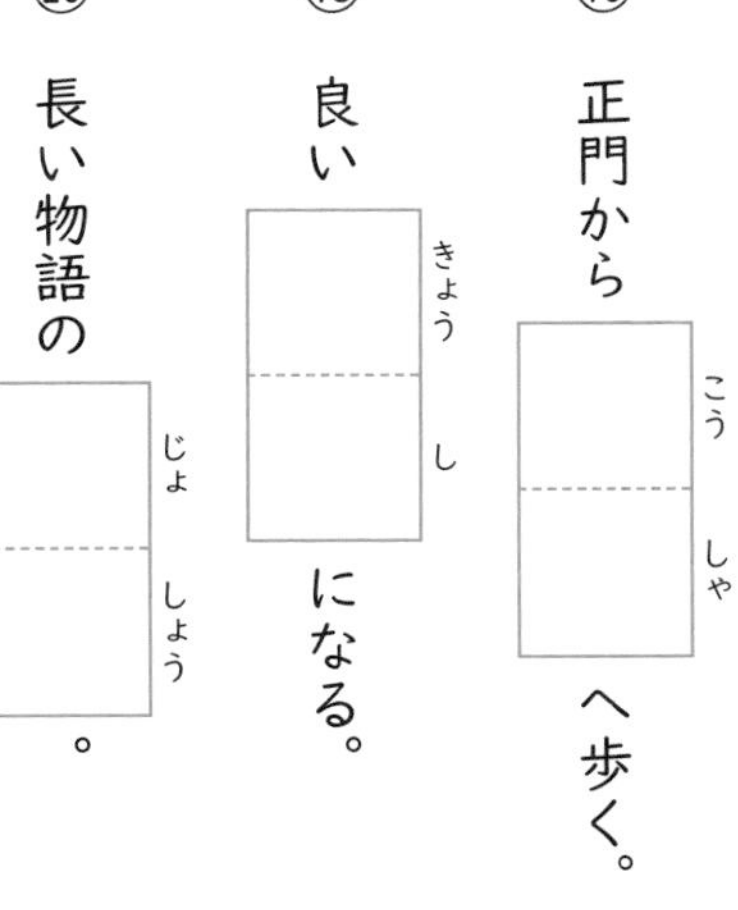

⑯ 正門から□□（こう・しゃ）へ歩く。

⑱ 良い□□（きょう・し）になる。

⑳ 長い物語の□□（じょ・しょう）。

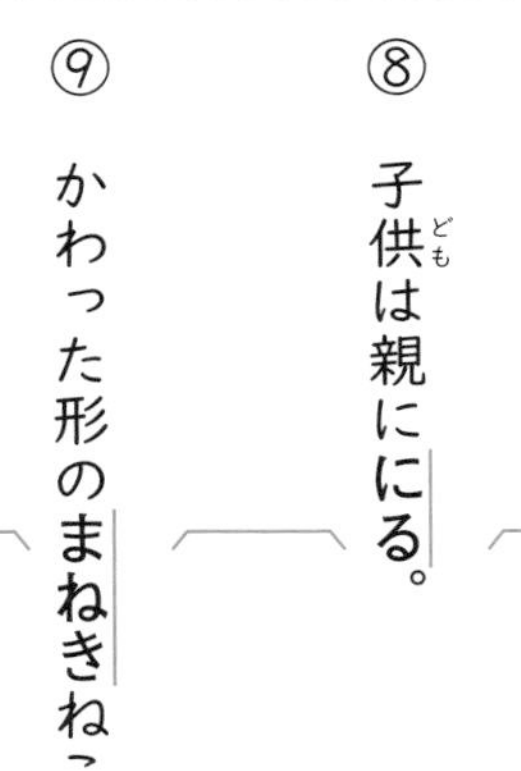

⑥ 家で犬を<u>かう</u>。（　　）

⑦ <u>なさけ</u>深い人物。（　　）

⑧ 子供（ども）は親に<u>にる</u>。（　　）

⑨ かわった形の<u>まねき</u>ねこ。（　　）

⑩ 美しい布を<u>おる</u>。（　　）

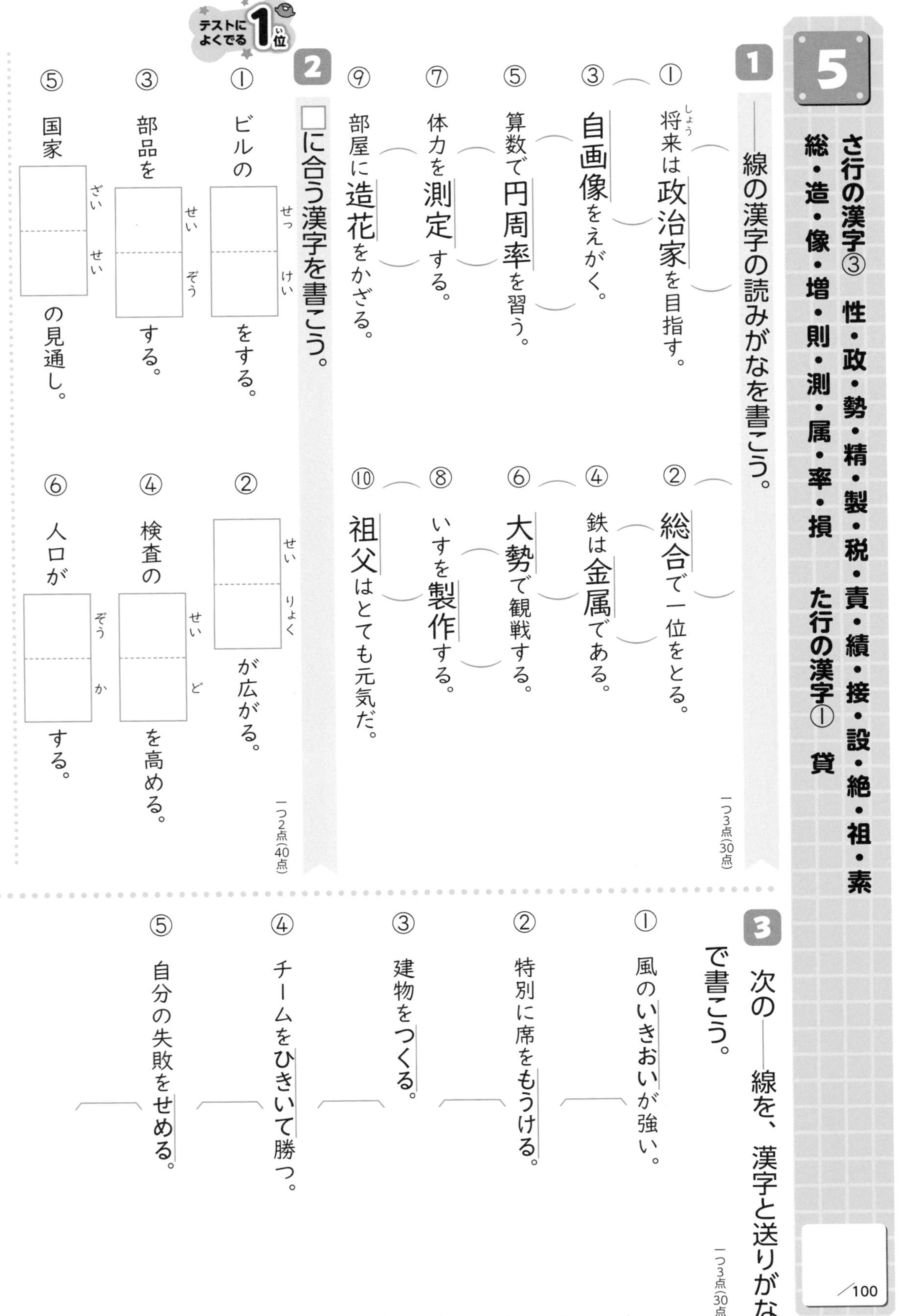

5 さ行の漢字③　性・政・勢・精・製・税・責・績・接・設・絶・祖・素

総・造・像・増・則・測・属・率・損　た行の漢字①　貸

／100

テストによくでる1位

1 ——線の漢字の読みがなを書こう。　一つ3点（30点）

① 将来（しょう）は政治家を目指す。（　）
② 総合で一位をとる。（　）
③ 自画像をえがく。（　）
④ 鉄は金属である。（　）
⑤ 算数で円周率を習う。（　）
⑥ 大勢で観戦する。（　）
⑦ 体力を測定する。（　）
⑧ いすを製作する。（　）
⑨ 部屋に造花をかざる。（　）
⑩ 祖父はとても元気だ。（　）

2 □に合う漢字を書こう。　一つ2点（40点）

① ビルの□□（せっけい）をする。
② □□（せいりょく）が広がる。
③ 部品を□□（せいぞう）する。
④ 検査の□□（せいど）を高める。
⑤ 国家□□（ざいせい）の見通し。
⑥ 人口が□□（ぞうか）する。

3 次の——線を、漢字と送りがなで書こう。　一つ3点（30点）

① 風のいきおいが強い。（　）
② 特別に席をもうける。（　）
③ 建物をつくる。（　）
④ チームをひきいて勝つ。（　）
⑤ 自分の失敗をせめる。（　）

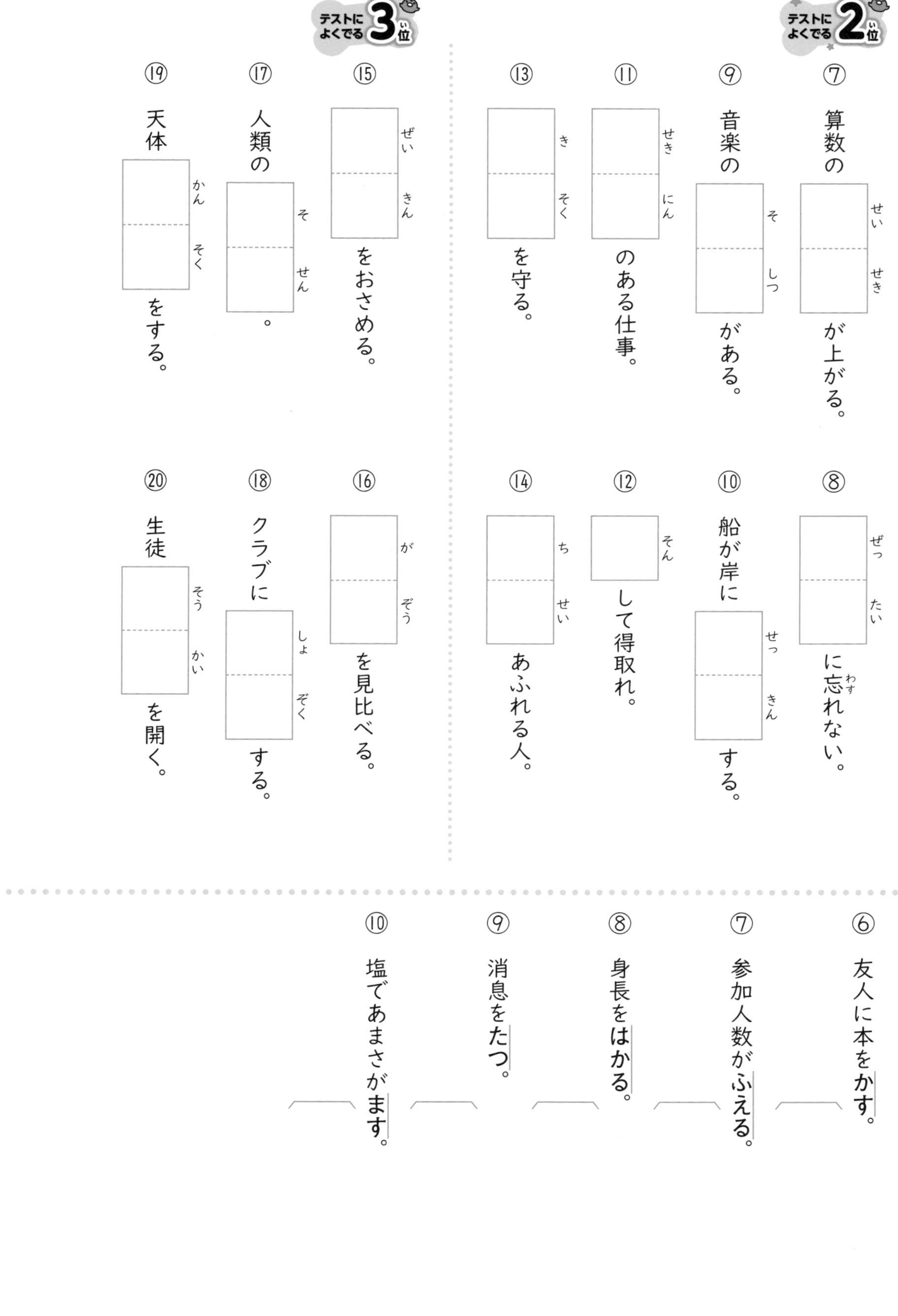

テストによくでる2位

⑦ 算数の［せいせき］が上がる。

⑧ ［ぜったい］に忘(わす)れない。

⑨ 音楽の［そしつ］がある。

⑩ 船が岸に［せっきん］する。

⑪ ［せきにん］のある仕事。

⑫ ［そん］して得取れ。

⑬ ［きそく］を守る。

⑭ ［ちせい］あふれる人。

テストによくでる3位

⑮ ［ぜいきん］をおさめる。

⑯ ［がぞう］を見比べる。

⑰ 人類の［そせん］。

⑱ クラブに［しょぞく］する。

⑲ 天体［かんそく］をする。

⑳ 生徒［そうかい］を開く。

⑥ 友人に本をかす。

⑦ 参加人数がふえる。

⑧ 身長をはかる。

⑨ 消息をたつ。

⑩ 塩であまさがます。

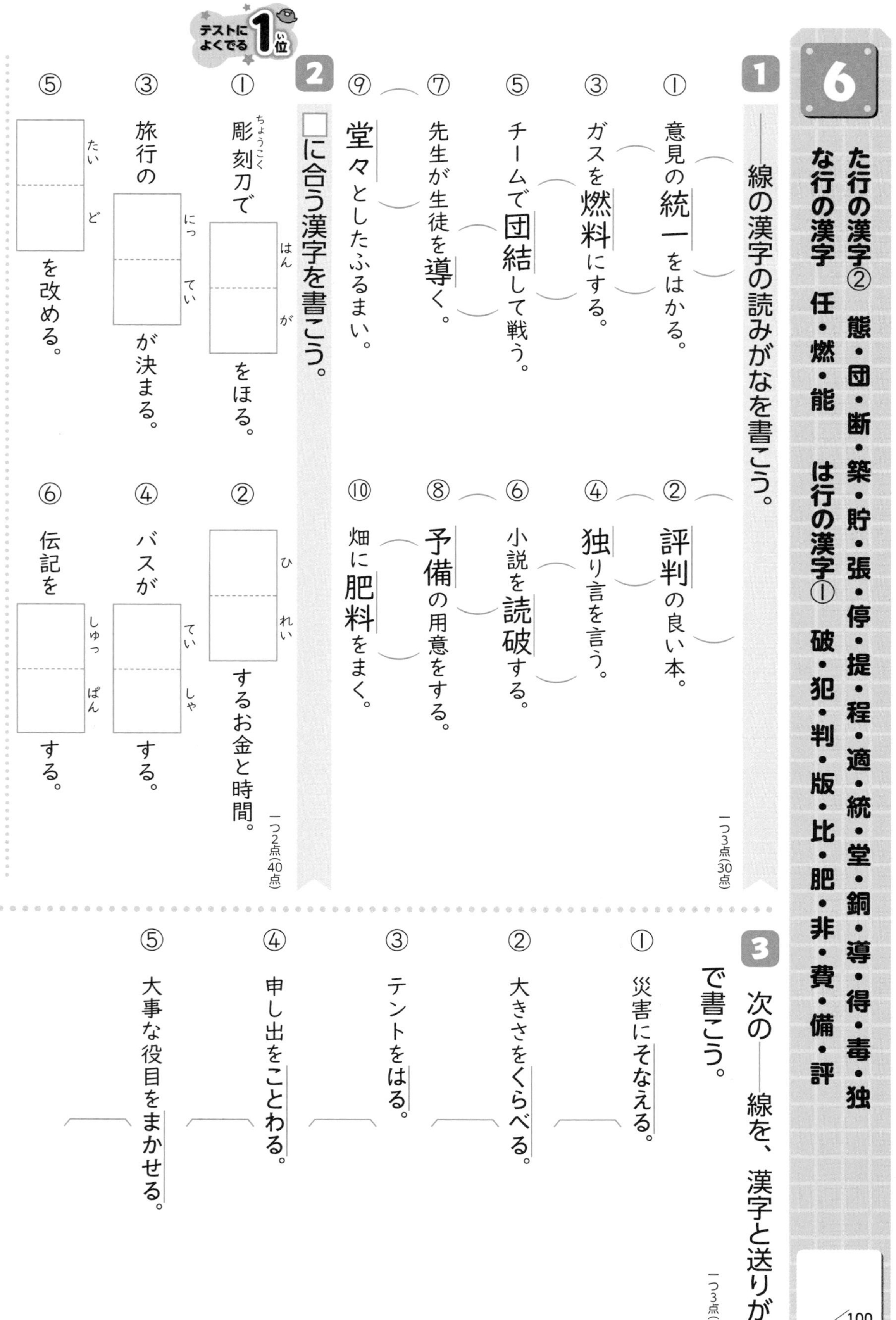

6 た行の漢字② 態・団・断・築・貯・張・停・提・程・適・統・堂・銅・導・得・毒・独
な行の漢字 任・燃・能 は行の漢字① 破・犯・判・版・比・肥・非・費・備・評

/100

テストによくでる1位

1 ——線の漢字の読みがなを書こう。 一つ3点(30点)

① 意見の統一をはかる。（　）

② 評判の良い本。（　）

③ ガスを燃料にする。（　）

④ 独り言を言う。（　）

⑤ チームで団結して戦う。（　）

⑥ 小説を読破する。（　）

⑦ 先生が生徒を導く。（　）

⑧ 予備の用意をする。（　）

⑨ 堂々としたふるまい。（　）

⑩ 畑に肥料をまく。（　）

2 □に合う漢字を書こう。 一つ2点(40点)

① 彫刻刀（ちょうこくとう）で［はんが］をほる。

② ［ひれい］するお金と時間。

③ 旅行の［にってい］が決まる。

④ バスが［ていしゃ］する。

⑤ ［たいど］を改める。

⑥ 伝記を［しゅっぱん］する。

3 次の——線を、漢字と送りがなで書こう。 一つ3点(30点)

① 災害にそなえる。（　）

② 大きさをくらべる。（　）

③ テントをはる。（　）

④ 申し出をことわる。（　）

⑤ 大事な役目をまかせる。（　）

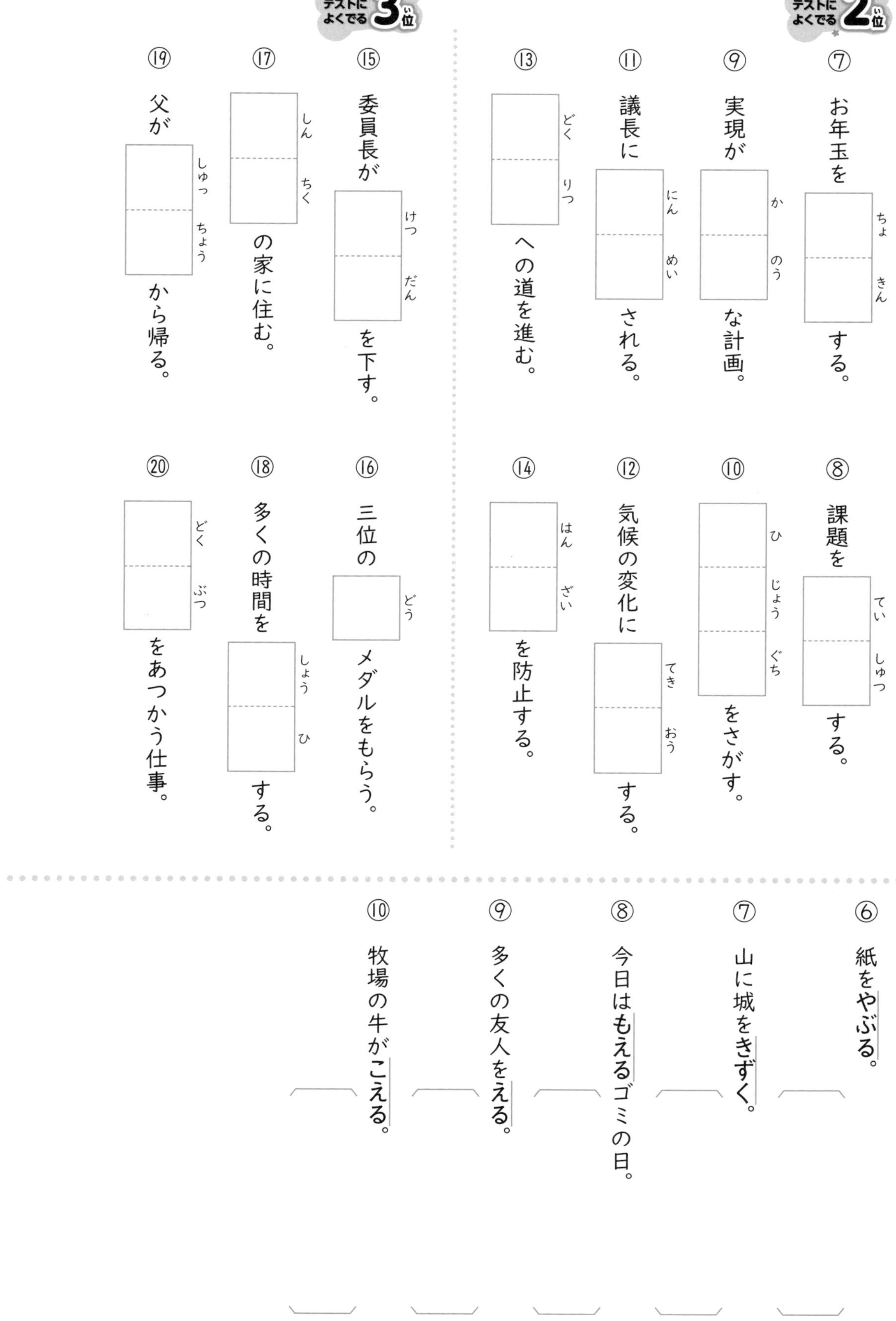

テストによくでる2位

⑦ お年玉を［ちょきん］する。

⑧ 課題を［ていしゅつ］する。

⑨ 実現が［かのう］な計画。

⑩ ［ひじょうぐち］をさがす。

⑪ 議長に［にんめい］される。

⑫ 気候の変化に［てきおう］する。

⑬ ［どくりつ］への道を進む。

⑭ ［はんざい］を防止する。

テストによくでる3位

⑮ 委員長が［けつだん］を下す。

⑯ 三位の［どう］メダルをもらう。

⑰ ［しんちく］の家に住む。

⑱ 多くの時間を［しょうひ］する。

⑲ 父が［しゅっちょう］から帰る。

⑳ ［どくぶつ］をあつかう仕事。

⑥ 紙をやぶる。（　）

⑦ 山に城をきずく。（　）

⑧ 今日はもえるゴミの日。（　）

⑨ 多くの友人をえる。（　）

⑩ 牧場の牛がこえる。（　）

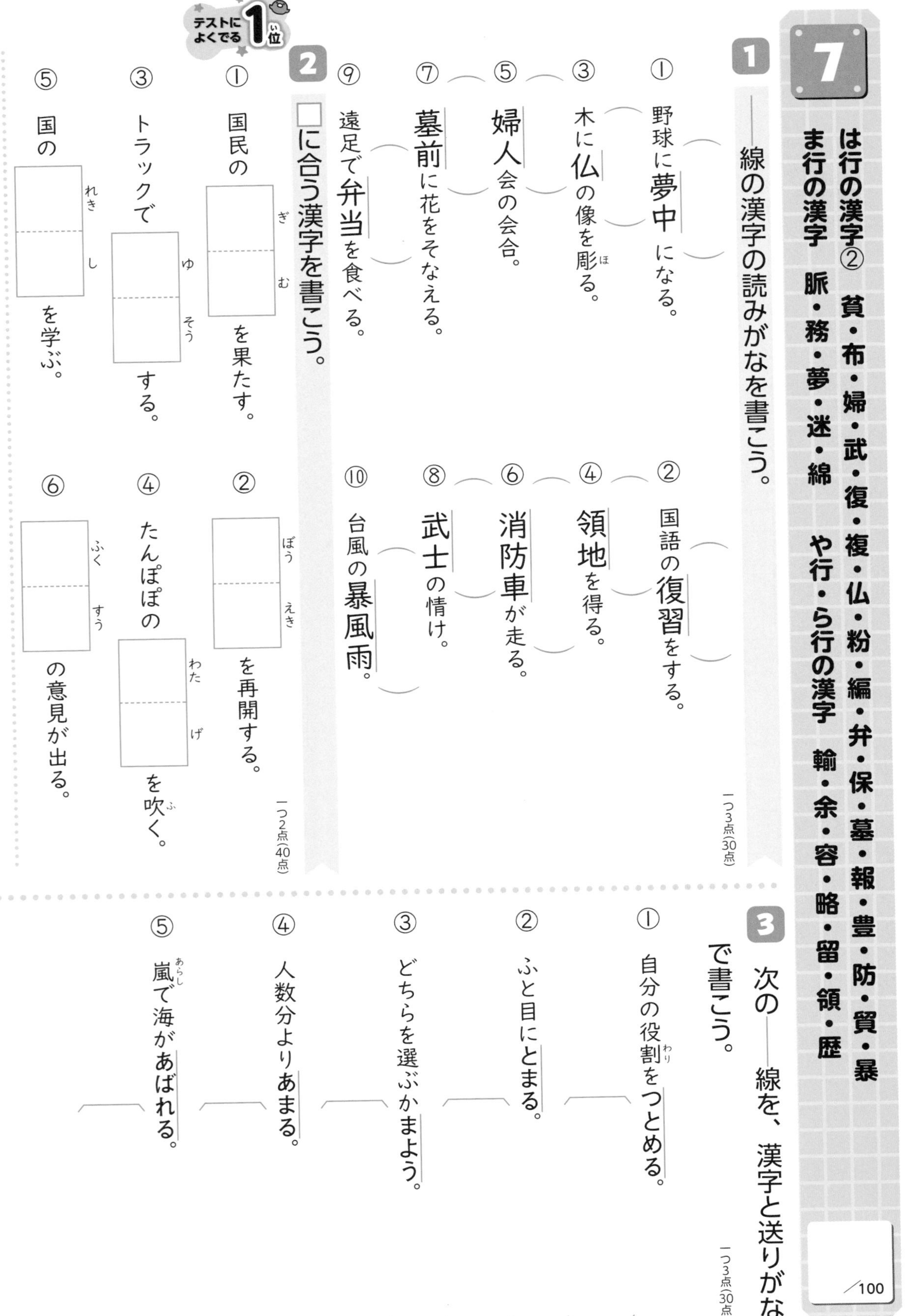

7 は行の漢字② ま行の漢字 や行・ら行の漢字

貧・布・婦・武・復・複・仏・粉・編・弁・保・墓・報・豊・防・貿・暴
脈・務・夢・迷・綿
輸・余・容・略・留・領・歴

/100

テストによくでる1位

1 ――線の漢字の読みがなを書こう。 一つ3点(30点)

① 野球に夢中になる。
② 国語の復習をする。
③ 木に仏の像を彫(ほ)る。
④ 領地を得る。
⑤ 婦人会の会合。
⑥ 消防車が走る。
⑦ 墓前に花をそなえる。
⑧ 武士の情け。
⑨ 遠足で弁当を食べる。
⑩ 台風の暴風雨。

2 □に合う漢字を書こう。 一つ2点(40点)

① 国民の□□(ぎむ)を果たす。
② □□(ぼうえき)を再開する。
③ トラックで□□(ゆそう)する。
④ たんぽぽの□□(わたげ)を吹(ふ)く。
⑤ 国の□□(れきし)を学ぶ。
⑥ □□(ふくすう)の意見が出る。

3 次の――線を、漢字と送りがなで書こう。 一つ3点(30点)

① 自分の役割(わり)をつとめる。
② ふと目にとまる。
③ どちらを選ぶかまよう。
④ 人数分よりあまる。
⑤ 嵐(あらし)で海があばれる。

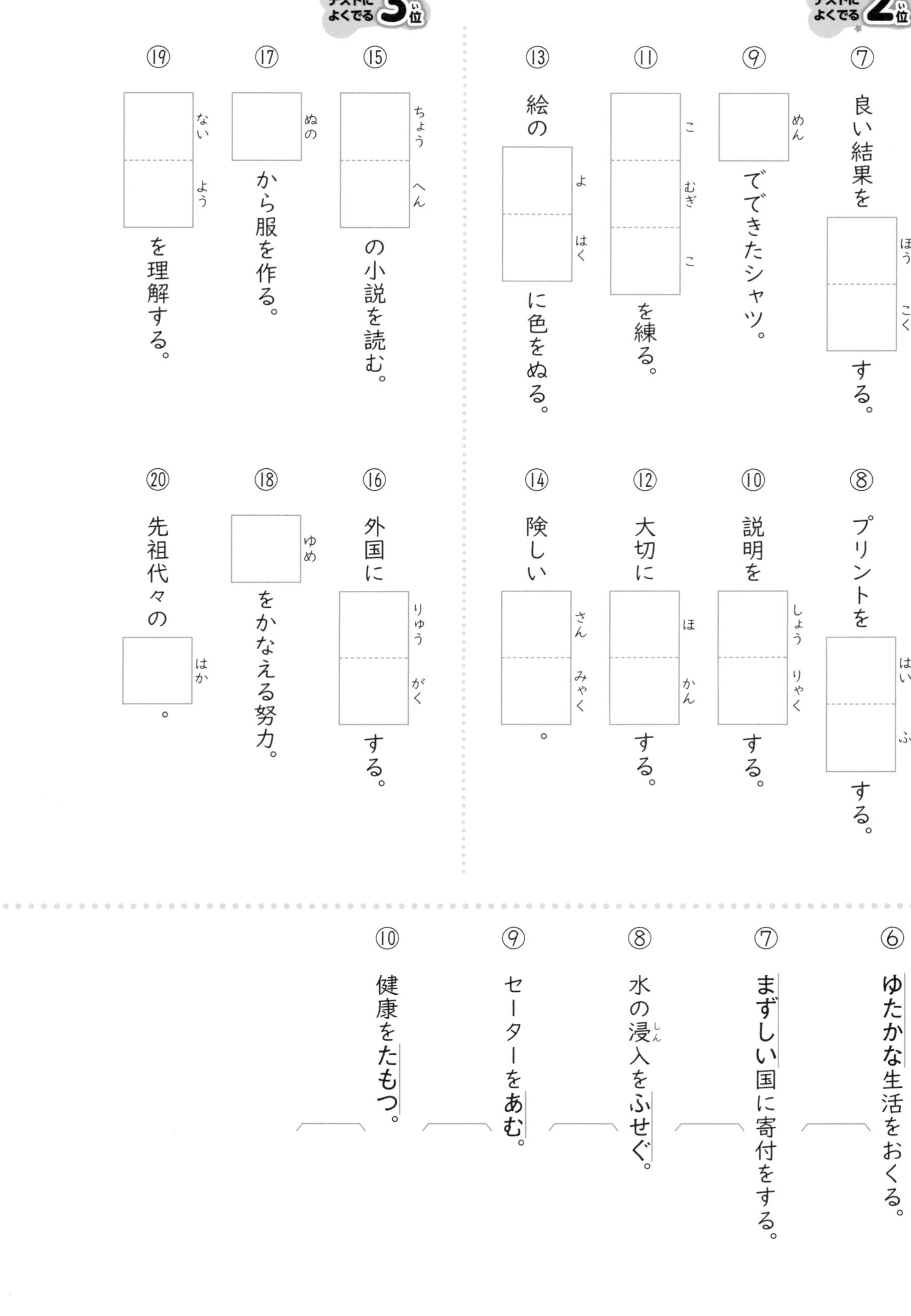

テストによくでる2位(い)

⑦ 良い結果を［ほうこく］する。

⑧ プリントを［はいふ］する。

⑨ ［めん］でできたシャツ。

⑩ 説明を［しょうりゃく］する。

⑪ ［こむぎこ］を練る。

⑫ 大切に［ほかん］する。

⑬ 絵の［よはく］に色をぬる。

⑭ 険しい［さんみゃく］。

テストによくでる3位(い)

⑮ ［ちょうへん］の小説を読む。

⑯ 外国に［りゅうがく］する。

⑰ ［ぬの］から服を作る。

⑱ ［ゆめ］をかなえる努力。

⑲ ［ないよう］を理解する。

⑳ 先祖代々の［はか］。

⑥ ゆたかな生活をおくる。（　　）

⑦ まずしい国に寄付をする。（　　）

⑧ 水の浸(しん)入をふせぐ。（　　）

⑨ セーターをあむ。（　　）

⑩ 健康をたもつ。（　　）

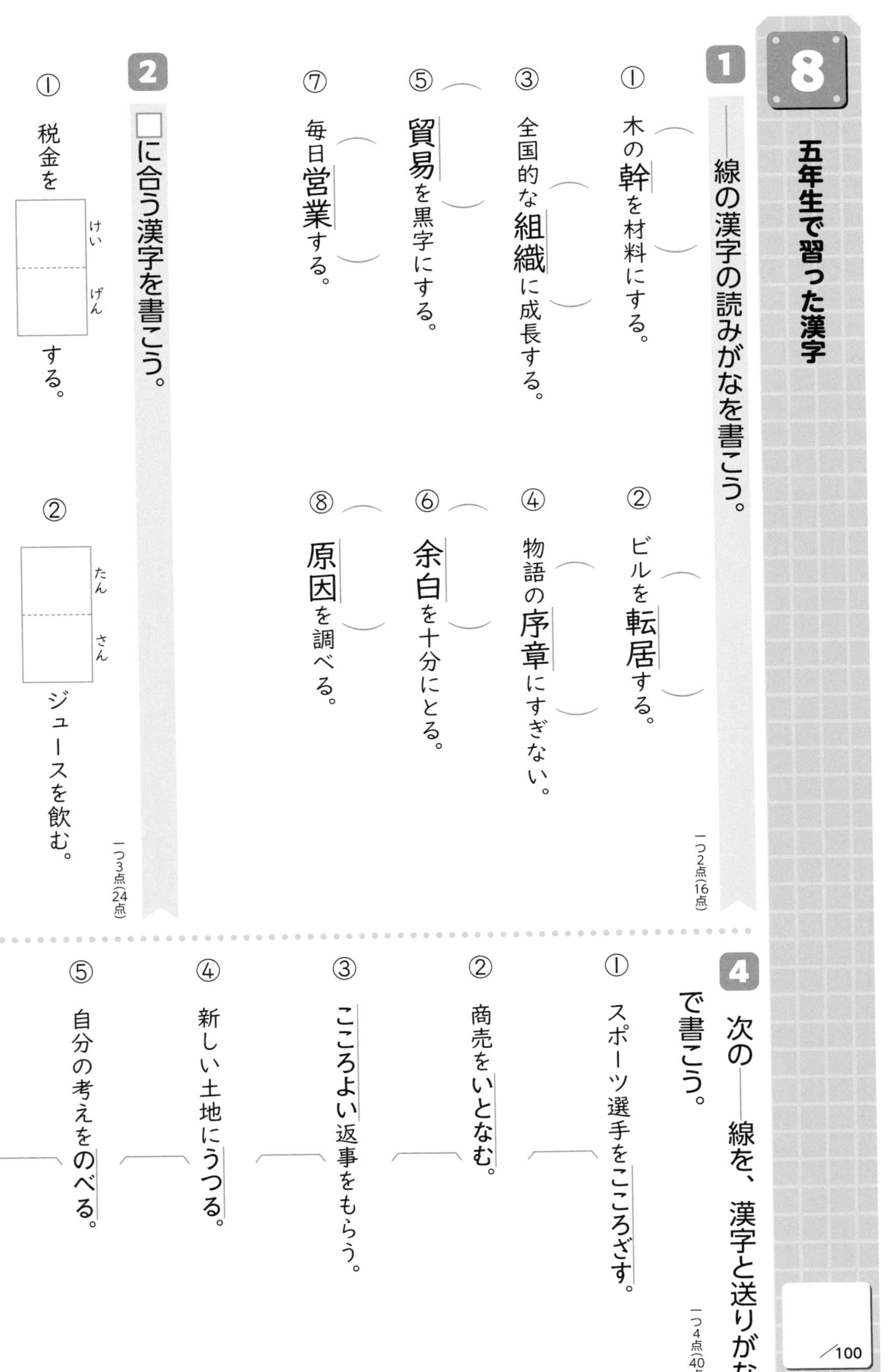

8 五年生で習った漢字

/100

1 ——線の漢字の読みがなを書こう。 一つ2点(16点)

① 木の**幹**（　　）を材料にする。

② ビルを**転居**（　　）する。

③ 全国的な**組織**（　　）に成長する。

④ 物語の**序章**（　　）にすぎない。

⑤ **貿易**（　　）を黒字にする。

⑥ **余白**（　　）を十分にとる。

⑦ 毎日**営業**（　　）する。

⑧ **原因**（　　）を調べる。

2 □に合う漢字を書こう。 一つ3点(24点)

① 税金を□□（けい げん）する。

② □□（たん さん）ジュースを飲む。

4 次の——線を、漢字と送りがなで書こう。 一つ4点(40点)

① スポーツ選手を**こころざす**。（　　）

② 商売を**いとなむ**。（　　）

③ **こころよい**返事をもらう。（　　）

④ 新しい土地に**うつる**。（　　）

⑤ 自分の考えを**のべる**。（　　）

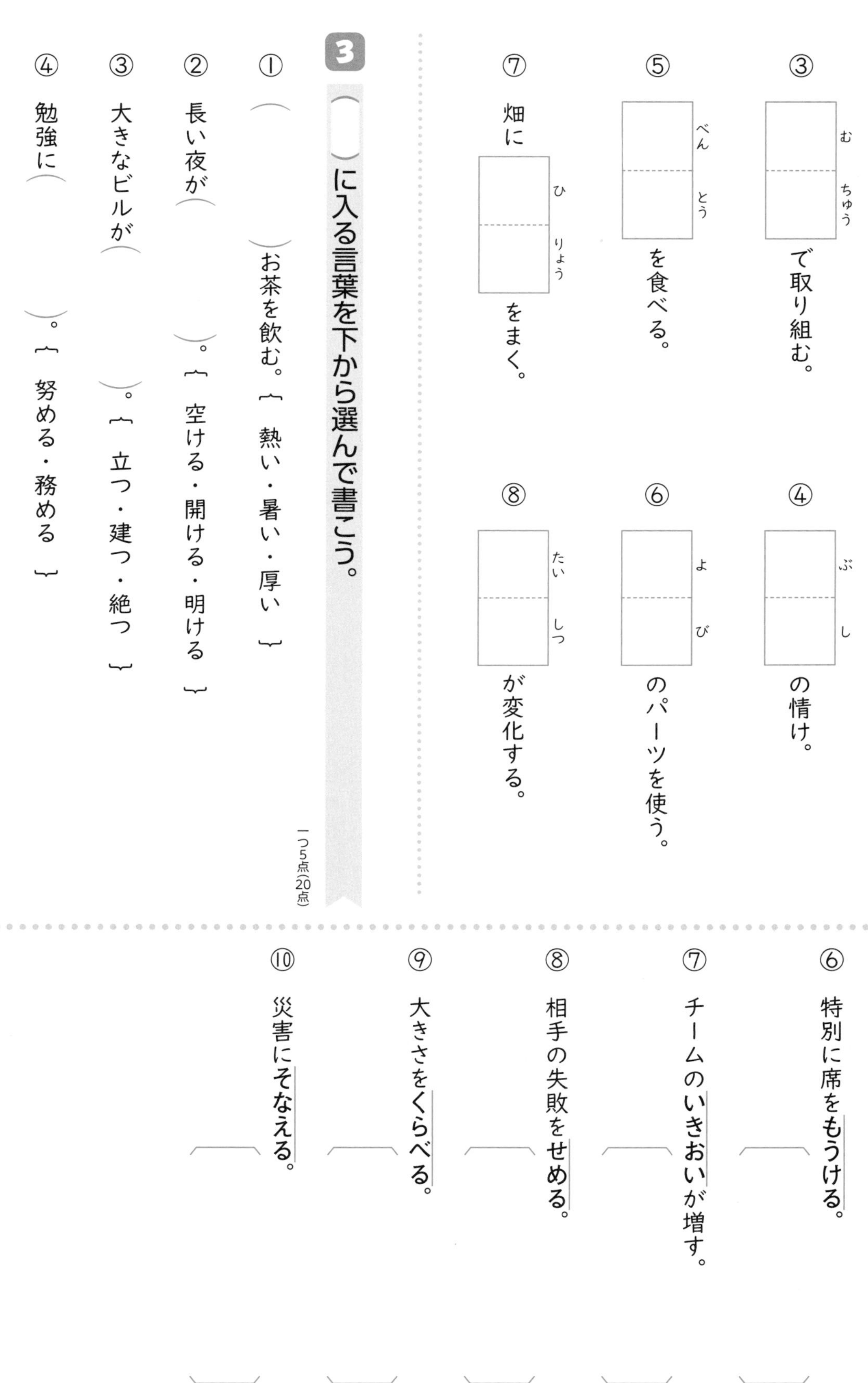

③ [むちゅう] で取り組む。

④ [ぶし] の情け。

⑤ [べんとう] を食べる。

⑥ [よび] のパーツを使う。

⑦ 畑に [ひりょう] をまく。

⑧ [たいしつ] が変化する。

3 （　）に入る言葉を下から選んで書こう。

一つ5点（20点）

① （　　）お茶を飲む。｛熱い・暑い・厚い｝

② 長い夜が（　　）。｛空ける・開ける・明ける｝

③ 大きなビルが（　　）。｛立つ・建つ・絶つ｝

④ 勉強に（　　）。｛努める・務める｝

⑥ 特別に席をもうける。（　　）

⑦ チームのいきおいが増す。（　　）

⑧ 相手の失敗をせめる。（　　）

⑨ 大きさをくらべる。（　　）

⑩ 災害にそなえる。（　　）

答え

1　2・3ページ

1
①かいせい　②えいせい　③かわぎし　④ひたい　⑤かり　⑥かくべつ　⑦かくしん　⑧おうよう　⑨すいあつ　⑩とうい

2
①容易　②利益　③解消　④金額　⑤河口　⑥往復　⑦永遠　⑧演技　⑨移動　⑩原因　⑪過去　⑫可能性　⑬液体　⑭仮面　⑮営業　⑯価　⑰桜　⑱夕刊　⑲本格的　⑳交易品

3
①易しい　②応える　③移る　④囲む　⑤解ける　⑥永く　⑦営む　⑧確かめる　⑨快い　⑩過ぎる

2　4・5ページ

1
①じきゅうそう　②げんけい　③しんかんせん　④ようけん　⑤てんけん　⑥かんさつがん　⑦きゅうしき　⑧げんていひん　⑨ぎゃっきょう　⑩えんぎ

2
①寄宿　②特許　③経験　④規則　⑤紀行文　⑥習慣　⑦境　⑧正義　⑨基本　⑩均等　⑪禁止　⑫幹　⑬清潔　⑭転居　⑮保険　⑯救急車　⑰期限　⑱逆転　⑲実現　⑳句点

3
①逆らって　②久しぶり　③許す　④喜ぶ　⑤慣らす　⑥険しい　⑦限る　⑧寄せる　⑨現れる　⑩経る

3　6・7ページ

1
①ぞうきばやし　②めいし　③こうどう　④たんさん　⑤こうかい　⑥ころ　⑦しじつ　⑧けいげん　⑨えだみち　⑩しんこうこく

2
①混合　②養護　③実在　④採点　⑤支柱　⑥意志　⑦国際　⑧興味　⑨賛成　⑩耕作　⑪災害　⑫構成　⑬事故　⑭鉱物　⑮再会　⑯罪人　⑰文化財　⑱調査　⑲個数　⑳妻

3
①告げる　②志す　③再び　④減る　⑤効く　⑥採り　⑦混ぜる　⑧厚い　⑨耕す　⑩構える

4　8・9ページ

1
①しょうじゅん　②しょくいん　③たいしつ　④いんしょう　⑤しょうたい　⑥じゅんじょ　⑦しゅじゅつ　⑧しじ　⑨にがおえ　⑩いし

2
①修理　②賞金　③資格　④組織　⑤準備　⑥条件　⑦表情　⑧授業　⑨形状　⑩常　⑪知識　⑫質問　⑬証明　⑭制度　⑮感謝　⑯校舎　⑰飼育　⑱教師　⑲職業　⑳序章

3
①飼い　②修める　③示す　④述べる　⑤招く　⑥飼う　⑦情け　⑧似る　⑨招き　⑩織る

5　10・11ページ

1
①せいじか　②そうごう　③じがぞう　④きんぞく　⑤えんしゅうりつ　⑥おおぜい　⑦そくてい　⑧せいさく　⑨ぞうか　⑩そふ

2
①設計　②勢力　③製造　④精度

⑤財政 ⑥増加 ⑦成績 ⑧絶対
⑨素質 ⑩接近 ⑪責任 ⑫損
⑬規則 ⑭知性 ⑮税金 ⑯画像
⑰祖先 ⑱所属 ⑲観測 ⑳総会

3
①勢い ②設ける ③造る ④率いて
⑤責める ⑥貸す ⑦増える ⑧測る
⑨絶つ ⑩増す

6 (12・13ページ)

1
①とういつ ②ひょうばん
③ねんりょう ④ひと
⑤だんけつ ⑥どくは
⑦みちび ⑧よび
⑨どうどう ⑩ひりょう

2
①版画 ②比例 ③日程 ④停車
⑤態度 ⑥出版 ⑦貯金 ⑧提出
⑨可能 ⑩非常口 ⑪任命 ⑫適応
⑬独立 ⑭犯罪 ⑮決断 ⑯銅
⑰新築 ⑱消費 ⑲出張 ⑳毒物

3
①備える ②比べる ③張る ④断る
⑤任せる ⑥破る ⑦築く ⑧燃える
⑨得る ⑩肥える

7 (14・15ページ)

1
①むちゅう ②ふくしゅう
③ほとけ ④りょうち

⑤ふじん ⑥しょうぼうしゃ
⑦ぼぜん ⑧ぶし
⑨べんとう ⑩ぼうふうう

2
①義務 ②貿易 ③輸送 ④綿毛
⑤歴史 ⑥複数 ⑦報告 ⑧配布
⑨綿 ⑩省略 ⑪小麦粉 ⑫保管
⑬余白 ⑭山脈 ⑮長編 ⑯留学
⑰布 ⑱夢 ⑲内容 ⑳墓

3
①務める ②留まる ③迷う ④余る
⑤暴れる ⑥豊かな ⑦貧しい ⑧防ぐ
⑨編む ⑩保つ

8 (16・17ページ)

1
①みき ②てんきょ
③そしき ④じょしょう
⑤ぼうえき ⑥よはく
⑦えいぎょう ⑧げんいん

2
①軽減 ②炭酸 ③夢中 ④武士
⑤弁当 ⑥予備 ⑦肥料 ⑧体質

3
①熱い ②明ける ③建つ ④努める

4
①志す ②営む ③快い ④移る
⑤述べる ⑥設ける ⑦勢い ⑧責める
⑨比べる ⑩備える

教科書ぴったりトレーニング はなまるシール

★ ふろくの「がんばり表」に使おう！
★ はじめに、キミのおとも犬を選んで、がんばり表にはろう！
★ 学習が終わったら、がんばり表に「はなまるシール」をはろう！
★ 余ったシールは自由に使ってね。

キミのおとも犬

はなまるシール

ごほうびシール

教科書ぴったりトレーニング 漢字6年 がんばり表

いつも見えるところに、この「がんばり表」をはっておこう。
この「ぴたトレ」を学習したら、シールをはろう！
どこまでがんばったかわかるよ。

シールの中から好きなぴた犬を選ぼう。

おうちのかたへ

がんばり表のデジタル版「デジタルがんばり表」では、デジタル端末でも学習の進捗記録をつけることができます。1冊やり終えると、抽選でプレゼントが当たります。「ぴたサポシステム」にご登録いただき、「デジタルがんばり表」をお使いください。LINE または PC・ブラウザを利用する方法があります。

LINE用 
PC・ブラウザ用 

★ぴたサポシステムご利用ガイドはこちら★
https://www.shinko-keirin.co.jp/shinko/news/pittari-support-system

スタート

五年生で習った漢字

5ページ	4ページ	3ページ	2ページ
復習	復習	復習	復習
できたらシールをはろう	できたらシールをはろう	できたらシールをはろう	できたらシールをはろう

たずね合って考えよう～三字以上の熟語の構成

21～23ページ	18～20ページ	17ページ	15～16ページ	13～14ページ	10～12ページ	6～9ページ
ぴったり2	ぴったり1	ぴったり1	ぴったり2	ぴったり1	ぴったり2	ぴったり1
できたらシールをはろう	できたらシールをはろう	できたらシールをはろう	できたらシールをはろう	できたらシールをはろう	できたらシールをはろう	できたらシールをはろう

イースター島にはなぜ森林がないのか～漢文に親しもう

30～31ページ	27～29ページ	24～26ページ
ぴったり1	ぴったり2	ぴったり1
できたらシールをはろう	できたらシールをはろう	できたらシールをはろう

32～33ページ	34～35ページ	36～37ページ
ぴったり2	ぴったり1	ぴったり2
できたらシールをはろう	できたらシールをはろう	できたらシールをはろう

風切るつばさ～インターネットの投稿を読み比べよう

38ページ	39～40ページ	41～43ページ
ぴったり1	ぴったり1	ぴったり2
できたらシールをはろう	できたらシールをはろう	できたらシールをはろう

夏のチャレンジテスト

44～45ページ	46～47ページ
チャレンジテスト	チャレンジテスト
できたらシールをはろう	できたらシールをはろう

心の動きを俳句で表そう～模型のまち

48～49ページ	50～51ページ	52～53ページ	54～55ページ
ぴったり1	ぴったり2	ぴったり1	ぴったり2
できたらシールをはろう	できたらシールをはろう	できたらシールをはろう	できたらシールをはろう

漢字を使おう５～漢字を使おう６

64ページ	62～63ページ	59～61ページ	57～58ページ	56ページ
ぴったり2	ぴったり1	ぴったり2	ぴったり1	ぴったり1
できたらシールをはろう	できたらシールをはろう	できたらシールをはろう	できたらシールをはろう	できたらシールをはろう

複合語～漢字を使おう８

73～75ページ	69～72ページ	67～68ページ	65～66ページ
ぴったり2	ぴったり1	ぴったり2	ぴったり1
できたらシールをはろう	できたらシールをはろう	できたらシールをはろう	できたらシールをはろう

冬のチャレンジテスト

78～79ページ	76～77ページ
チャレンジテスト	チャレンジテスト
できたらシールをはろう	できたらシールをはろう

古典芸能への招待状～どう立ち向かう？　もしもの世界

80ページ	81～82ページ	83～85ページ	86～87ページ	88～89ページ
ぴったり1	ぴったり1	ぴったり2	ぴったり1	ぴったり2
できたらシールをはろう	できたらシールをはろう	できたらシールをはろう	できたらシールをはろう	できたらシールをはろう

春のチャレンジテスト

90～91ページ	92～93ページ
チャレンジテスト	チャレンジテスト
できたらシールをはろう	できたらシールをはろう

ゴール

最後までがんばったキミは
「ごほうびシール」をはろう！

ごほうびシールをはろう

教科書ぴったりトレーニングの使い方

『ぴたトレ』は教科書にぴったり合わせて使うことができるよ。教科書も見ながら、勉強していこうね。ぴた犬たちが勉強をサポートするよ。

ふだんの学習

ぴったり1 準備

新しく習う漢字や読みは、教科書に出てくる順番に並んでいるよ。まずは、字の形や読みがな、書き順など、基本的なことをおさえよう。「使い方」も参考にしながら、漢字を正しく読み書きできるようになろう。

ぴったり2 練習

「ぴったり1」で学習したこと、覚えているかな？確認しながら取り組みましょう。くり返し練習することで、確実に力がつきますよ。

6年 チャレンジテスト

「夏」「冬」「春」と3回あります。夏休み、冬休み、春休みに合わせて使おう。学期の終わりのテスト前にやってもいいね。それまでに学習したことがしっかり身についているか、確認できるね。

実力チェック

6年 学力診断テスト

1年間の総まとめのテストです。合格点をめざそう。

別冊

丸つけラクラク解答

問題と同じ紙面に赤字で「答え」が書いてあるよ。取り組んだ問題の答え合わせをしてみよう。まちがえた問題や分からなかった問題は、「ぴったり1」にもどったり、教科書を読み返したりして、もう一度見直そう。

おうちのかたへ

本書「教科書ぴったりトレーニング」は、新出漢字や新出音訓（読みかえ漢字）等、理解しておくべき基本的な内容をまとめた「ぴったり 1 準備」、学習したことが身についているかを、読み書きすることで確認できる「ぴったり 2 練習」、そして、習得度を確かめられる年 3 回の「チャレンジテスト」、という構成になっています。漢字が苦手なお子様でも、無理なく少しずつ学習できるよう配慮した構成になっておりますので、日々の学習（トレーニング）にぴったりです。

「漢字の学習」について

●漢字の学習は、通知表に記載される 3 つの観点のうち、「知識・技能」に相当します。漢字の学習というと、漢字の形や読み書き、書き順、部首などを暗記するというイメージがありますが、実際はそれだけではありません。

●大切なのは、漢字について理解し、文章の内容を読み取ったり自分の文章で適切に使い表現できるようなったりできることです。本書はその基礎となるものです。

●本書では、漢字の成り立ちや関連漢字等の理解を深める補足情報、そして豊富な例文を示しています。単なる知識ではなく、「使える漢字」が身につき、ひいては国語力のアップにつながることをねらいました。

別冊『丸つけラクラク解答』について

別冊の「丸つけラクラク解答」では、「チャレンジテスト」・「学力診断テスト」において、次のような事柄も示しています。

- **漢字についての注意すべき点**
- **いっしょに覚えておくと役立つこと**
- **まちがいやすいことやつまずきやすいところ**

お子様への説明や、学習内容の把握などにご活用ください。

漢字６年

東京書籍版
新しい　国語

教科書ぴったりトレーニング

		教科書ページ	ぴったり1 準備	ぴったり2 練習
	復習　五年生で習った漢字①〜④		2〜5	
1	たずねあって考えよう さなぎたちの教室	14〜32	6〜9	10〜12
	漢字を使おう１	33	13〜14	15〜16
	社会教育施設へ行こう	34〜37	17	21〜23
	意見を聞いて考えよう 三字以上の熟語の構成	40〜45	18〜20	
2	イースター島にはなぜ森林がないのか	46〜58	24〜26	27〜29
	漢字を使おう２ いざというときのために	59〜67	30〜31	32〜33
	文と文のつながり 漢文に親しもう	68〜73	34〜35	36〜37
3	風切るつばさ	76〜86	38	41〜43
	漢字を使おう３ インターネットの投稿（こう）を読み比べよう	87〜100	39〜40	
	夏のチャレンジテスト①②	14〜100	44〜47	
4	心の動きを俳（はい）句で表そう 話し合って考えを深めよう 漢字を使おう４	112〜123	48〜49	50〜51
	模（も）型のまち	126〜148	52〜53	54〜55
5	漢字を使おう５	149	56	59〜61
	「永遠のごみ」プラスチック 情報の信頼（らい）性と著（ちょ）作権（けん） 発信しよう、私（わたし）たちのＳＤＧｓ（エスディジーズ）	152〜174	57〜58	
	漢字を使おう６	183	62〜63	64
6	複合語 海のいのち	184〜200	65〜66	67〜68
	漢字を使おう７ 漢字を使おう８	201・208	69〜72	73〜75
	冬のチャレンジテスト	112〜208	76〜79	
7	古典芸能への招待状	210〜215	80	83〜85
	宇宙への思い	218〜232	81〜82	
	漢字を使おう９ どう立ち向かう？　もしもの世界	233〜241	86〜87	88〜89
	春のチャレンジテスト①②	210〜241	90〜93	
★	読み方さくいん		94〜96	

巻末（かんまつ）　学力診断（しんだん）テスト
別冊（べっさつ）　丸つけラクラク解答

とりはずしてお使いください

復習　五年生で習った漢字①

月　日

1 ――線の漢字の読みがなを書きましょう。

① 荷物を確かに受け取る。（　）
② 夜空に一番星が出現する。（　）
③ 店に行かなくなって久しい。（　）
④ 客人を応接間に通す。（　）
⑤ 取り引きで利益を得る。（　）
⑥ このままでは際限がない。（　）
⑦ 雨天により試合が中止になる。（　）
⑧ 日本の歴史について学ぶ。（　）

2 □に漢字を書きましょう。

① 期日を□□（ぜったい）に守る。
② 決まり□□（もんく）を述べる。
③ 文章から□□（じょうけい）を思いうかべる。
④ 相手に□□（しつもん）を投げかける。
⑤ 体育館で□□（そうかい）が開かれる。
⑥ 調味料を□□（ようき）に入れる。
⑦ 赤と青の絵の具を□（ま）ぜる。
⑧ □□□（こむぎこ）を水にとく。
⑨ 新たな考えを周囲に□（しめ）す。
⑩ □□（ざつだん）で場をなごませる。
⑪ □□（どくじ）の観点で考察する。
⑫ 機械が画像を□□（しきべつ）する。
⑬ 身の回りを常に□□（せいけつ）に保つ。
⑭ 相手と自分との力量を□（くら）べる。

答え　2ページ

復習 五年生で習った漢字②

月　日

1 ――線の漢字の読みがなを書きましょう。

① 資料の数字を精査する。（　）
② 子ども向けの絵本を出版する。（　）
③ 勢いにまかせて文章をつづる。（　）
④ 格言をせりふに織り交ぜる。（　）
⑤ 永いねむりにつく。（　）
⑥ 家の近くには大きな河がある。（　）
⑦ 周囲から賛同される。（　）
⑧ 町の職人にインタビューをする。（　）

2 □に漢字を書きましょう。

① 何があっても□（こころざし）を曲げない。
② 昔の人が書いた□□（きこう）文を読む。
③ 弟は手をたたいて□（よろこ）んだ。
④ 役員の□□（にんき）をまっとうする。
⑤ □□（ぶっきょう）の歴史について調べる。
⑥ パーティーに□□（しょうたい）される。
⑦ 重さでいすの□□（けいじょう）が変わる。
⑧ 思いの□（ほか）、人出が少なかった。
⑨ 息を□（ころ）して身をかくす。
⑩ 相手を見て□□（たいど）を改める。
⑪ 実際にあった話だと□□（かてい）する。
⑫ ビルの建設に□□（だんこ）反対する。
⑬ 新しい事実が□□（はんめい）する。
⑭ 学校で身体□□（そくてい）をする。

答え 2ページ

復習 五年生で習った漢字③

月　日

1 ――線の漢字の読みがなを書きましょう。

①（　）条件をいくつか言いつける。
②（　）常に前を向いて生きてきた。
③（　）商品の価格が均一だ。
④（　）交通事故を未然にふせぐ。
⑤（　）洋書の編集を手がける。
⑥（　）朝刊のニュースを見ておどろく。
⑦（　）若者（わかもの）たちの政治ばなれをなげく。
⑧（　）出会ったときの印象は大切だ。

2 □に漢字を書きましょう。

① バレエの□□（きほん）を身につける。
② 古くなった時計を□□（しゅうり）する。
③ 自然の中で□□（てきおう）力を高める。
④ 今はまだ□□（じょしょう）に過ぎない。
⑤ 問題□□（かいけつ）のための方法。
⑥ 十年前よりも人口が□（へ）る。
⑦ しはらう□□（きんがく）を伝える。
⑧ 自分がすすめたい本を□（か）す。
⑨ 世界の□（まず）しい国に物資を送る。
⑩ 旅行へ行く□□（じゅんび）をする。
⑪ 八月になって□（はか）参りに行く。
⑫ 昔の話を□□（そふ）から聞く。
⑬ デパートの中で□□（まいご）になる。
⑭ 自分の考えを□□（きじゅつ）する。

答え 2ページ

月　日

復習　五年生で習った漢字④

1 ——線の漢字の読みがなを書きましょう。

① 作業が快調に進む。（　　）
② 事業の損害を取り返す。（　　）
③ 西洋の文化を取り入れる。（　　）
④ 材木でいちから小屋を造る。（　　）
⑤ 読書のときに眼鏡をかける。（　　）
⑥ 子どもたちを正しい道に導く。（　　）
⑦ 旧校舎の前に集合する。（　　）
⑧ ヒグラシが夏の終わりを告げる。（　　）

2 □に漢字を書きましょう。

① 自分の仕事に□□（せきにん）を持つ。
② 木の□（えだ）にメジロが飛んでくる。
③ □□（あつりょく）なべで調理をする。
④ 庭の畑に□□（ひりょう）をまく。
⑤ 天下□□（とういつ）の野望をいだく。
⑥ 海外から雑貨を□□（ゆにゅう）する。
⑦ 家族で□（ささ）え合って生活する。
⑧ 薬の□□（こうか）でねむくなる。
⑨ ネコを家で□□（ほご）する。
⑩ 仲間を□（ひき）いて戦いにいどむ。
⑪ 寒さで池に氷が□（は）る。
⑫ □□（えきたい）を注ぐ。
⑬ 金の□□（こうみゃく）をさがし当てる。
⑭ 姉は□□□（こうむいん）だ。

答え　2ページ

ぴったり1 準備

たずね合って考えよう さなぎたちの教室

教科書 14～32ページ

新しく学習する漢字

箇 筋 窓 枚 宣 幼 革 裏 並 視 痛 敬 敵 降 姿 胸 吸 呼 忘 閉 朗

月　日

教科書 14ページ

箇 カン

使い方
箇単に解決する。
箇潔に話をする。
箇素な部屋に暮らす。

反対の意味の言葉
簡単⇔複雑

18画　たけかんむり

教科書 14ページ

筋 キン　すじ

使い方
腹筋をきたえる。
鉄筋の家を建てる。
劇の筋書きを考える。

字の形に注意
筋
「力」や「刀」ではないんだね！

12画　たけかんむり

教科書 18ページ

窓 ソウ　まど

使い方
車窓から景色をながめる。
同窓会に出席する。
窓辺に立って外を見る。

部首
「窓」の部首は、「あなかんむり」だよ。
「宀」ではないんだね。

11画　あなかんむり

教科書 18ページ

枚 マイ

使い方
プリントの枚数を数える。
テーブルに皿を三枚並べる。
大枚をはたいて絵画を買う。

慣用句
枚挙にいとまがない　たくさんありすぎて数え切れないこと。

8画　きへん

教科書 19ページ

宣 セン

使い方
新商品を宣伝する。
宣教師が布教活動をする。
開会を宣言する。

字の形に注意
宣
4画目を忘れずに書こう。

9画　うかんむり

月　日

幼

教科書21ページ

ヨウ
おさない

おれる　はねる

使い方
幼稚園に妹をむかえに行く。
幼虫がさなぎになる。
考え方が幼い。

1〜5　幼
いとがしら　幺
5画

反対の意味の言葉
成虫
幼虫

革

教科書21ページ

カク
◆かわ

出さない　つける

使い方
革命後、政権が変わった。
皮革製品を買う。
革新的な意見が出る。

1〜9　革
かくのかわ　つくりがわ　革
9画

筆順
革
1〜4画目をしっかり覚えよう。

裏

教科書22ページ

うら
◆リ

「十」にしない　長く　はらう

使い方
服を裏返しにぬぐ。
裏表のない性格。
裏口から家に入る。

1〜13　裏
ころも　衣
13画

反対の意味の漢字
裏
表

並

教科書22ページ

なみ
ならべる
ならぶ
ならびに
◆ヘイ

とめる　はらう

使い方
並木道を歩く。
机を二列に並べる。
校庭に児童が並ぶ。

1〜8　並
いち　一
8画

漢字の意味
「並」には、ふつうという意味がある。

視

教科書23ページ

シ

つけない　ななめに打つ　上へはねる

使い方
視力検査をする。
人の視線を気にする。
信号を無視すると危ない。

1〜11　視
みる　見
11画

部首
視
「ネ」ではないんだね。

痛

教科書23ページ

ツウ
いたい
いたむ
いためる

方向に注意　とめる　はねる

使い方
悲痛な様子で話す。
おなかが痛い。
足の古傷が痛む。

1〜12　痛
やまいだれ　疒
12画

形の似た漢字
通
過
痛い

月　日

教科書24ページ

敬

ケイ
うやまう

使い方
年上の人に敬意を表す。
尊敬語を使って話す。
お年寄りを敬う。

12画　攵（ぼくづくり・のぶん）

送りがな
敬う

教科書24ページ

敵

テキ
◆かたき

使い方
無敵のチームが負けた。
敵地で一戦を交える。
強敵を相手に勝利する。

15画　攵（ぼくづくり・のぶん）

反対の意味の言葉
味方
敵

教科書25・27ページ

降

コウ
おりる
おろす
ふる

使い方
降水量を調べる。
バスから降りて歩く。
雨が降りそうなのでかさを持つ。

10画　阝（こざとへん）

反対の意味の言葉
降りる
乗る

教科書26ページ

姿

シ
すがた

使い方
活やくした選手の雄姿を見る。
姿勢を正す。
一世一代の晴れ姿。

9画　女（おんな）

漢字の覚え方
次女の姿がかわいい。

教科書27ページ

胸

キョウ
むね
◆むな

使い方
身体測定で胸囲を測る。
姉は度胸がある。
今聞いたことは胸におさめる。

10画　月（にくづき）

慣用句
胸を打つ
心にひびくこと。

教科書27ページ

吸

キュウ
すう

使い方
酸素を吸入する。
知識を吸収する。
空気を吸う。

6画　口（くちへん）

反対の意味の言葉
吸う
吐く

月　日

教科書 29ページ

閉

ヘイ
とじる
しめる
しまる
◆とざす

使い方
駅前のパン屋が閉店する。
ゆっくりと目を閉じる。
部屋の窓を閉める。

反対の意味の言葉
閉める
開ける

門（もんがまえ）
11画

教科書 27ページ

忘

ボウ
わすれる

使い方
忘れ物をしないように気をつける。
物忘れがひどくなる。
絵の具を家に忘れる。

送りがな

心（こころ）
7画

教科書 27ページ

呼

コ
よぶ

使い方
選手の名前を連呼する。
全員いるか点呼して確かめる。
助けを呼ぶ。

ことわざ
類は友を呼ぶ
気の合う者や似た者は自然と寄り集まること。

口（くちへん）
8画

教科書 30ページ

朗

ロウ
◆ほがらか

使い方
物語を朗読する。
明朗な人がらの若者。
合格の朗報が届く。

字の形に注意
朗
「良」としないように！

月（つき）
10画

「吸」の「及」は、一画で書くよ。

ぴったり2 練習

たずね合って考えよう／さなぎたちの教室

月　日

1 ——線の漢字の読みがなを書きましょう。

① **簡単**な方法を考える。（　　）

② 物語の**筋道**を考える。（　　）

③ 電車の**窓**ぎわの席をとる。（　　）

④ 花びらが**一枚**まう。（　　）

⑤ 運動会の開会を**宣言**する。（　　）

⑥ **幼虫**のだっ皮を観察する。（　　）

⑦ 教育制度が大きく**変革**される。（　　）

⑧ 家の**裏**にまわってみる。（　　）

2 □に漢字を書きましょう。

① 二列に□（なら）んで走る。

② □□（しかい）が開ける場所に出る。

③ 昨日から頭が□（いた）い。

④ ロやかましいと□□（けいえん）される。

⑤ 一丸となって□（てき）から身を守る。

⑥ 朝から雨が□（ふ）る。

⑦ とうとう□（すがた）を見失う。

⑧ 感動して□（むね）がいっぱいになる。

⑨ きれいな空気を□（す）いこむ。

⑩ まわりの人に協力を□（よ）びかける。

⑪ 美術館までの道順を□（わす）れる。

⑫ 本を静かに□（と）じる。

⑬ 物語を□□（ろうどく）する。

⑭ □□（かんけつ）に説明する。

教科書 14～32ページ
答え 3ページ

月　日

ぴったり2 練習

たずね合って考えよう／さなぎたちの教室

教科書 14〜32ページ
答え 3ページ

1 ――線の漢字の読みがなを書きましょう。

① 母と春の並木道を歩く。（　）
② 海外旅行で視野が広がる。（　）
③ 痛み止めの薬を飲む。（　）
④ 年上の人に敬意をはらう。（　）
⑤ 決勝戦では強敵と対戦する。（　）
⑥ パラシュートで降下する。（　）
⑦ 声だけ聞こえて姿が見えない。（　）
⑧ 希望に胸がふくらむ。（　）

2 □に漢字を書きましょう。

① 小説の□□（すじが）き。
② 部屋の□（まど）を開ける。
③ 書類が□□（すうまい）足りない。
④ 新商品の□□（せんでん）を見る。
⑤ □（よう）稚（ち）園の先生に会う。
⑥ 政治の□□（かいかく）を進める。
⑦ 月の□□（うらがわ）の写真。
⑧ はば広い知識を□（きゅう）収（しゅう）する。
⑨ クラス全員の□□（てんこ）をとる。
⑩ 最近□□（ものわす）れが多い。
⑪ ドアをバタンと□（し）める。
⑫ 詩の□□□（ろうどくかい）を開く。
⑬ □□（かんたん）に作れる料理。
⑭ □□（しゃそう）からの景色。

ぴったり2 練習

たずね合って考えよう／さなぎたちの教室

教科書 14～32ページ
答え 3ページ

月　日

1 ――線の漢字の読みがなを書きましょう。

① 大きな吸引力。（　　）
② 名前を連呼する。（　　）
③ 忘れものに気をつける。（　　）
④ 閉園時間がせまる。（　　）
⑤ 弟から朗報が届（とど）く。（　　）
⑥ 簡易ベッドでねる。（　　）
⑦ 筋肉をつける。（　　）
⑧ 妹はまだ幼い。（　　）

2 □に漢字を書きましょう。

① □□（かくしん）的な技術が生まれる。
② 服を□□（うらおもて）逆に着る。
③ 校庭に児童が学年順に□（なら）ぶ。
④ 少し□□（ずつう）がする。
⑤ 年長者を□（うやま）う。
⑥ 味方と□（てき）に分かれて遊ぶ。
⑦ 終着駅で電車を□（お）りる。
⑧ 正しい□□（しせい）を保つ。
⑨ □□（きょうい）を測る。
⑩ ゆっくりと□□□（しんこきゅう）する。
⑪ あの店は九時に□（し）まる。
⑫ □□□（どうそうかい）に出席する。
⑬ カードの□□（まいすう）を数える。
⑭ 桜の開花□□（せんげん）があった。

月　日

ぴったり1 準備

漢字を使おう1

教科書 33ページ

新しく学習する漢字

創　補　拝　郵　就　仁　俵　紅　縮　尺　班

教科書 33ページ

創　ソウ　つくる

りっとう　12画

使い方
創立記念日を祝う。
創作意欲がわく。
新しい作品を創り出す。

言葉の使い分け
創造―新しくつくり出すこと。
想像―心の中に思いうかべること。

教科書 33ページ

補　ホ　おぎなう

ころもへん　12画

使い方
栄養を補給する。
委員長に立候補する。
説明を補う。

送りがな

教科書 33ページ

拝　ハイ　おがむ

てへん　8画

使い方
神社に参拝する。
辞書を拝借する。
富士山で初日の出を拝む。

字の形に注意
拝

教科書 33ページ

郵　ユウ

おおざと　11画

使い方
速達で郵送する。
郵便配達の仕事をする。
郵便局に荷物を持って行く。

字の形に注意
郵

教科書 33ページ

就　シュウ　◆ジュ　つく　◆つける

だいのまげあし　12画

使い方
社長に就任する。
食品会社に就職する。
会社の就業時間が変わる。

反対の意味の言葉
就職
退職

月　日

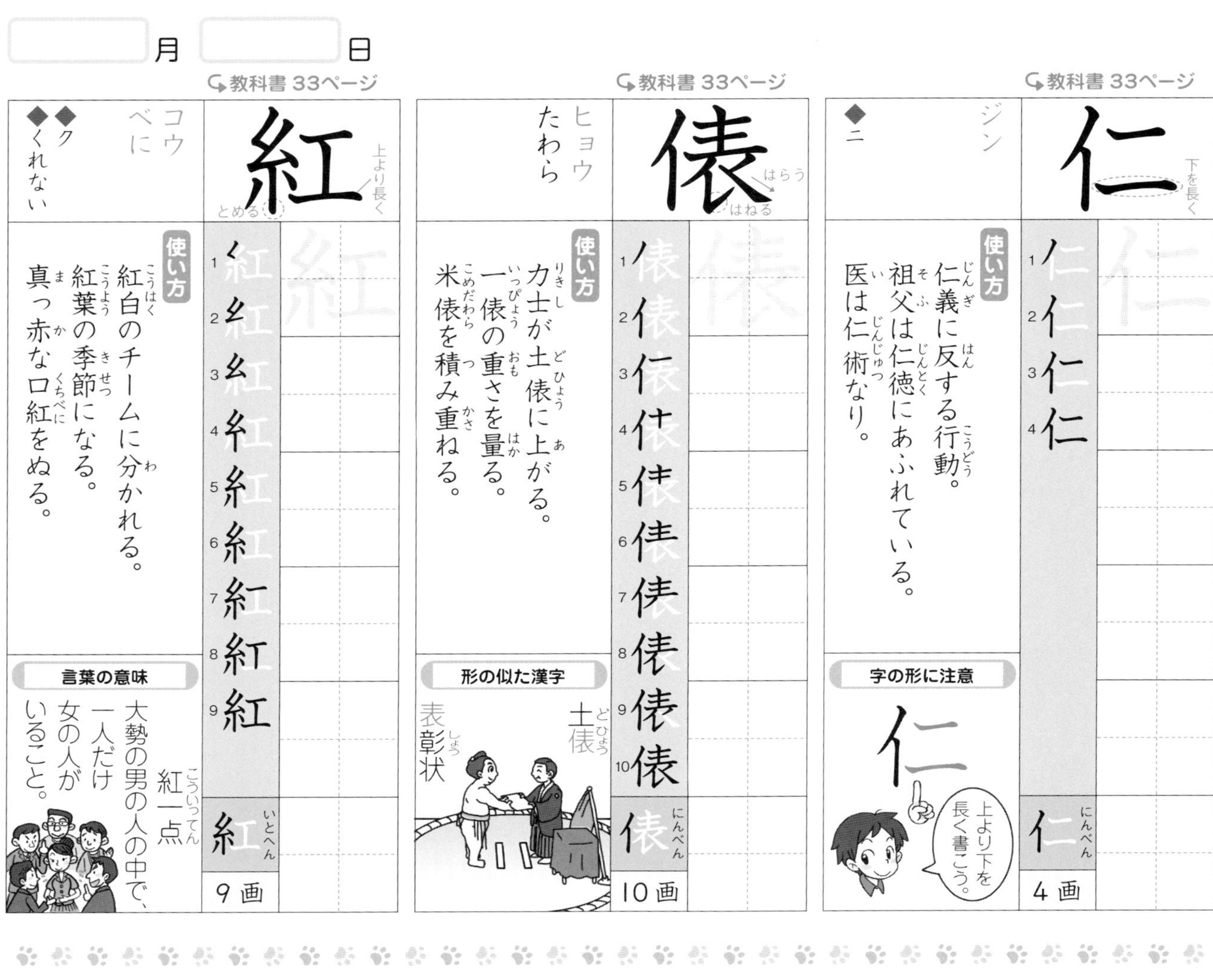

紅

教科書33ページ

コウ　べに　◆ク　◆くれない

9画　いとへん

使い方
紅白のチームに分かれる。
紅葉の季節になる。
真っ赤な口紅をぬる。

言葉の意味
紅一点
大勢の男の人の中で、一人だけ女の人がいること。

俵

教科書33ページ

ヒョウ　たわら

10画　にんべん

使い方
力士が土俵に上がる。
一俵の重さを量る。
米俵を積み重ねる。

形の似た漢字
土俵
表彰状

仁

教科書33ページ

ジン　◆ニ

4画　にんべん

使い方
仁義に反する行動。
祖父は仁徳にあふれている。
医は仁術なり。

字の形に注意
上より下を長く書こう。

班

教科書33ページ

ハン

10画　おうへん（たまへん）

使い方
班長として話をまとめる。
クラスを班に分ける。
班ごとに行動する。

字の形に注意
「王」の形のちがいに気をつけよう。

尺

教科書33ページ

シャク

4画　しかばね（かばね）

使い方
尺八をふいてみる。
ちがう尺度で評価する。
巻き尺で長さを測る。

字の形に注意
すき間よし！
すき間をあけてね。「人」ではないよ。

縮

教科書33ページ

シュク　ちぢむ　ちぢまる　ちぢめる　ちぢれる　ちぢらす

17画　いとへん

使い方
今週は短縮授業だ。
町の縮図を作成する。
じょじょに点差が縮まる。

かなづかいに注意
○ちぢ　×ちじ

ぴったり2 練習

漢字を使おう1

　　月　　日

1 ――線の漢字の読みがなを書きましょう。

① __創作__の意欲(よく)がわく。（　　）

② 会長に__立候補__する。（　　）

③ 先生の辞書を__拝借__する。（　　）

④ __郵便__配達の仕事。（　　）

⑤ おじが社長に__就任__した。（　　）

⑥ 医は__仁術__なり。（　　）

⑦ __土俵__のおにと言われた力士。（　　）

⑧ __縮尺__二万五千分の一の地図。（　　）

2 □に漢字を書きましょう。

① クラスを六つの□(はん)に分ける。

② 一位とのきょりが□(ちぢ)む。

③ 学校の□□(そうりつ)記念日。

④ 説明不足を□(おぎな)う。

⑤ 初日の出を□(おが)む。

⑥ □□(こめだわら)をかつぐ。

⑦ □□(べにばな)からとった着色料。

⑧ 雑誌(し)を□□(そうかん)する。

⑨ 建物を□□(ほきょう)する。

⑩ 神社に□□(さんぱい)する。

⑪ 手紙を速達で□□(ゆうそう)する。

⑫ 兄が会社に□□(しゅうしょく)した。

⑬ □□(じんぎ)に反する行い。

⑭ コーヒーより□□(こうちゃ)が好きだ。

教科書 33ページ
答え 3ページ

月　日

ぴったり2 練習

漢字を使おう1

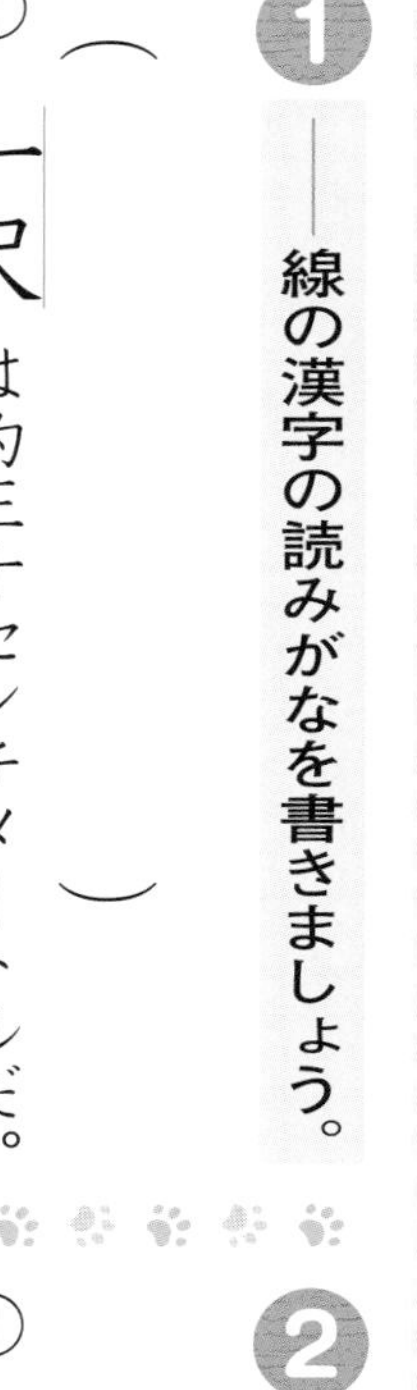

1 ――線の漢字の読みがなを書きましょう。

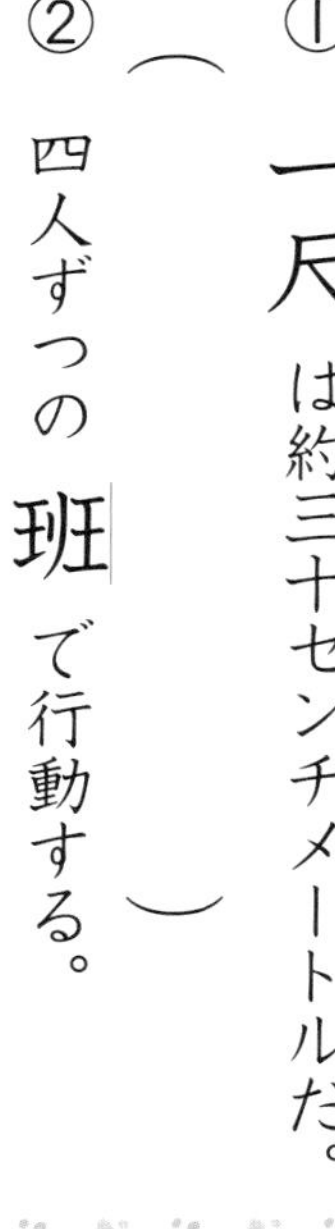

① 一尺（　）は約三十センチメートルだ。

② 四人ずつの班（　）で行動する。

③ ボールをよけるために身を縮（　）める。

④ 新しい作品を創（　）り出す。

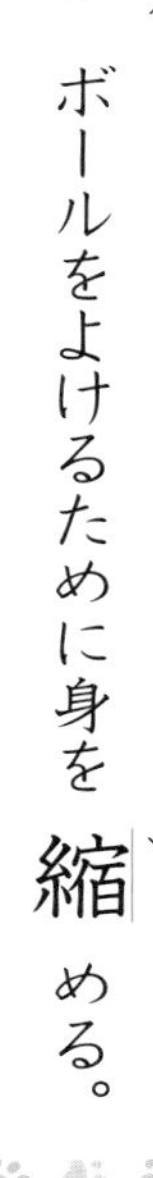

⑤ 損失を補（　）う。

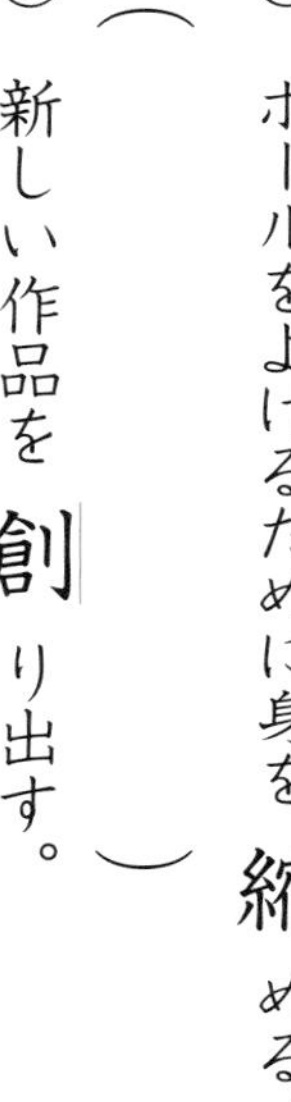

⑥ 頂（いただ）いた手紙を拝読（　）する。

⑦ 郵便切手（　）を買う。

⑧ 日本では六歳（さい）で就学（　）する。

2 □に漢字を書きましょう。

① □□（じんあい）の心の厚い人。

② 米□□（いっぴょう）を持ち上げる。

③ 秋の山々が美しく□□（こうよう）する。

④ 幸せの□□（しゃくど）は人それぞれだ。

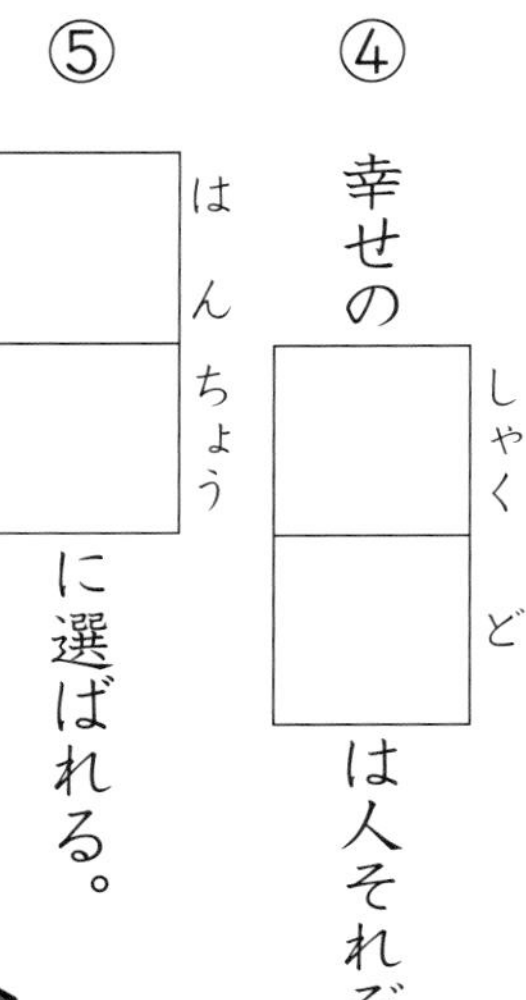

⑤ □□（はんちょう）に選ばれる。

⑥ 図を□□（しゅくしょう）する。

⑦ 会社は□□（そうぎょう）百年をむかえる。

⑧ 栄養を□□（ほきゅう）する。

⑨ 仏様を□（おが）む。

⑩ 駅前の□□□（ゆうびんきょく）に行く。

⑪ □□（しゅうぎょう）時間を短縮する。

⑫ □□（たわらがた）のおにぎりを食べる。

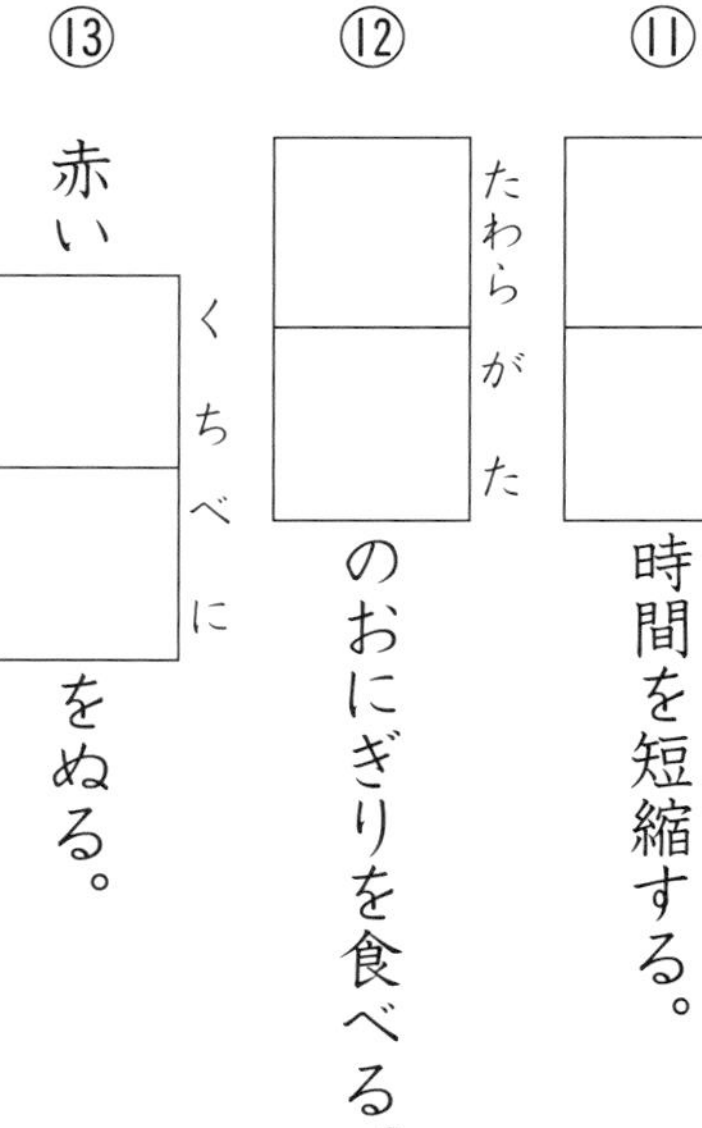

⑬ 赤い□□（くちべに）をぬる。

⑭ 草の葉が□（ちぢ）れる。

教科書 33ページ
答え 4ページ

月　日

ぴったり1 準備

社会教育施設へ行こう

教科書 34〜37ページ

新しく学習する漢字

域　展　郷　映　覧

教科書 34ページ

域

イキ

忘れない　はねる　右上へ

使い方

地域の特色を調べる。
遊泳禁止区域を設ける。
関東全域で大雨が降る。

つちへん

11画

字の形に注意

域

8画目をわすれないでね。

教科書 34ページ

展

テン

はねる　はらう　はらう

使い方

展示会に招待する。
事件の進展を見守る。
文化が発展する。

しかばね・かばね

10画

字の形に注意

展

「衣」ではないよ！

教科書 34ページ

郷

キョウ
◆ゴウ

「良」にしない

使い方

正月に故郷に帰る。
郷土料理の店に行く。
郷里をなつかしむ。

おおざと

11画

字の形に注意

郷

「良」ではないよ。また「阝」を「卩」と書きまちがえないこと。

教科書 34ページ

映

エイ
うつる
うつす
◆はえる

つき出す　つけるところに注意

使い方

新作の映画を見に行く。
テレビにアップで映る。
自分の姿を鏡に映す。

ひへん

9画

言葉の使い分け

映る―光やかげが他の物の上に現れること。
写る―写真にとられること。

教科書 36ページ

覧

ラン

つける　「ケ」にしない　上へはねる

使い方

友達と展覧会に行く。
座席の一覧表を作る。
観覧車から見える景色。

みる

17画

部首

「覧」の部首は、「みる」だよ。

月　　日

ぴったり1 準備

意見を聞いて考えよう
三字以上の熟語の構成

教科書 40〜45ページ

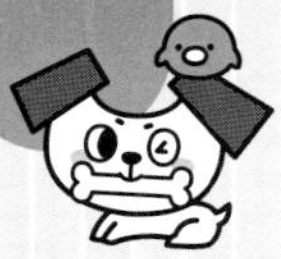

新しく学習する漢字

異　熟　賃　盟　警　署　蚕　善　臨　宇　宙　欲　穀

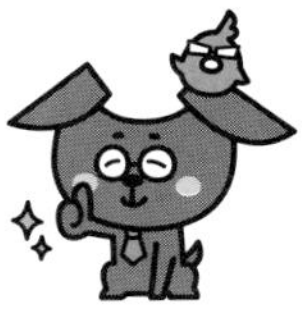

教科書 40ページ

異

イ　こと

はらう　とめる

使い方

異国の文化にふれる。
異常気象が続く。
母と異なる考えをもつ。

四字熟語

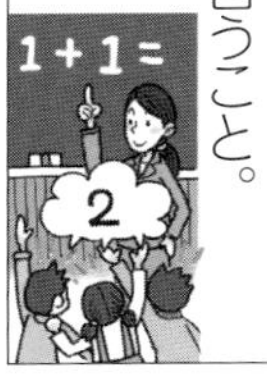

異口同音
みんなが同じことを言うこと。

11画

教科書 44ページ

熟

ジュク　◆うれる

右上へ　忘れない

使い方

文章を熟読する。
新しい熟語を覚える。
かきの実が熟す。

形の似た漢字

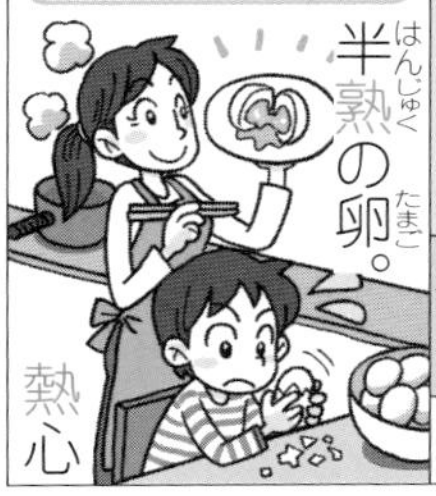

半熟の卵。
熱心

15画

教科書 44ページ

賃

チン

左へはらう　上より短く

使い方

電車の運賃が上がる。
大家に家賃をはらう。
手伝いをして駄賃をもらう。

形の似た漢字

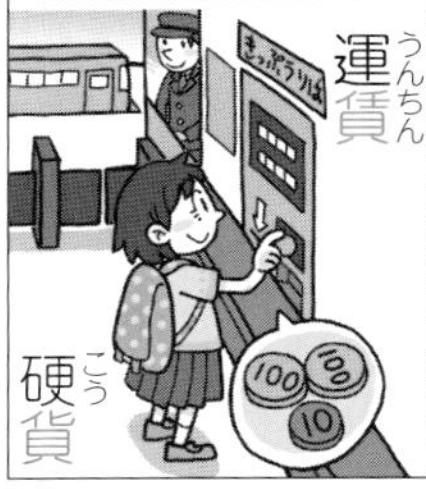

運賃
硬貨

13画

教科書 44ページ

盟

メイ

はらう　はねる

使い方

同盟を結んだ国々。
国際連合に加盟する。
野球連盟で協議する。

部首

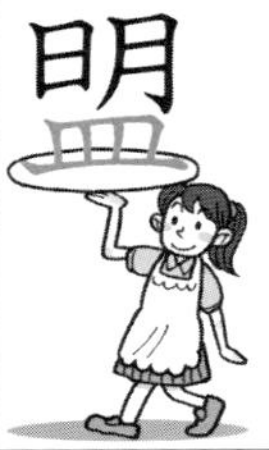

「盟」の部首は、「さら」だよ。

13画

教科書 44ページ

警

ケイ

つける　打つ　ななめに

使い方

暴風警報が出て休校になる。
汽車が警笛を鳴らす。
警官に道をたずねる。

部首

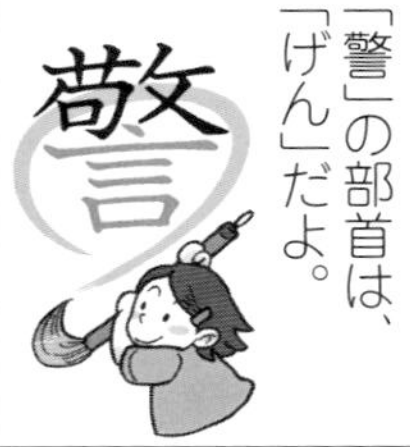

「警」の部首は、「げん」だよ。

19画

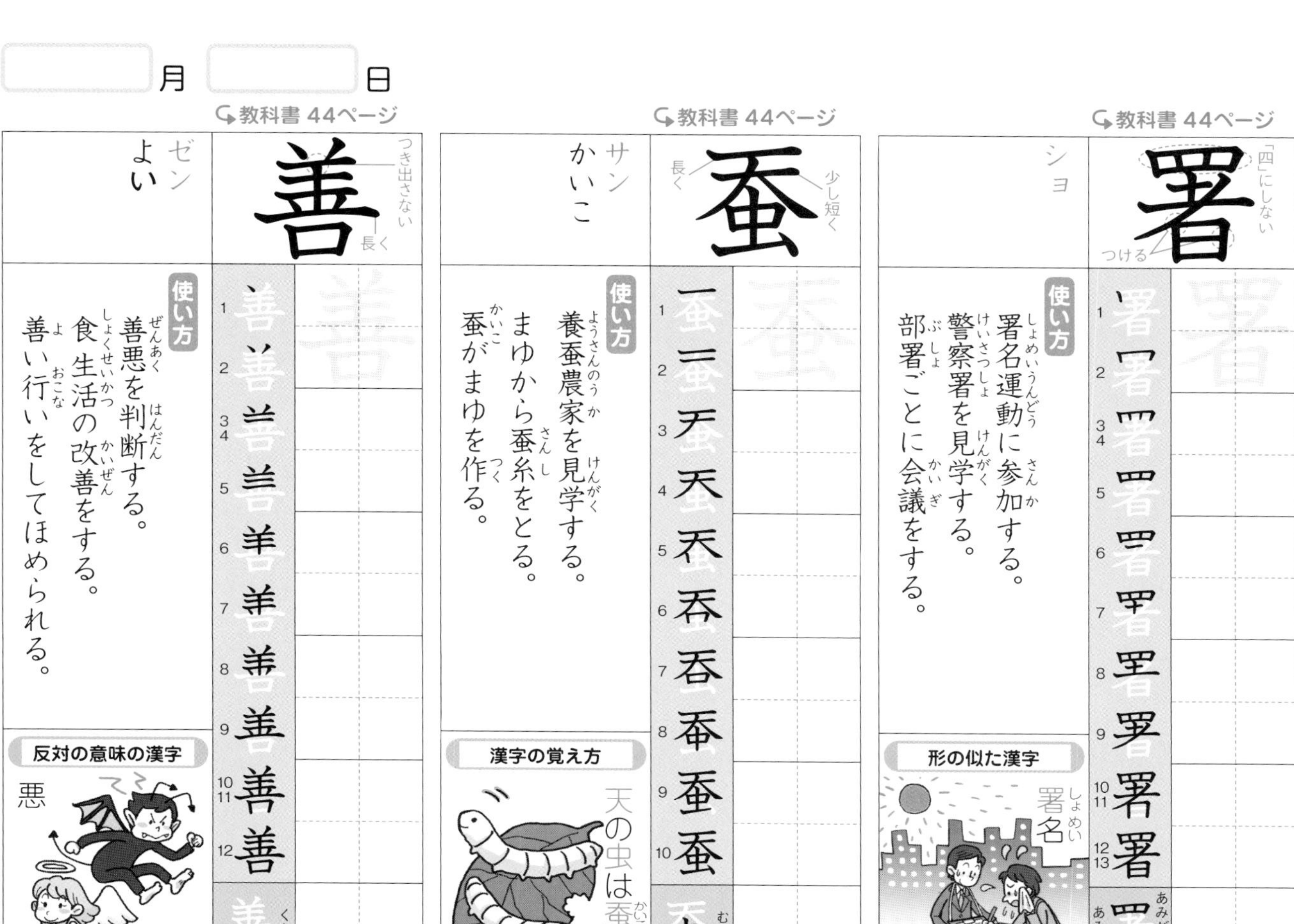

教科書45ページ

臨

リン

◆のぞむ

つける

使い方

来週、臨海学校に行く。

臨時列車を増発する。

入学式に親が臨席する。

四字熟語

臨機応変

その場に合わせたやり方をすること。

臣 しん

18画

教科書45ページ

宇

ウ

はねる　下を長く

使い方

宇宙旅行にあこがれる。

宇宙飛行士になる。

宇宙船に乗りこむ。

字の形に注意

はねるよ。

はねないよ。

宀 うかんむり

6画

教科書45ページ

宙

チュウ

つけない

使い方

宙返りの練習をする。

花びらが宙にまう。

宙づりになったおもり。

字の形に注意

つけちゃダメだよ。

宀 うかんむり

8画

月　日

教科書45ページ

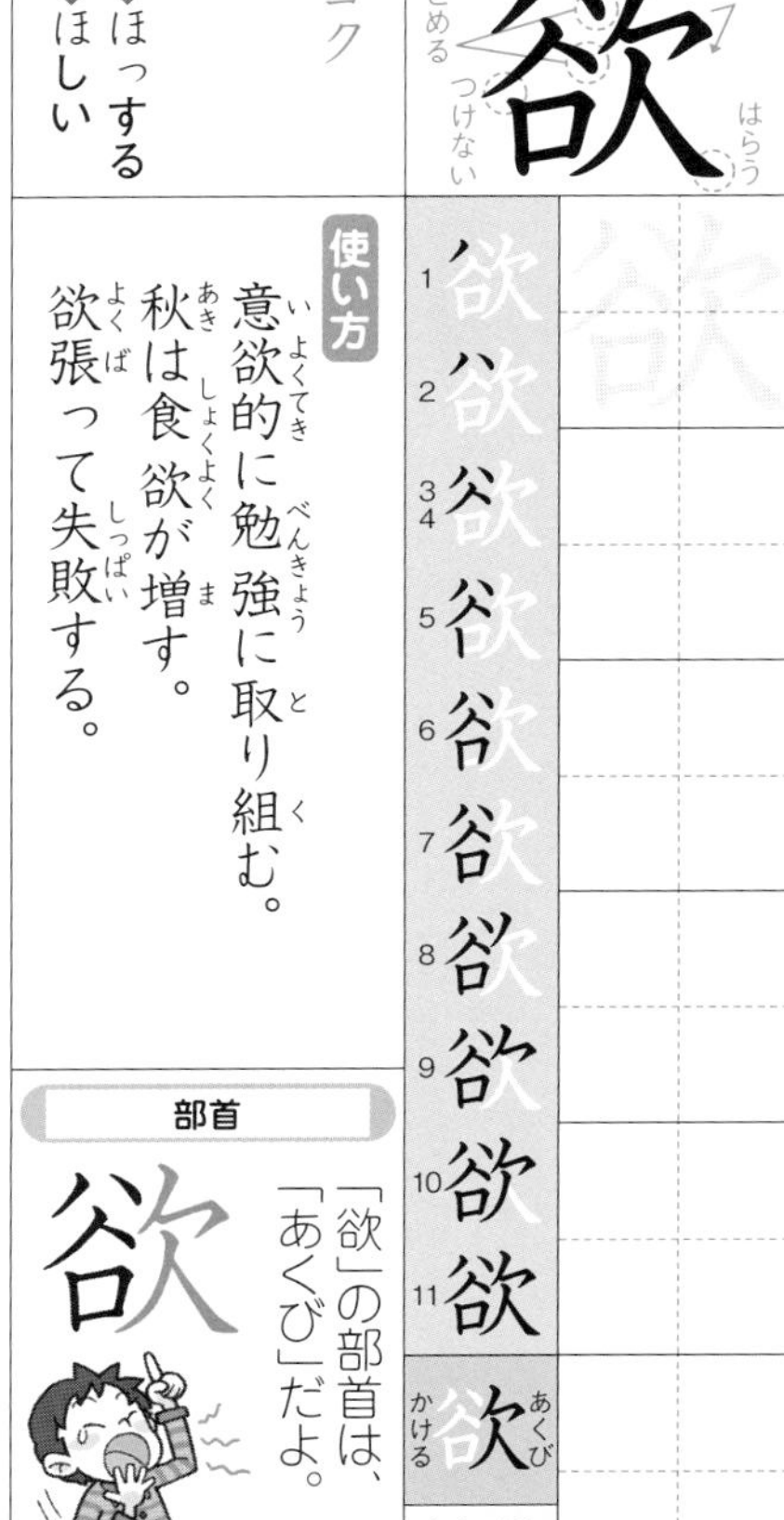

欲

ヨク

◆ほっする
◆ほしい

とめる　つけない　はらう

使い方

意欲的に勉強に取り組む。
秋は食欲が増す。
欲張って失敗する。

部首

欲

「欲」の部首は、「あくび」だよ。

あくび　かける

11画

教科書45ページ

穀

コク

上へはねる　上より短く　左下へ

使い方

穀物を収かくする。
穀倉地帯が広がる。
米に雑穀を混ぜてたく。

部首

穀

「穀」の部首は、「のぎへん」だよ。

まちがえないようにしよう!

のぎへん

14画

「署」と「暑」。形の似ている漢字に注意しよう。

漢字クイズ1

答え18ページ

☆ 例を参考に□に当てはまる漢字を書き、四つの熟語を作りましょう。

例

正 → 座 → 高
星 → 座 → 席

上から下、左から右に読むんだね。

① 変 → □ → 常　特 → □ → 性

② 意 → □ → 望　食 → □ → 求

①には「イ」と読む漢字が入るよ。

③ 改 → □ → 悪　最 → □ → 人

④ 早 → □ → 読　半 → □ → 考

月　日

ぴったり2 練習

社会教育施設へ行こう　意見を聞いて考えよう／三字以上の熟語の構成

1 ――線の漢字の読みがなを書きましょう。

① 地域の代表を務める。（　　）
② 博物館で展示された作品。（　　）
③ 郷土の歴史を調べる。（　　）
④ 映像を通して知識を得る。（　　）
⑤ 絵画の展覧会に行く。（　　）
⑥ それぞれ性格が異なる。（　　）
⑦ 熟語の意味を学ぶ。（　　）
⑧ 電車賃が上がる。（　　）

2 □に漢字を書きましょう。

① 国際連合の□□□（かめいこく）。
② □□□（けいさつしょ）を見学する。
③ □□□（ようさんぎょう）がさかんな町。
④ □□□（しんぜんび）の調和が理念。
⑤ まもなく□□（りんじ）列車が出る。
⑥ □□（うちゅう）飛行士になりたい。
⑦ □□□（いよくてき）に取り組む。
⑧ 眼前に□□（こくそう）地帯が広がる。
⑨ 鏡に顔を□（うつ）す。
⑩ 最近の天候は□□（いじょう）だ。
⑪ □（かいこ）を飼う。
⑫ □（よ）い行いを心がける。
⑬ □□（ちいき）の集会所に行く。
⑭ □□（きょうり）の思い出を語る。

教科書 34〜45ページ
答え 4ページ

月　日

ぴったり2 練習

社会教育施設へ行こう 意見を聞いて考えよう／三字以上の熟語の構成

教科書 34〜45ページ
答え 4ページ

1 ——線の漢字の読みがなを書きましょう。

① 他国と同盟を結ぶ。（　）
② 銀行の警備を強化する。（　）
③ けい約書に署名する。（　）
④ 養蚕の技術を学ぶ。（　）
⑤ あの人は根っからの善人だ。（　）
⑥ 臨海学校で遠泳をする。（　）
⑦ 宇宙船で月に行く夢を見た。（　）
⑧ 国語の学習に意欲がわく。（　）

2 □に漢字を書きましょう。

① 米や麦などの□□（こくるい）を作る。
② 川の□□（りゅういき）に平野が広がる。
③ 町の□□（はってん）に力をつくす。
④ □□（こきょう）がなつかしい。
⑤ 週末は□□（えいが）を見に行く。
⑥ □□□（いちらんひょう）にまとめる。
⑦ □□（いよう）な物音が聞こえる。
⑧ □□（はんじゅく）の卵（たまご）を食べる。
⑨ タクシーの□□（うんちん）をはらう。
⑩ 協会に□□（かめい）する。
⑪ 暴風□□（けいほう）が出される。
⑫ □□□（しょうぼうしょ）のとなり。
⑬ くわの葉を食べる□（かいこ）。
⑭ □（よ）しあしを見分ける。

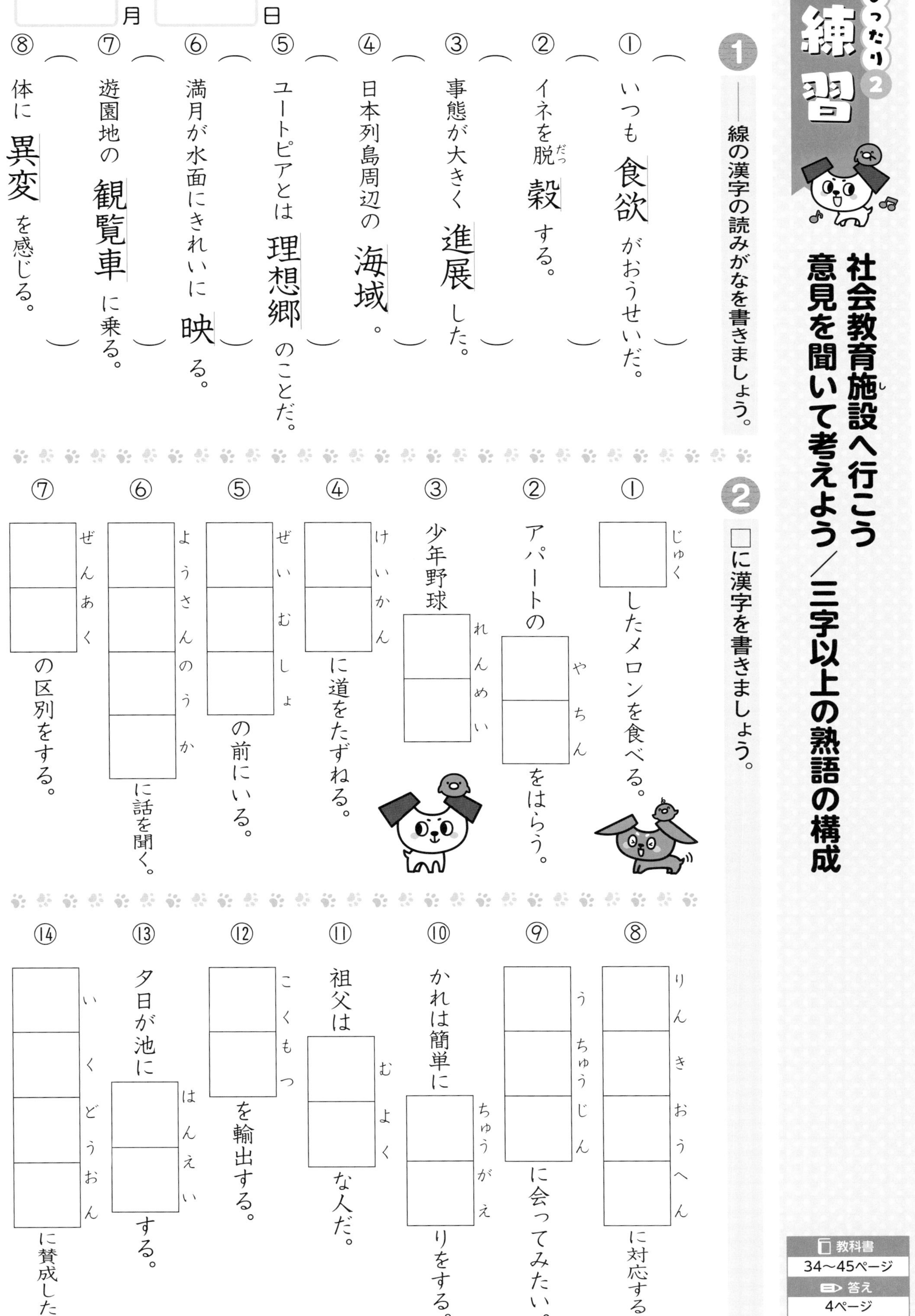

月　日

ぴったり2 練習

社会教育施設へ行こう 意見を聞いて考えよう／三字以上の熟語の構成

1 ――線の漢字の読みがなを書きましょう。

① いつも食欲がおうせいだ。（　）
② イネを脱穀する。（　）
③ 事態が大きく進展した。（　）
④ 日本列島周辺の海域。（　）
⑤ ユートピアとは理想郷のことだ。（　）
⑥ 満月が水面にきれいに映る。（　）
⑦ 遊園地の観覧車に乗る。（　）
⑧ 体に異変を感じる。（　）

2 □に漢字を書きましょう。

① □□（じゅく）したメロンを食べる。
② アパートの□□（やちん）をはらう。
③ 少年野球□□（れんめい）
④ □□（けいかん）に道をたずねる。
⑤ □□□（ぜいむしょ）の前にいる。
⑥ □□□□（ようさんのうか）に話を聞く。
⑦ □□（ぜんあく）の区別をする。
⑧ □□□□（りんきおうへん）に対応する。
⑨ □□□（うちゅうじん）に会ってみたい。
⑩ かれは簡単に□□（ちゅうがえ）りをする。
⑪ 祖父は□□（むよく）な人だ。
⑫ □□（こくもつ）を輸出する。
⑬ 夕日が池に□□（はんえい）する。
⑭ □□□□（いくどうおん）に賛成した。

教科書 34～45ページ
答え 4ページ

月　日

ぴったり1 準備

イースター島にはなぜ森林がないのか

教科書 46〜58ページ

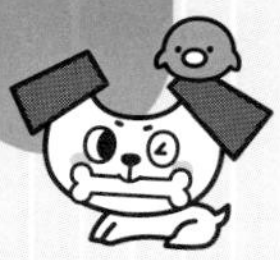

新しく学習する漢字

遺 乳 樹 蔵 宗 刻 恩 推 存 暮 供 系 誤 傷 厳 論 段

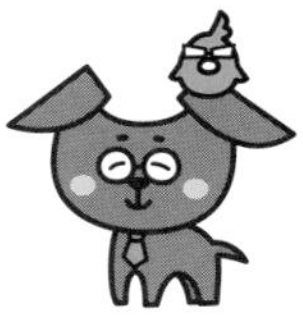

教科書 48ページ

遺　イ　◆ユイ　15画　部首：しんにょう（しんにゅう）

使い方
遺跡を見学する。
遺産を相続する。
遺伝子の研究をする。

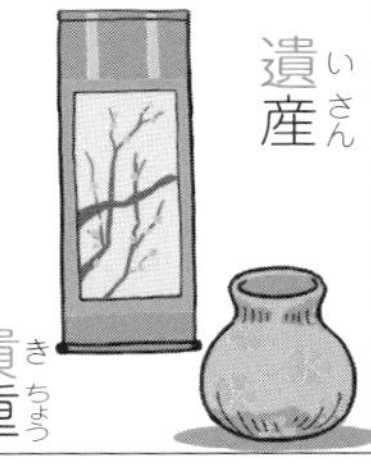

形の似た漢字
遺産
貴重

教科書 49ページ

乳　ニュウ　ちち　◆ち　8画　部首：おつ

使い方
乳歯が生える。
乳製品を買いに行く。
赤んぼうが乳を飲む。

使い方 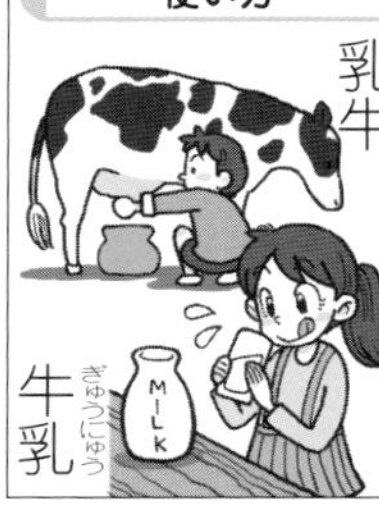
乳牛
牛乳

教科書 50ページ

樹　ジュ　16画　部首：きへん

使い方
果樹園で手伝いをする。
記念日に植樹を行う。
針葉樹林が広がる。

ことわざ
寄らば大樹のかげ
たよるなら、力のある人にたよったほうがよいこと。

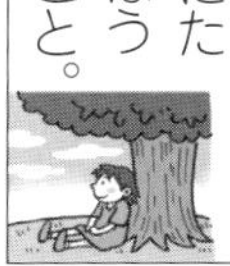

教科書 51ページ

蔵　ゾウ　◆くら　15画　部首：くさかんむり

使い方
冷蔵庫から食材を取り出す。
お地蔵様に手を合わせる。
米を貯蔵する。

部首
蔵
「蔵」の部首は、「くさかんむり」だよ。
筆順もしっかり覚えよう。 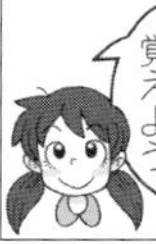

教科書 51ページ

宗　シュウ　◆ソウ　8画　部首：うかんむり

使い方
世界にはさまざまな宗教がある。
空海が真言宗を開いた。
異なる宗派が集まる。

部首
宗
「宗」の部首は、「うかんむり」だよ。
「しめす」ではないんだね。

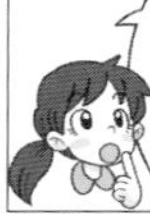

月　日

教科書51ページ

刻

コク
きざむ

8画　りっとう

使い方
深刻な問題が起こる。
時刻表で調べる。
包丁で野菜を刻む。

筆順
3画目に注意しよう。

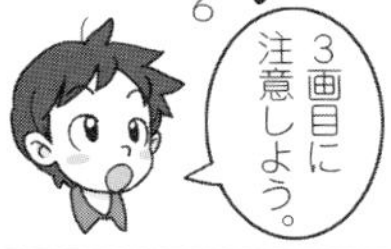

教科書52ページ

恩

オン

10画　こころ

使い方
命の恩人と再会する。
卒業生が謝恩会を開く。
恩師に手紙を書く。

形の似た漢字
思う
恩師

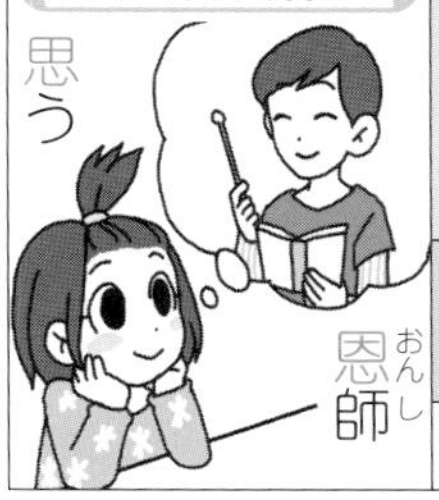

教科書52ページ

推

スイ
◆おす

11画　てへん

使い方
推理小説を書く。
人口の推移を調べる。
計画を推進する。

部首
筆順にも注意しよう！

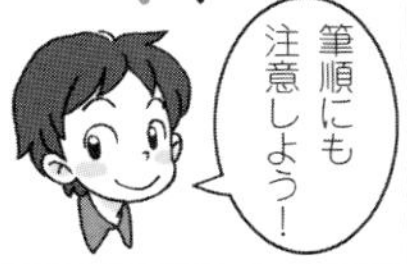

教科書52ページ

存

ソン
ゾン

6画　こ

使い方
存在感がある。
大会の存続を検討する。
食べ物を常温で保存する。

形の似た漢字
保存
在宅

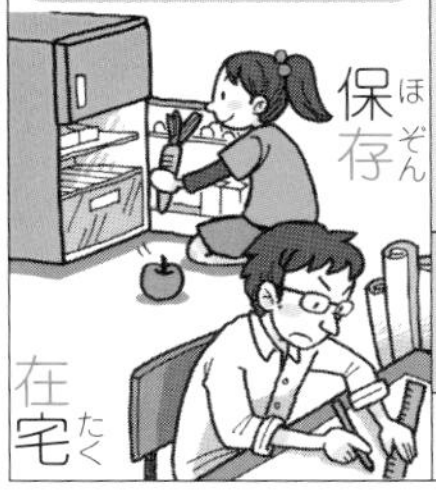

教科書52ページ

暮

くれる
くらす
◆ボ

14画　ひ

使い方
日が暮れてから出かける。
悲しみでなみだに暮れる。
晩年はいなかで暮らす。

形の似た漢字
夕暮れ
墓地

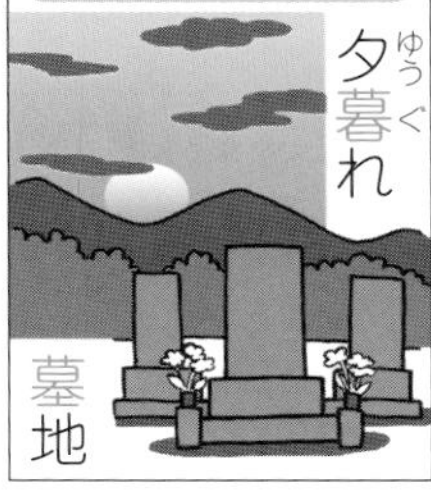

教科書52ページ

供

キョウ
そなえる
とも
◆ク

8画　にんべん

使い方
学校に本を提供する。
仏だんに花を供える。
祖母のお供で出かける。

言葉の使い分け
供える－神仏に品物を差し出すこと。
備える－準備をすること。

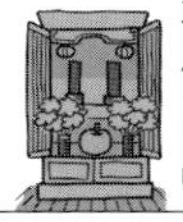

月　日

教科書55ページ

傷

ショウ
きず
◆いたむ
◆いためる

つけるところに注意　忘れない　はねる

13画　にんべん

使い方
負傷者を病院に運ぶ。
車体が損傷する。
傷口を手当てする。

字の形に注意
傷
「昜」ではないので注意しよう。

教科書55ページ

誤

ゴ
あやまる

おれる　つける　はなす

14画　ごんべん

使い方
文中の誤字を直す。
誤解を解くため説明する。
漢字を誤って書く。

言葉の使い分け
誤る―まちがえること。
謝る―わびること。

教科書53ページ

系

ケイ

おれる　とめる

7画　いと

使い方
同じ系列の会社。
蔵から家系図が見つかる。
太陽系の惑星。

字の形に注意
系
1画目を忘れないように。

教科書56ページ

段

ダン

右上へ　上へ　はねる　出す　はらう

9画　ほこづくり・るまた

使い方
文章を段落に分ける。
手段を変える。
空手の有段者。

言葉の意味
段々畑―山の斜面を利用した畑。

教科書56ページ

論

ロン

ななめに打つ　つき出さない　はねる

15画　ごんべん

使い方
姉と口論になる。
英語の弁論大会に出場する。
友達の意見に反論する。

形の似た漢字
口論
首輪

教科書55ページ

厳

ゲン
きびしい
◆ゴン
◆おごそか

つき出さない

17画　つかんむり

使い方
厳格な父に育てられる。
商品を厳重に管理する。
厳しい練習にたえる。

送りがな
厳しい

ぴったり2 練習

イースター島にはなぜ森林がないのか

月　日

1 ――線の漢字の読みがなを書きましょう。

① 遺跡（せき）の調査が始まる。（　）
② ほ乳動物の生息域。（　）
③ 高い樹木におおわれる。（　）
④ 地球の資源（げん）は無尽（じん）蔵ではない。（　）（　）
⑤ 宗教的な目的で行われる。（　）
⑥ 木に彫（ちょう）刻された仏像。（　）
⑦ 自然の恩恵（けい）を受ける。（　）
⑧ 被（ひ）害の総額を推定する。（　）

2 □に漢字を書きましょう。

① 重力の□□（そんざい）を確認（にん）する。
② いなかで□（く）らす。
③ 十分な食料を□□（きょうきゅう）する。
④ □□□（せいたいけい）を保護する。
⑤ 使用方法を□（あやま）る。
⑥ 机（つくえ）を□（きず）つけてはいけない。
⑦ 父はとても□（きび）しい。
⑧ 新しい□（ろん）を唱える。
⑨ 文章を五つの□□（だんらく）に分ける。
⑩ □□（いさん）を相続する。
⑪ 牛の□（ちち）をしぼる。
⑫ 野菜を細かく□（きざ）む。
⑬ 仏だんに花を□（そな）える。
⑭ □□（ごじ）がないか見直す。

教科書 46〜58ページ
答え 5ページ

月　日

ぴったり2 練習

イースター島にはなぜ森林がないのか

教科書 46〜58ページ
答え 5ページ

1 ――線の漢字の読みがなを書きましょう。

①（　）実際に存在した人物。
②（　）日が暮れるまで公園で遊ぶ。
③（　）父のお供で買い物に行く。
④（　）銀河系について調べる。
⑤（　）文章の誤りを正す。
⑥（　）事故にあったが軽傷で済（す）んだ。
⑦（　）厳格な決まりがある。
⑧（　）話し合って結論を出す。

2 □に漢字を書きましょう。

① 長い□□（かいだん）を上る。
② 母から□□（いでん）した体質。
③ 冷たい□□（ぎゅうにゅう）を飲む。
④ □□□（がいろじゅ）のある通り。
⑤ 美術館が□□（しょぞう）する絵画。
⑥ キリスト教に□□（かいしゅう）した大名。
⑦ 列車の□□□（じこくひょう）を見る。
⑧ あなたは命の□□（おんじん）です。
⑨ □□（すいり）小説を読む。
⑩ 大会の□□（そんぞく）を希望する。
⑪ 食材を□□（ていきょう）する。
⑫ 一族の□□□（かけいず）を調べる。
⑬ □□（ごかい）をとくために努力する。
⑭ □□（げんじゅう）に守られる美術品。

ぴったり2 練習

イースター島にはなぜ森林がないのか

教科書 46〜58ページ
答え 5ページ

月　日

1 ——線の漢字の読みがなを書きましょう。

① 人の心を傷つけてはいけない。（　）
② 厳しい練習にたえた結果だ。（　）
③ 植物についての論文を発表する。（　）
④ 目的のためには手段を選ばない。（　）
⑤ 電車内の遺失物を届（とど）ける。（　）
⑥ ヤギの乳しぼりを体験する。（　）
⑦ 果樹園の前でバスが止まる。（　）
⑧ 子犬の体が小刻みにふるえる。（　）

2 □に漢字を書きましょう。

① □□□（れいぞうこ）の中のすいか。
② いろいろな□□（しゅうきょう）を調べる。
③ ツルの□□（おんがえ）し。
④ 人口の□□（すいい）を表すグラフ。
⑤ 思う□□（ぞんぶん）遊ぶ。
⑥ カギをなくしてとほうに□（く）れる。
⑦ 一冊（さつ）の本を旅のお□（とも）にする。
⑧ □□□（たいようけい）のわく星。
⑨ おつりを□（あやま）ってわたす。
⑩ 満月を見て□□（かんしょう）にひたる。
⑪ 集合時間を□□（げんしゅ）する。
⑫ 英語の□□□□（べんろんたいかい）。
⑬ 発表会の□□（だんど）りを考える。
⑭ □□（いっこく）も早く知らせよう。

ぴったり1 準備

漢字を使おう2 いざというときのために

教科書 59〜67ページ

新しく学習する漢字

胃 腸 肺 脳 臓 舌 私 危 策

教科書 59ページ

胃

イ

平たく／とめる／はねる

使い方
食べ物を胃で消化する。
父が胃薬を飲む。
胃酸で食べ物をとかす。

筆順：1 2 3 4 5 6 7 8 9

部首：胃（にく）

「にく」は、体に関係のある漢字につきます。

9画

教科書 59ページ

腸

チョウ

忘れない／はらう／向きと長さに注意／はねる

使い方
小腸で栄養を取り入れる。
胃腸を悪くする。
腸の調子が悪い。

筆順：1 2 3 4 5 6 7 8 9 10 11 12 13

部首：月（にくづき）

字の形に注意

わすれないでね！

13画

教科書 59ページ

肺

ハイ

たてに打つ／とめる

使い方
肺呼吸をする動物。
肺活量を測定する。
左右の肺の検査をする。

筆順：1 2 3 4 5 6 7 8 9

部首：月（にくづき）

言葉の意味

肺活量―肺の中に吸い入れる空気の量のこと。

9画

教科書 59ページ

脳

ノウ

おれる／はらう／とめる

使い方
各国の首脳が集まる。
脳波の検査を受ける。
すぐれた頭脳のもち主。

筆順：1 2 3 4 5 6 7 8 9 10 11

部首：月（にくづき）

「脳」の部首は、「にくづき」だよ。

「にくづき」は体に関係があるよ。

11画

教科書 59ページ

臓

ゾウ

忘れない／はねる

使い方
きん張して心臓がどきどきする。
臓器移植の手術を行う。
内臓を検査する。

筆順：1 2 3 4 5 6 7 8 9 10 11 12 13 14 15 16 17 18 19

部首：月（にくづき）

「臓」の部首は、「にくづき」だよ。

画数も多いので筆順にも注意。

19画

月　　日

教科書59ページ

舌

した
◆ゼツ

使い方
すばやい動きに舌をまく。
舌打ちをしておこられる。
熱くて舌をやけどする。

舌（した）　6画

慣用句
舌が回る　よどみなくしゃべること。

教科書62ページ

私

シ
わたくし
わたし

使い方
私有地に入ってしまう。
私の姉をしょうかいします。
私は算数が得意だ。

禾（のぎへん）　7画

反対の意味の言葉
私服　制服

教科書63ページ

危

キ
あぶない
◆あやうい
◆あやぶむ

使い方
危機を乗り切る。
人に危害を加える動物。
危ない場所をさける。

卩（ふしづくり・わりふ）　6画

反対の意味の言葉
危険　安全

教科書63ページ

策

サク

使い方
敵の策略にひっかかる。
水害の対策に取り組む。
先にあやまるほうが得策だ。

竹（たけかんむり）　12画

字の形に注意
策
「束」ではないよ！

読み方が新しい漢字

漢字	読み方	使い方	前に出た読み方
行	ゆく	行く手をふさぐ	行く・行動・行う・改行
後	のち	後ほど話す	前後・後半・後ろ足・後味
戸	コ	門戸の開放	戸じまり
家	ケ	家来を集める	家族・家元・家主

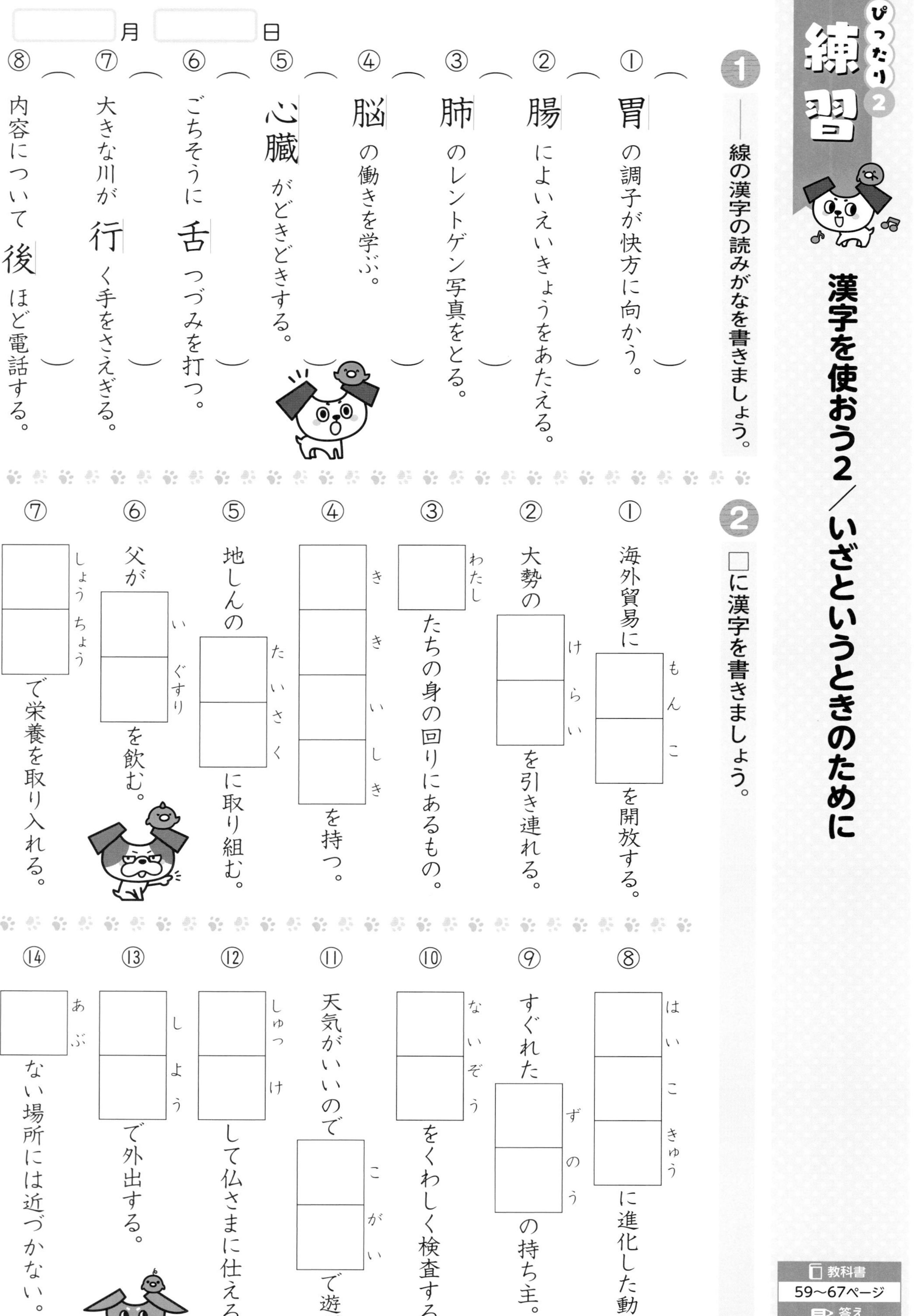

ぴったり2 練習

漢字を使おう2／いざというときのために

月　日

1 ――線の漢字の読みがなを書きましょう。

① 胃の調子が快方に向かう。（　）
② 腸によいえいきょうをあたえる。（　）
③ 肺のレントゲン写真をとる。（　）
④ 脳の働きを学ぶ。（　）
⑤ 心臓がどきどきする。（　）
⑥ ごちそうに舌つづみを打つ。（　）
⑦ 大きな川が行く手をさえぎる。（　）
⑧ 内容について後ほど電話する。（　）

2 □に漢字を書きましょう。

① 海外貿易に□□（もんこ）を開放する。
② 大勢の□□（けらい）を引き連れる。
③ □（わたし）たちの身の回りにあるもの。
④ □□□□（ききいしき）を持つ。
⑤ 地しんの□□（たいさく）に取り組む。
⑥ 父が□□（いぐすり）を飲む。
⑦ □□（しょうちょう）で栄養を取り入れる。
⑧ □□□（はいこきゅう）に進化した動物。
⑨ すぐれた□□（ずのう）の持ち主。
⑩ □□（ないぞう）をくわしく検査する。
⑪ 天気がいいので□□（こがい）で遊ぶ。
⑫ □□（しゅっけ）して仏さまに仕える。
⑬ □□（しよう）で外出する。
⑭ □（あぶ）ない場所には近づかない。

教科書 59〜67ページ
答え 5ページ

ぴったり2 練習

漢字を使おう2／いざというときのために

教科書 59～67ページ
答え 6ページ

月　日

1 ——線の漢字の読みがなを書きましょう。

① 地域の戸数を調べる。（　　）
② 王家の墓を守り続ける。（　　）
③ 授業中は私語をつつしむ。（　　）
④ 危険な場所には立ち入らない。（　　）
⑤ 対戦相手の策略にひっかかる。（　　）
⑥ 強い酸性の胃液。（　　）
⑦ 断腸の思いであきらめた。（　　）
⑧ 肺に酸素を取り入れる。（　　）

2 □に漢字を書きましょう。

① 七か国の□□（しゅのう）会議。
② □□（ぞうき）移植が行われる。
③ □（した）の根のかわかないうち。
④ 子どもの□（ゆ）く末を案じる。
⑤ 明日の天気はくもり□（のち）雨だ。
⑥ 町内会費を□□（こべつ）に集める。
⑦ 野山を□□（さんさく）する。
⑧ □（わたくし）どもにお任せください。
⑨ 流れの速い川の近くは□（あぶ）ない。
⑩ 新しい経済（ざい）□□（せいさく）を発表する。
⑪ 体の運動などを命令する□□（しょうのう）。
⑫ □□（しんぞう）の動きを感じる。
⑬ すばらしい演技に□（した）を巻（ま）く。
⑭ 人には□□（きがい）を加えない動物。

月　日

ぴったり1 準備

文と文とのつながり 漢文に親しもう

教科書 68～73ページ

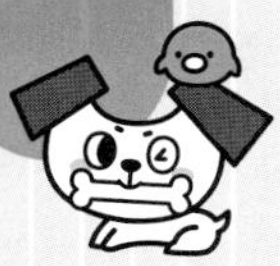

新しく学習する漢字

卵 割 洗 机 誕 砂 糖 暖

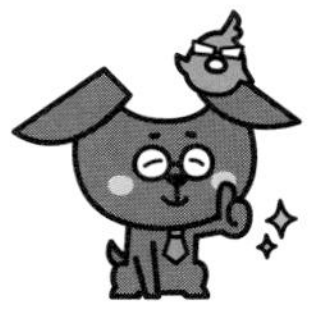

教科書68ページ

卵

はねる　はらう

◆ラン　たまご

使い方

にわとりが卵(たまご)を産(う)む。

得意料理(とくいりょうり)は卵焼(たまごや)きです。

かれは医者(いしゃ)の卵(たまご)だ。

筆順

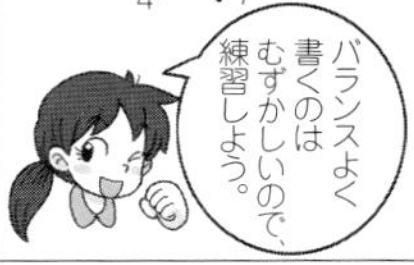

7画　卩 ふしづくり（わりふ）

教科書68ページ

割

たてに打つ　出さない　はねる

わる　わり　われる　◆カツ　◆さく

使い方

手(て)をすべらせてコップを割(わ)る。

役割分担(やくわりぶんたん)を考(かんが)える。

割(わ)れ物(もの)を注意(ちゅうい)して運(はこ)ぶ。

慣用句

割(わり)に合(あ)わない

苦労しただけの利益がないこと。

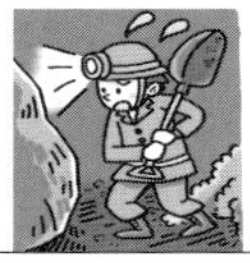

12画　刂 りっとう

教科書68ページ

洗

つき出す　少し長く　上へはねる

セン　あらう

使い方

洗(せん)ざいにつけておく。

洗面所(せんめんじょ)で歯(は)をみがく。

食事(しょくじ)の前(まえ)に手(て)を洗(あら)う。

送りがな

洗う

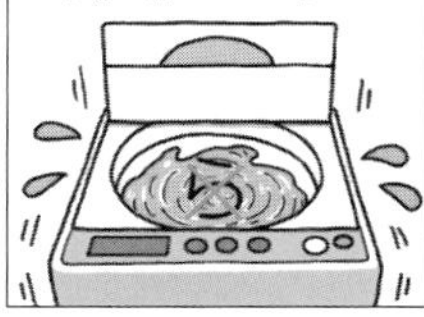

9画　氵 さんずい

教科書68ページ

机

上へはねる

つくえ　◆キ

使い方

机(つくえ)をろうかに運(はこ)ぶ。

学習机(がくしゅうづくえ)を買(か)いに行(い)く。

机(つくえ)の上(うえ)を片(かた)づける。

形の似た漢字

机(つくえ)

名札

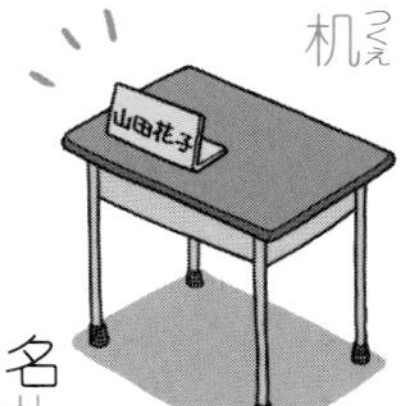

6画　木 きへん

教科書68ページ

誕

はらう　はらう

タン

使い方

生誕百年(せいたんひゃくねん)を祝(いわ)う。

誕生日会(たんじょうびかい)を開(ひら)く。

初孫(はつまご)の誕生(たんじょう)を喜(よろこ)ぶ。

形の似た漢字

誕生(たんじょう)

時間を延(の)ばす。

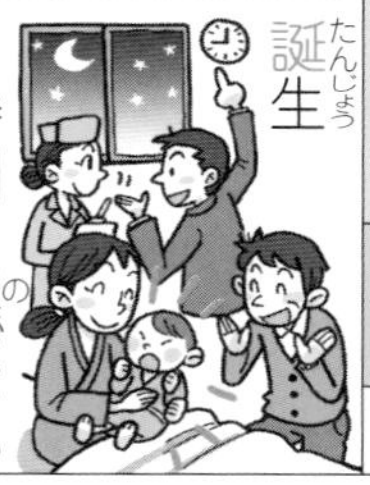

15画　言 ごんべん

教科書68ページ

砂

サ　◆シャ　すな

（つける／はねる）

9画　いしへん

使い方

磁石で砂鉄を集める。
コーヒーに砂糖を入れる。
砂場で子どもたちが遊ぶ。

いろいろな読み方

砂場で砂鉄を集める。

教科書68ページ

糖

トウ

（たてに打つ／出す／出さない／とめる）

16画　こめへん

使い方

かくし味に砂糖を入れる。
糖分の高い果物。
製糖工場を見学する。

字の形に注意

糖

しっかり右につき出そう。

教科書72ページ

暖

ダン　あたたか　あたたかい　あたたまる　あたためる

（左へはらう／少し長く／つける）

13画　ひへん

使い方

今年は暖冬になりそうだ。
温暖な気候で過ごしやすい。
暖かい服装で出かける。

言葉の使い分け

暖かい―温度や気候に使う。
温かい―気持ちや物などに使う。

漢字クイズ２

答え18ページ

☆次の熟語と反対の意味の熟語ができるように、□に漢字を書きましょう。

例　空腹 ↔ 満（まん）腹

① 保守 ↔ □（かく）新

② 悪意 ↔ □（ぜん）意

③ 悲報 ↔ □（ろう）報

④ 安全 ↔ □（き）険

⑤ 乗車 ↔ □（こう）車

⑥ 複雑 ↔ □（かん）単

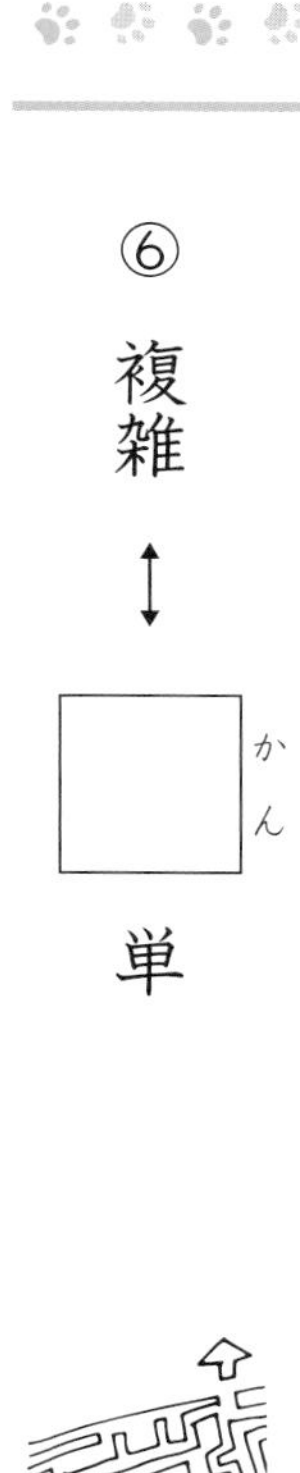
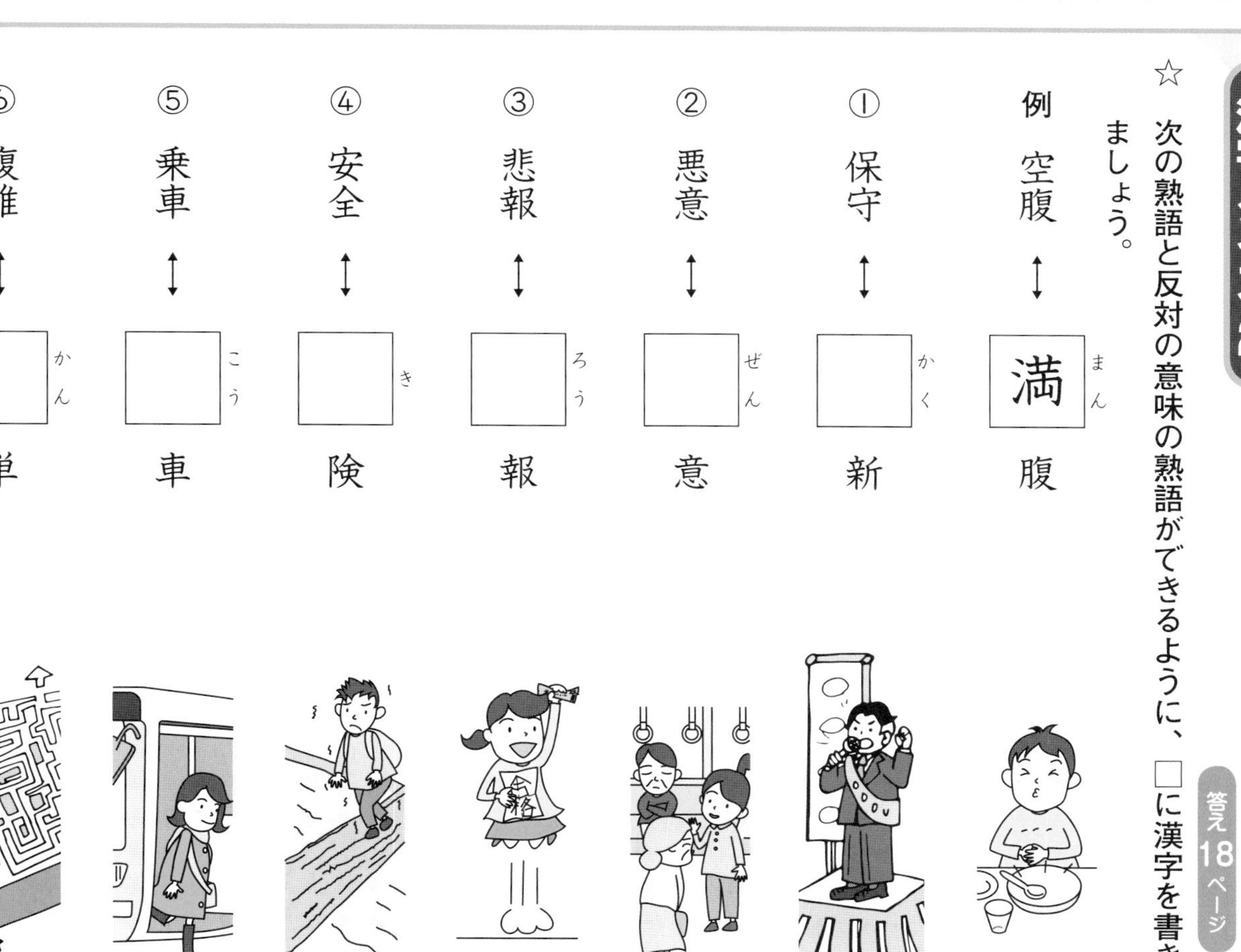

月　日

ぴったり2 練習

文と文とのつながり／漢文に親しもう

教科書 68～73ページ
答え 6ページ

1 ――線の漢字の読みがなを書きましょう。

① 卵からひよこがかえる。（　）
② 大切にしていた皿が割れる。（　）
③ ていねいに手を洗う。（　）
④ 一年生のときに買った机。（　）
⑤ 母の誕生日を祝う。（　）
⑥ 砂糖が少なめのケーキ。（　）
⑦ この部屋は暖かい。（　）
⑧ 図書委員の役割を果たす。（　）

2 □に漢字を書きましょう。

① かれは医者の□（たまご）だ。
② 班ごとに当番を□（わ）り当てる。
③ くつ下を□（せん）たくする。
④ □□□（がくしゅうづくえ）の上を片（かた）づける。
⑤ 前国王の□□（せいたん）百年を祝う。
⑥ 小さな子どもが□□（すなば）で遊ぶ。
⑦ 体のために□□（とうぶん）はひかえる。
⑧ □□（おんだん）な気候の土地。
⑨ ごはんに□□（なまたまご）をかける。
⑩ 男女の□□（わりあい）を調べる。
⑪ 会社の大きな□□□（じむづくえ）。
⑫ 有名な作家の□□（たんじょう）の地。
⑬ 静かに時を刻む□□□（すなどけい）。
⑭ 血液中のぶどう□（とう）。

月　日

ぴったり2 練習

文と文とのつながり／漢文に親しもう

教科書 68～73ページ
答え 6ページ

1 ――線の漢字の読みがなを書きましょう。

① 地球の温暖化のえいきょう。（　　）
② 卵焼きを上手に作る。（　　）
③ 商品を割引して売る。（　　）
④ ブラシで洗車する。（　　）
⑤ 机をろうかに運ぶ。（　　）
⑥ 降誕祭とはクリスマスのこと。（　　）
⑦ 砂あらしがふきあれる。（　　）
⑧ 空腹（ふく）のときの血糖値（ち）を測る。（　　）

2 □に漢字を書きましょう。

① □（あたた）かな季節になる。
② □□（たまごがた）のボールで遊ぶ。
③ まとめて買うと□□（わりやす）になる。
④ ていねいな□□（てあら）いを心がける。
⑤ □（つくえ）という漢字は形声文字だ。
⑥ □□□（たんじょうび）のおくり物。
⑦ □□（さてつ）が磁石（じしゃく）にくっつく。
⑧ □□（とうしつ）の多い食べ物を制限する。
⑨ □□（かんだん）の差の大きい季節。
⑩ 正直者が□（わり）を食うのはいけない。
⑪ 今日あったことを□（あら）いざらい話す。
⑫ □□□（たんじょうかい）にまねかれる。
⑬ 世界一大きなサハラ□（さ）ばく。
⑭ □（あたた）かい日ざしが差す。

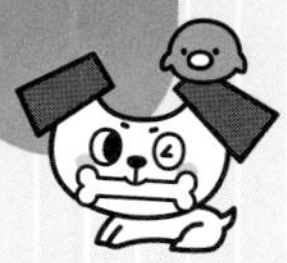

風切るつばさ

月　日

新しく学習する漢字

若　巻　訳　背　片

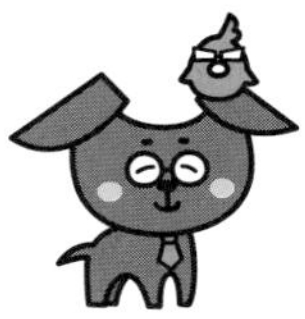

教科書 76〜86ページ

若

教科書 78ページ

わかい
◆ジャク
◆ニャク
◆もしくは

使い方
祖父はとても気が若い。
若手が活やくして勝つ。
若葉の美しい季節。

若 くさかんむり　8画

四字熟語
老若男女
お年寄りも若者も、男も女も全ての人。

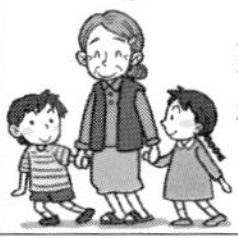

巻

教科書 78ページ

カン
まく
まき

使い方
物語を全巻そろえる。
足首に包帯を巻く。
平安時代の絵巻物を見る。

巻 ふしづくり（わりふ）　9画

字の形に注意
巻　己　刀
ちがう
ちがう
「己」だよ

訳

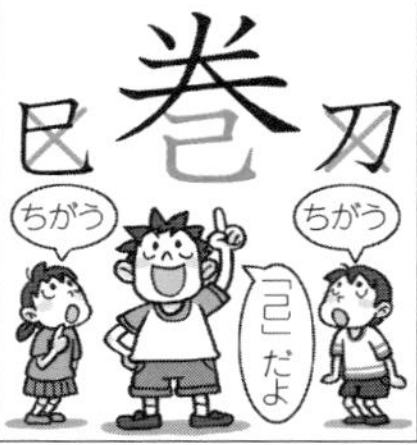

教科書 79ページ

ヤク
わけ

使い方
中国語の通訳。
英訳の宿題が出る。
おこられて言い訳をする。

訳 ごんべん　11画

いろいろな読み方
訳を話す。
通訳をする。

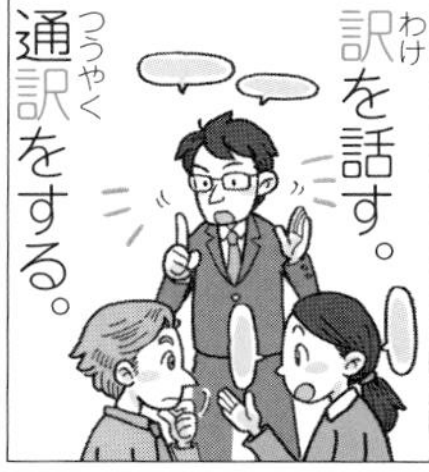

背

教科書 80ページ

ハイ
せ
せい
◆そむく
◆そむける

使い方
背後に気配を感じる。
父の背中を洗う。
兄と背比べをする。

背 にく　9画

部首
「背」の部首は、「にく」だよ。
「にく」は体に関係があるよ。

片

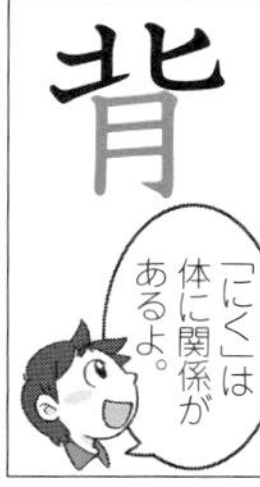

教科書 80ページ

かた
◆ヘン

使い方
片手で荷物を持つ。
片道分だけ切符を買う。
親から片時もはなれない子ども。

片 かた　4画

筆順
1画目に注意！

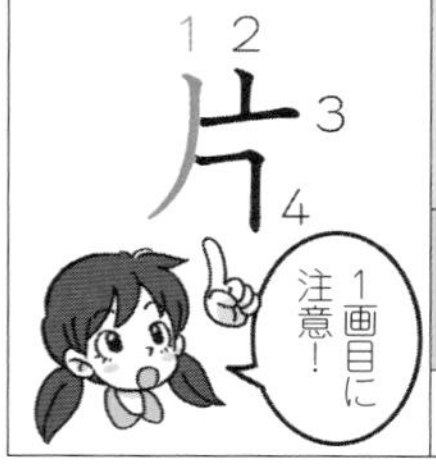

月　　日

ぴったり1 準備

漢字を使おう3 インターネットの投稿を読み比べよう

教科書 87〜100ページ

新しく学習する漢字

処　誌　詞　誠　忠　亡　担　値　激　疑　障

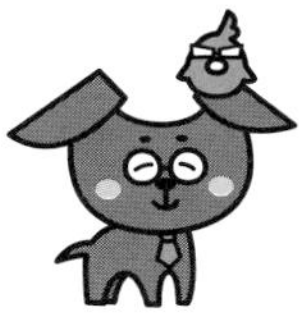

教科書 87ページ

処

ショ

つける　上へはねる

使い方

応急処置をしてもらう。

薬局に処方せんを持っていく。

不用品を処分する。

筆順

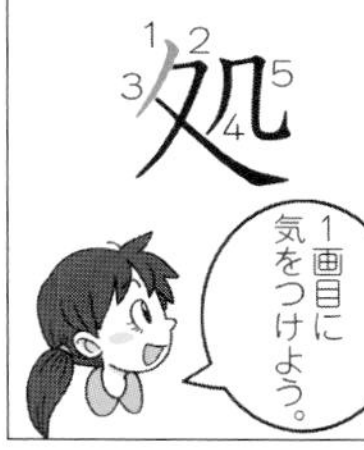

1画目に気をつけよう。

几（つくえ）　5画

教科書 87ページ

誌

シ

少し短く　はねる

使い方

学級日誌を書く。

雑誌の編集をする。

週刊誌を創刊する。

言葉の使い分け

誌面―雑誌で記事があるページのこと。

紙面―新聞で記事があるページのこと。

言（ごんべん）　14画

教科書 87ページ

詞

シ

はねる

使い方

好きな曲の歌詞を口ずさむ。

作詞と作曲をする。

単語の品詞を覚える。

形の似た漢字

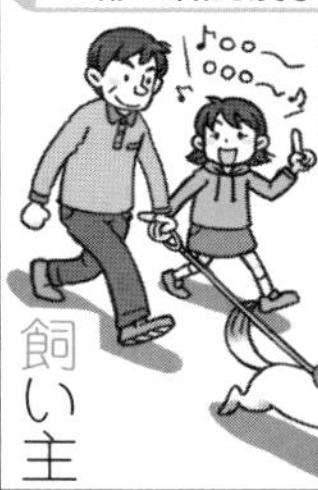

歌詞

飼い主

言（ごんべん）　12画

教科書 87ページ

誠

セイ

◆まこと

打つ　ななめに　忘れない　はねる　はねる

使い方

誠実な態度で接する。

誠心誠意あやまる。

誠意をもって対応する。

字の形に注意

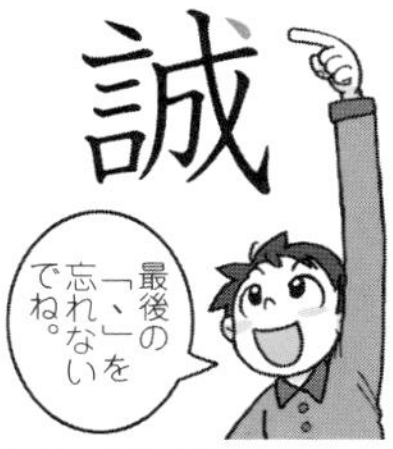

誠
最後の「、」を忘れないでね。

言（ごんべん）　13画

教科書 87ページ

忠

チュウ

とめる　はねる

使い方

忠実に命令に従う。

友人に忠告する。

忠誠をちかう。

漢字の覚え方

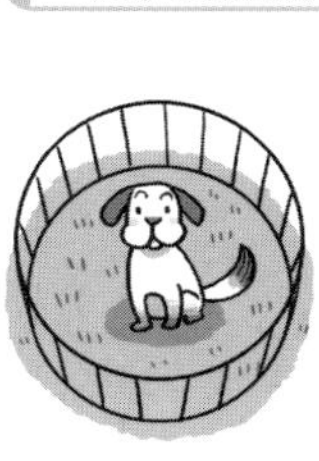

中心にすわる忠犬。

心（こころ）　8画

月　日

亡

教科書87ページ

亡（たてに打つ・とめる）

ボウ
◆モウ
◆ない

使い方

外国(がいこく)へ亡命(ぼうめい)する。
犯人(はんにん)が逃亡(とうぼう)する。
病気(びょうき)が悪化(あっか)して死亡(しぼう)する。

亠（なべぶた・けいさんかんむり）　3画

形の似た漢字

七　亡

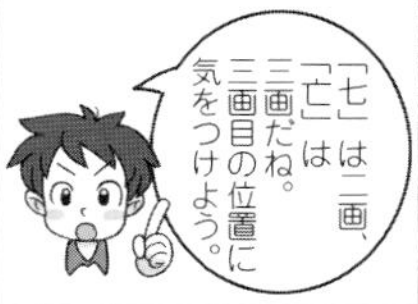
「七」は二画、「亡」は三画だね。三画目の位置に気をつけよう。

担

教科書94ページ

担（つける・はねる）

タン
◆かつぐ
◆になう

使い方

役割(やくわり)を分担(ぶんたん)する。
担任(たんにん)の先生(せんせい)と話(はな)す。
費用(ひよう)を負担(ふたん)する。

扌（てへん）　8画

字の形に注意

担

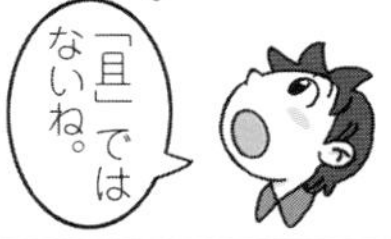
「旦」ではないね。

値

教科書94ページ

値（つける・おれる）

チ
ね
◆あたい

使い方

物(もの)の価値(かち)を考(かんが)える。
平均値(へいきんち)を計算(けいさん)する。
値打(ねう)ちのある絵画(かいが)。

亻（にんべん）　10画

形の似た漢字

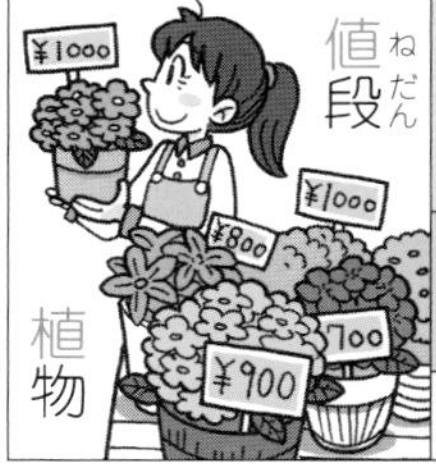
¥1000
¥1000
¥800
¥700
¥900

値段(ねだん)
植物

激

教科書95ページ

激（はねる）

ゲキ
はげしい

使い方

激戦(げきせん)の末(すえ)、勝利(しょうり)を収(おさ)める。
急激(きゅうげき)な変化(へんか)が起(お)こる。
激(はげ)しい雨(あめ)が降(ふ)った。

氵（さんずい）　16画

送りがな

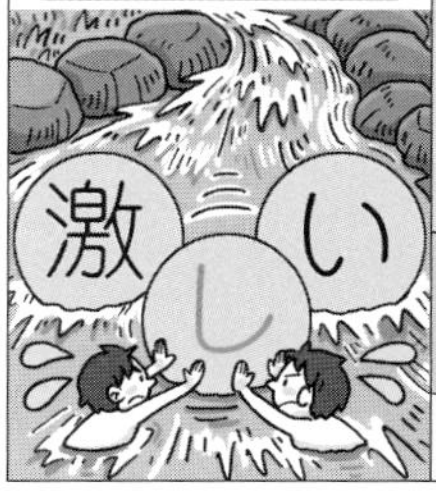
激
し
い

疑

教科書95ページ

疑（方向に注意・つける・はらう・とめる）

ギ
うたがう

使い方

疑問(ぎもん)がうかぶ。
半信半疑(はんしんはんぎ)で聞(き)いてみた。
自分(じぶん)の耳(みみ)を疑(うたが)う。

疋（ひき）　14画

送りがな

○疑う
×疑がう

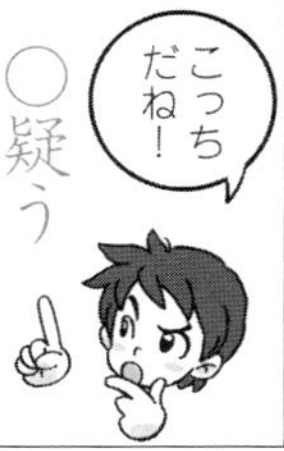
こっちだね！

障

教科書96ページ

障（上より長く・三画で書く・長く）

ショウ
◆さわる

使い方

冷蔵庫(れいぞうこ)が故障(こしょう)する。
日常(にちじょう)の生活(せいかつ)に支障(ししょう)をきたす。
年末(ねんまつ)に障子(しょうじ)を張(は)りかえる。

阝（こざとへん）　14画

形の似た漢字

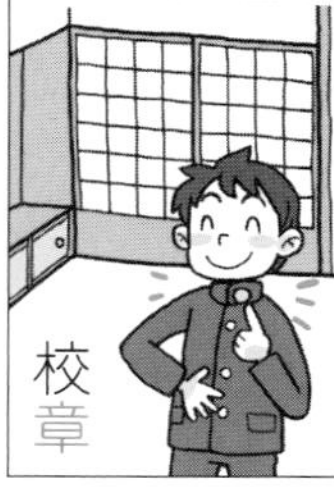

障子(しょうじ)
校章

月　日

ぴったり2 練習

風切るつばさ
漢字を使おう3／インターネットの投稿を読み比べよう

教科書 76～100ページ
答え 6ページ

1 ――線の漢字の読みがなを書きましょう。

① 祖父が若いころの写真。（　）
② 冷たい風がうず巻く。（　）
③ 約束を忘れた言い訳をする。（　）
④ 社会に背を向けることはしない。（　）
⑤ 部屋の片すみにすわる。（　）
⑥ 応急処置をほどこす。（　）
⑦ スポーツ雑誌を買う。（　）
⑧ 好きな歌の歌詞を覚える。（　）

2 □に漢字を書きましょう。

① □□（せいじつ）な心の持ち主。
② 王に□□（ちゅうせい）をちかう。
③ 鎌倉幕府（かまくらばくふ）の滅（めつ）□（ぼう）。
④ 発送の費用を□□（ふたん）する。
⑤ この本は読む□□（かち）がある。
⑥ 昨日は□（はげ）しい雨が降った。
⑦ 目を□（うたが）うような光景が広がる。
⑧ 洗たく機が□□（こしょう）する。
⑨ □□□（えまきもの）が展示される。
⑩ 外国文学の□□（やくしゃ）にあこがれる。
⑪ □□（はいご）に敵がせまる。
⑫ 事態の変化に□□（たいしょ）する。
⑬ □□□□（がっきゅうにっし）を書く。
⑭ 校歌を□□（さくし）した人に会う。

月　日

ぴったり2 練習

風切るつばさ
漢字を使おう3／インターネットの投稿を読み比べよう

1 ——線の漢字の読みがなを書きましょう。

① 誠意をもって接する。（　）
② お手本を忠実になぞる。（　）
③ 外国に亡命する。（　）
④ 担任の先生に駅前で会う。（　）
⑤ 白血球の数値に注目する。（　）
⑥ 弟は食べ物の好ききらいが激しい。（　）
⑦ かれの話はどうも疑わしい。（　）
⑧ 祖母が障子紙を張りかえる。（　）

2 □に漢字を書きましょう。

① □□（わかもの）の意見を聞く。
② 日本民話集の□□（じょうかん）を読む。
③ それは□（わけ）の分からない言葉だ。
④ 友だちと□□（せいくら）べをする。
⑤ 道路の□□（かたがわ）の歩道。
⑥ いらないものは□□（しょぶん）する。
⑦ □□□（しゅうかんし）の発売日。
⑧ 単語の□□（ひんし）を調べる。
⑨ □□□□（せいしんせいい）つくす。
⑩ □□（ちゅうこく）をすなおに受け入れる。
⑪ 有名人の□□（しぼう）記事を読む。
⑫ みんなで作業を□□（ぶんたん）する。
⑬ 見る□□（ねう）ちのある映画。
⑭ すばらしい演奏（そう）に□□（かんげき）する。

教科書 76～100ページ
答え 7ページ

ぴったり2 練習

風切るつばさ　漢字を使おう3／インターネットの投稿を読み比べよう

教科書 76～100ページ　答え 7ページ

月　日

1 ――線の漢字の読みがなを書きましょう。

① 話を半信半疑で聞く。（　）
② 道路上の障害物を除く。（　）
③ 山に若葉がしげる。（　）
④ かのじょの技術には舌を巻く。（　）
⑤ 道理でおなかがすく訳だ。（　）
⑥ 背中がかゆい。（　）
⑦ 片時も目がはなせない。（　）
⑧ 処方せんを薬ざい師にわたす。（　）

2 □に漢字を書きましょう。

① □□□□（がくしゅうざっし）の付録。
② □□（どうし）という単語のはたらき。
③ 何事にも□□（せいい）をもって行う。
④ □□（ちゅうけん）ハチ公の像の前で待つ。
⑤ 平氏の□□（こうぼう）をえがく。
⑥ 案内係を□□（たんとう）する。
⑦ □□□（へいきんち）を求める。
⑧ □（はげ）しい痛みを感じる。
⑨ 兄への□（うたが）いが晴れる。
⑩ 安全を□□（ほしょう）する制度。
⑪ 番号の□（わか）い順に並ぶ。
⑫ 人気のまん画を□□（ぜんかん）そろえる。
⑬ 人物画の□□（はいけい）に興味がわく。
⑭ 国会での□□□□（しつぎおうとう）。

夏のチャレンジテスト①

時間30分

／100

合格80点

教科書 14～100ページ

答え 7ページ

月　日

1 ――線の漢字の読みがなを書きましょう。 一つ2点（32点）

① <u>洗</u>（　）ったハンカチを<u>窓辺</u>（　）に干(ほ)す。

② <u>映画</u>（　）のチケットを<u>担当者</u>（　）にわたす。

③ <u>臨時</u>（　）のコンサートには<u>推定</u>（　）二千人が集まった。

④ <u>警察官</u>（　）が交通違(い)反を<u>厳</u>（　）しく取りしまる。

⑤ <u>砂場</u>（　）で子どもが<u>俵形</u>（　）のおにぎりを作って遊ぶ。

⑥ 兄と<u>並</u>（　）んで五年ぶりに<u>背比</u>（　）べをする。

⑦ 新しい<u>班長</u>（　）が決まったことを学級<u>日誌</u>（　）に書いた。

⑧ 父の<u>郷里</u>（　）にある神社に<u>参拝</u>（　）する。

2 次の漢字の赤い部分は、何画目に書きますか。数字で答えましょう。 一つ2点（12点）

① 胸　□画目

② 域　□画目

③ 熟　□画目

④ 就　□画目

⑤ 若　□画目

⑥ 吸　□画目

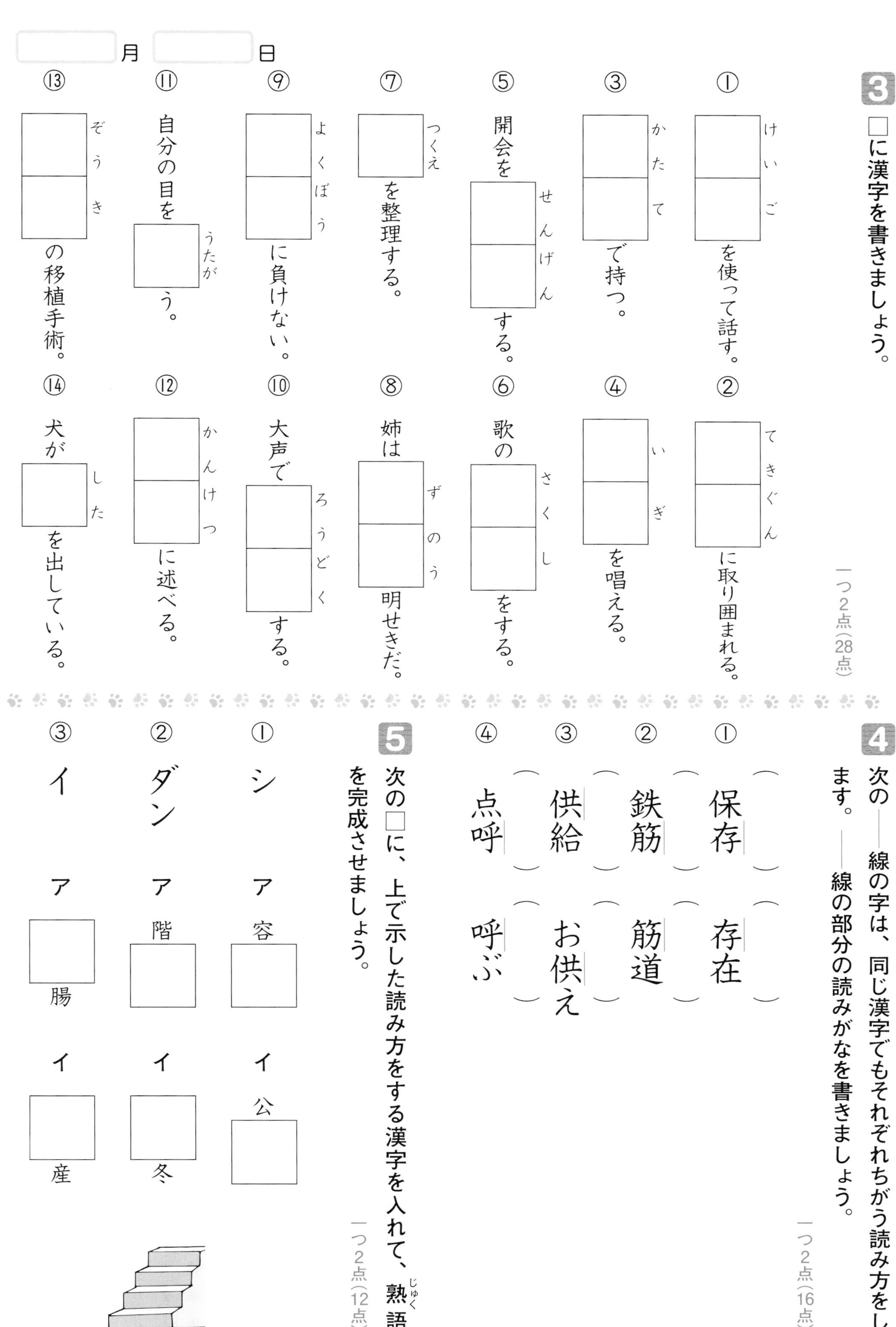

3 □に漢字を書きましょう。

一つ2点（28点）

① □□（けいご）を使って話す。
② □□（てきぐん）に取り囲まれる。
③ □□（かたて）で持つ。
④ □□（いぎ）を唱える。
⑤ 開会を□□（せんげん）する。
⑥ 歌の□□（さくし）をする。
⑦ □（つくえ）を整理する。
⑧ 姉は□□（ずのう）明せきだ。
⑨ □□（よくぼう）に負けない。
⑩ 大声で□□（ろうどく）する。
⑪ 自分の目を□（うたが）う。
⑫ □□（かんけつ）に述べる。
⑬ □□（ぞうき）の移植手術。
⑭ 犬が□（した）を出している。

4 次の――線の字は、同じ漢字でもそれぞれちがう読み方をします。――線の部分の読みがなを書きましょう。

一つ2点（16点）

① 保存（　）　存在（　）
② 鉄筋（　）　筋道（　）
③ 供給（　）　お供え（　）
④ 点呼（　）　呼ぶ（　）

5 次の□に、上で示した読み方をする漢字を入れて、熟語（じゅくご）を完成させましょう。

一つ2点（12点）

① シ　ア 容□　イ 公□
② ダン　ア 階□　イ □冬
③ イ　ア □腸　イ □産

夏のチャレンジテスト②

時間30分
／100
合格80点

教科書 14〜100ページ
答え 8ページ

月　日

1 ――線の漢字の読みがなを書きましょう。　一つ2点（32点）

① 仁愛（　）の心をもって、敬意（　）をはらう。

② 解決策（　）をクラスみんなで議論（　）する。

③ 大きく息を吸（　）ってから、肺活量（　）を測る。

④ 美術館の所蔵（　）する作品が展示（　）されている。

⑤ 列車の車窓（　）から、あざやかな若葉（　）が見えた。

⑥ 思わぬ誤解（　）を受けたため、胸中（　）おだやかではない。

⑦ 「その考えは幼（　）いものだ」と忠告（　）を受けた。

⑧ 三番系統（　）のバスに乗れば、郵便局（　）に行ける。

2 次の意味をもつ熟語を、□の漢字を組み合わせて作りましょう。　一つ2点（12点）

① ミルク。バターやチーズの原料。

② 何度も同じ言葉や名前を大声で言うこと。

③ つけたしたり、おぎなったりすること。

④ 会社などを新しく始めること。

⑤ 組織や団体の一員としてくわわること。

⑥ 労働に対して支はらわれるおかね。

一文字目：賃　加　連　補　創　牛

二文字目：業　盟　足　乳　金　呼

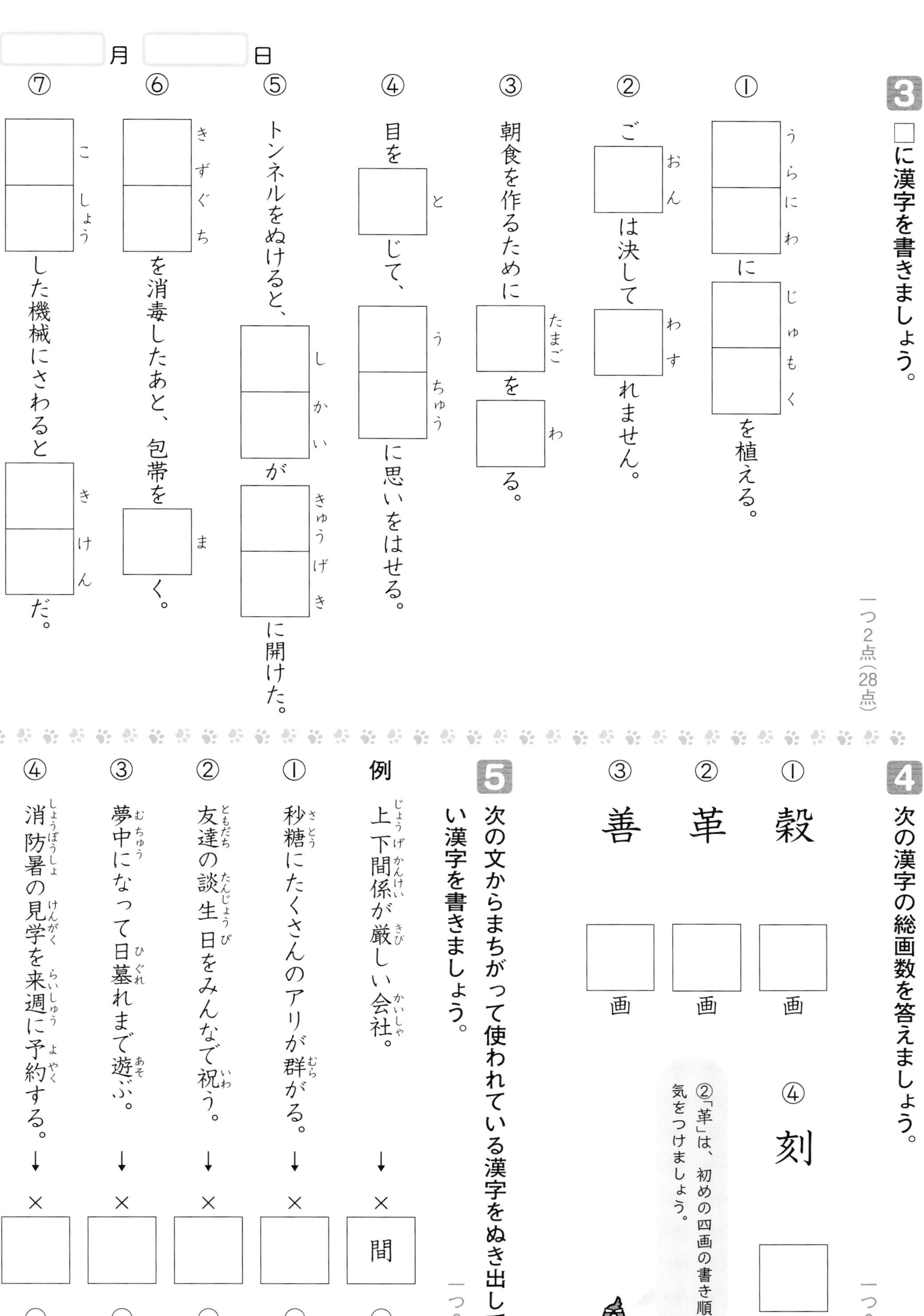

　　月　　日

3 □に漢字を書きましょう。

一つ2点（28点）

① □□（うらにわ）に□□（じゅもく）を植える。

② ご□（おん）は決して□（わす）れません。

③ 朝食を作るために□（たまご）を□（わ）る。

④ 目を□（と）じて、□□（うちゅう）に思いをはせる。

⑤ トンネルをぬけると、□□（しかい）が□□（きゅうげき）に開けた。

⑥ □□（きずぐち）を消毒したあと、包帯を□（ま）く。

⑦ □□（こしょう）した機械にさわると□□（きけん）だ。

4 次の漢字の総画数を答えましょう。

一つ3点（12点）

① 穀　□画

② 革　□画

③ 善　□画

④ 刻　□画

5 次の文からまちがって使われている漢字をぬき出して、正しい漢字を書きましょう。

一つ2点（16点）

例 上下間係（じょうげかんけい）が厳（きび）しい会社（かいしゃ）。 → ×間　○関

① 秒糖（さとう）にたくさんのアリが群（む）がる。 → ×□　○□

② 友達（ともだち）の談生日（たんじょうび）をみんなで祝（いわ）う。 → ×□　○□

③ 夢中（むちゅう）になって日墓（ひぐ）れまで遊（あそ）ぶ。 → ×□　○□

④ 消防暑（しょうぼうしょ）の見学（けんがく）を来週（らいしゅう）に予約（よやく）する。 → ×□　○□

月　日

ぴったり1 準備

心の動きを俳句で表そう
話し合って考えを深めよう
漢字を使おう4

教科書 112～123ページ

新しく学習する漢字

俳 探 沿 届 株
看 座 盛 券 専

教科書 112ページ

俳　ハイ

使い方
俳句の勉強をする。
祖母は俳人として活やくした。
兄は俳優を目ざしている。

言葉の意味
俳句―五・七・五の十七音からなる詩。

にんべん　10画

教科書 114ページ

探　タン　さがす　◆さぐる

使い方
ジャングルを探検する。
魚群探知機を使って漁をする。
読む本を探す。

言葉の使い分け
探す―必要なものを見つけようとすること。
捜す―見えなくなったものをさがすこと。

てへん　11画

教科書 118ページ

沿　エン　そう

使い方
沿道でランナーを応えんする。
沿岸漁業がさかんな村。
川に沿って道が続く。

形の似た漢字
海沿いの家
海水浴

さんずい　8画

教科書 119ページ

届　とどける　とどく

使い方
先生に品物を届ける。
いとこから手紙が届く。
本だなに手が届く。

字の形に注意
届
ちゃんと出してね。「田」じゃないよ。

しかばね　8画

教科書 123ページ

株　かぶ

使い方
切り株にすわって休む。
市内の株式会社の数を調べる。
かれは成長株の投手だ。

字の形に注意
株
忘れないようにしよう！

きへん　10画

月　　日

教科書123ページ

看

カン

（つける・長く・つける）

使い方

看護師（かんごし）を目指（めざ）す。
店（みせ）の看板（かんばん）を作（つく）る。
祖父（そふ）を看病（かんびょう）する。

字の形に注意

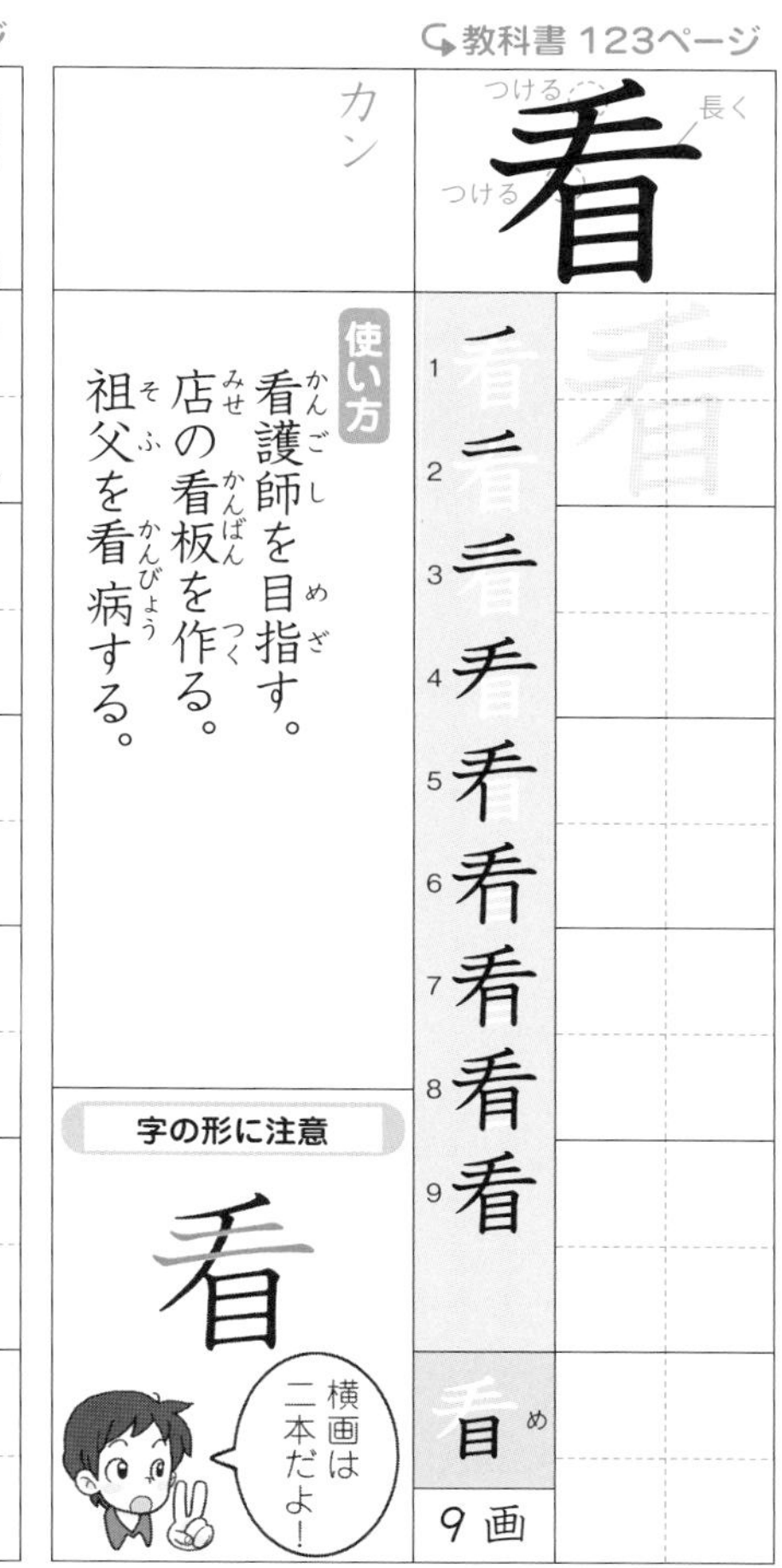

部首：目（め）　9画

教科書123ページ

座

ザ
◆すわる

（とめる・長く）

使い方

座席（ざせき）にもどる。
星座（せいざ）を観察（かんさつ）する。
正座（せいざ）をして足（あし）がしびれる。

部首

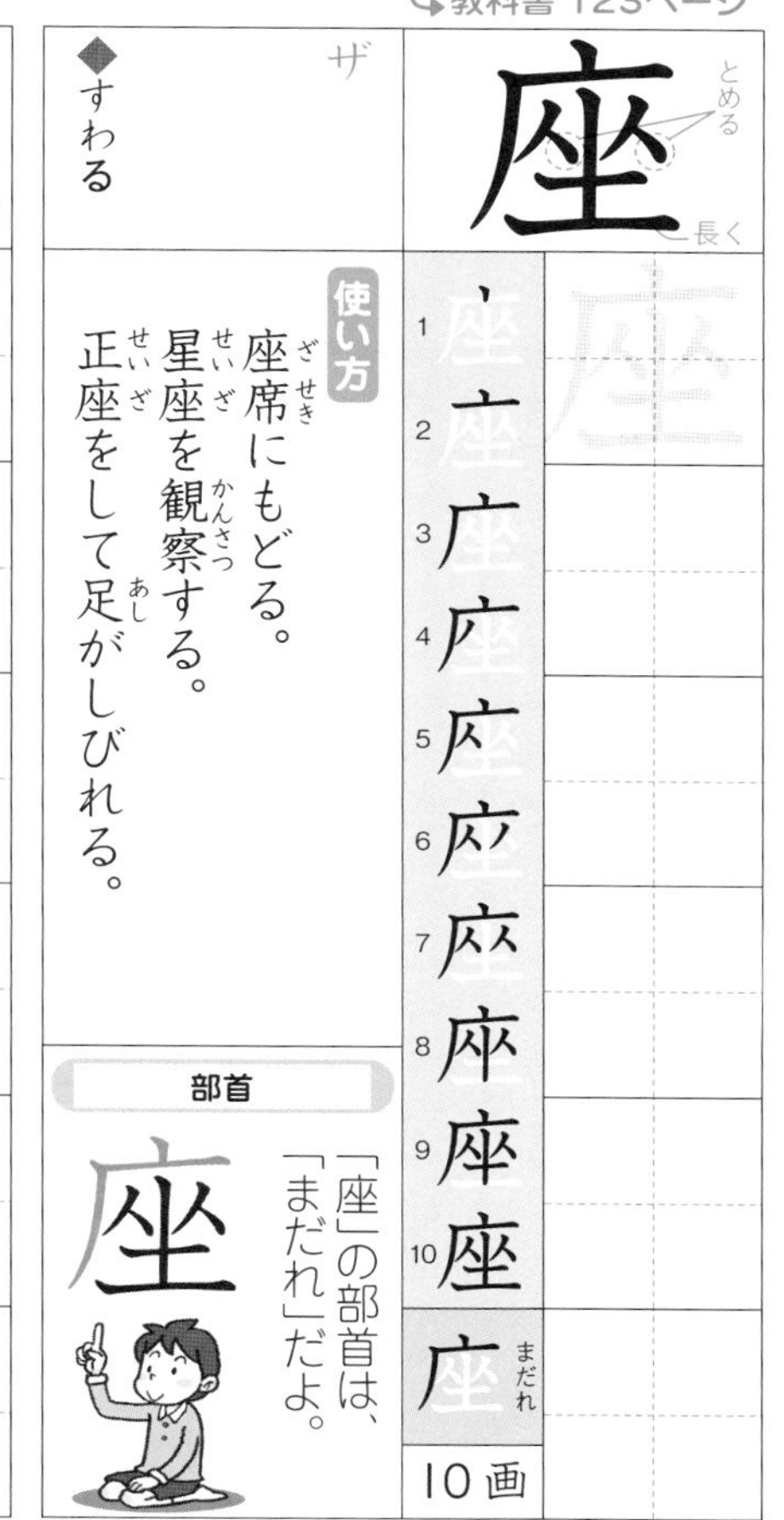
「座」の部首は、「まだれ」だよ。

部首：广（まだれ）　10画

教科書123ページ

盛

もる
◆セイ
◆ジョウ
◆さかる
◆さかん

（忘れない・はねる・はねる）

使い方

皿（さら）にデザートを盛（も）る。
山盛（やまも）りのご飯（はん）を食（た）べる。
畑（はたけ）に盛（も）り土（つち）をする。

部首

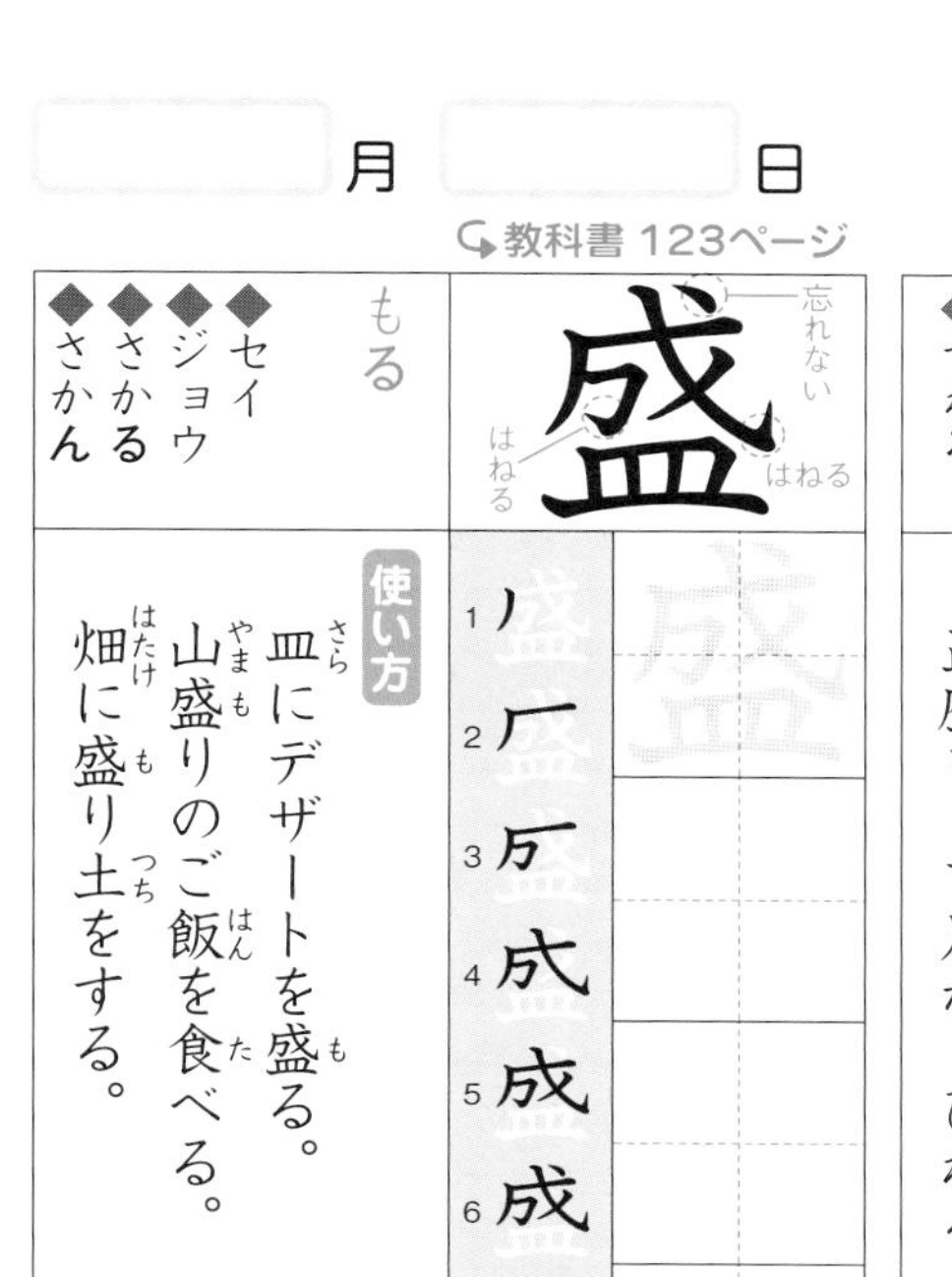
「盛」の部首は、「さら」だよ。

部首：皿（さら）　11画

教科書123ページ

券

ケン

（6画目の位置注意・つき出さない）

使い方

定期券（ていきけん）を買（か）いに行（い）く。
券売機（けんばいき）で切符（きっぷ）を買（か）う。
回数券（かいすうけん）を使（つか）う。

字の形に注意

「力」じゃないよ！

部首：刀（かたな）　8画

教科書123ページ

専

セン
◆もっぱら

（「、」はつけない・出さない）

使い方

専業農家（せんぎょうのうか）の数（かず）を調（しら）べる。
受験勉強（じゅけんべんきょう）に専念（せんねん）する。
専門家（せんもんか）の意見（いけん）を聞（き）く

字の形に注意

「、」はいらないよ！

部首：寸（すん）　9画

読み方が新しい漢字

漢字	読み方	使い方	前に出た読み方
玉	ギョク	玉座（ぎょくざ）にすわる	玉入（たまい）れ
読	トク	読本（とくほん）で学（まな）ぶ	読（よ）む 読書（どくしょ） 句読点（くとうてん）

月　　日

ぴったり2 **練習**

心の動きを俳句で表そう／話し合って考えを深めよう 漢字を使おう4

教科書 112～123ページ
答え 8ページ

1 ――線の漢字の読みがなを書きましょう。

① 落とし物を**探**す。（　）
② 山**沿**いで雨が降る。（　）
③ **株**の売買をする。（　）
④ 家に荷物が**届**く。（　）
⑤ パーティー会場が**盛**り上がる。（　）
⑥ 改札口の前の**券売機**。（　）
⑦ **読本**を使って勉強する。（　）
⑧ 映画**俳**優のインタビューを見る。（　）

2 □に漢字を書きましょう。

① □□[はいく]の勉強をする。
② □□[かぶしき]会社を設立する。
③ □□[えんがん]漁業が発展する。
④ 魚群を□□[たんち]する。
⑤ 祖父の家に□[とど]け物をする。
⑥ 夏の□□[せいざ]を観察する。
⑦ 川に□[そ]って歩く。

⑧ □□[かんご]学校で勉強する。
⑨ 音楽を□□[せんもん]にする。
⑩ 地図で□□[ざひょう]を確かめる。
⑪ 学校の近くを□□[たんけん]する。
⑫ 切り□[かぶ]にすわって休む。
⑬ □□[せんにん]の講師になる。
⑭ ご飯を□□[おおも]りにする。

ぴったり2 練習

心の動きを俳句で表そう／話し合って考えを深めよう 漢字を使おう4

教科書 112〜123ページ
答え 8ページ

月　日

1 ――線の漢字の読みがなを書きましょう。

① 祖父は有名な俳人だった。（　）
② 真理を探究する。（　）
③ はかりの目盛りを読み取る。（　）
④ 玉座にすわる。（　）
⑤ 店の前に看板をかかげる。（　）
⑥ お寺の修（しゅ）行で正座する。（　）
⑦ 友だちに忘れ物を届ける。（　）
⑧ 通学定期券を購（こう）入する。（　）

2 □に漢字を書きましょう。

① たなの上に手が□（とど）く。
② □□□（かんごし）として働く。
③ 大雨で□（も）り土がくずれる。
④ 遊園地の□□□（にゅうじょうけん）を買う。
⑤ 学業に□□（せんねん）する。
⑥ 休み時間に宝（たから）□（さが）しをする。
⑦ 弟の□□（ざこう）を測定する。
⑧ ランナーを□□（えんどう）で応えんする。
⑨ 皿に料理を□（も）りつける。
⑩ □□（ざせき）を確保する。
⑪ 会社の□□（かぶぬし）になる。
⑫ お得な□□□（じょうしゃけん）を見つける。
⑬ プログラミングを□□（せんもん）に学ぶ。
⑭ 白線に□（そ）って走る。

月　日

ぴったり1 準備

模型のまち

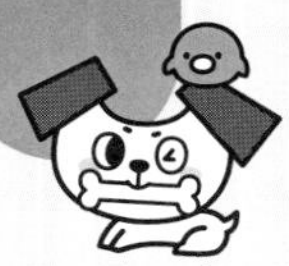

新しく学習する漢字

模 純 勤 潮 骨 棒 穴 層 奮 延 銭

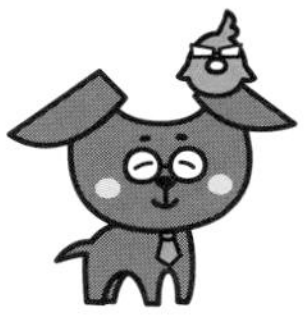

教科書 126〜148ページ

教科書 128ページ

模

ボ モ

14画　きへん

使い方
水玉模様のスカート。
名画を模写する。
大規模な工事が始まる。

いろいろな読み方 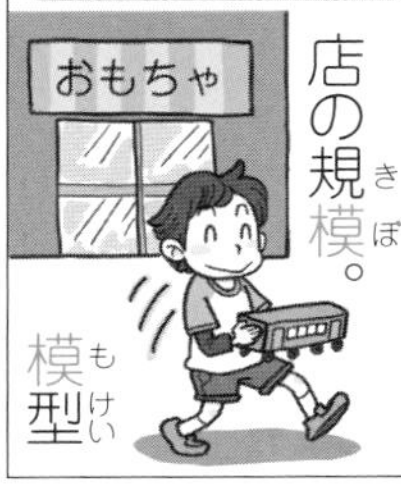
店の規模。
模型

教科書 129ページ

純

ジュン

10画　いとへん

使い方
純真な少年。
単純な問題を考える。
純金の指輪をはめる。

反対の意味の言葉 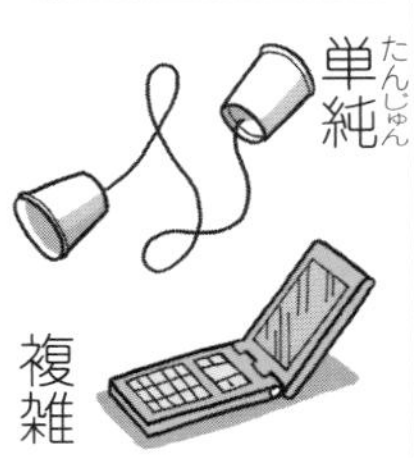
単純
複雑

教科書 129ページ

勤

キン ◆ゴン
つとめる
つとまる

12画　ちから

使い方
自転車で通勤する。
勤め先をかえる。
この仕事が私に勤まるか心配だ。

字の形に注意
勤
横画は三本だよ!

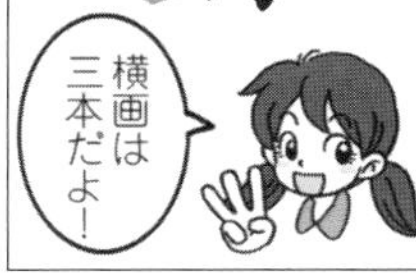

教科書 130ページ

潮

チョウ
しお

15画　さんずい

使い方
盛り上がって気分は最高潮だ。
満潮の時間がせまる。
解散の潮時を待つ。

漢字の使い分け 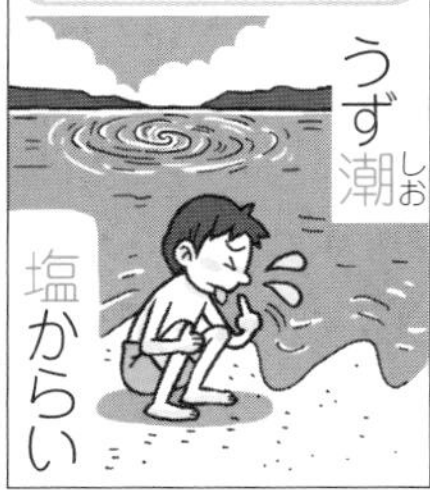
うず潮
塩からい

教科書 131ページ

骨

コツ
ほね

10画　ほね

使い方
骨格がしっかりしている。
転んでうでを骨折する。
骨休めに温泉に行く。

慣用句 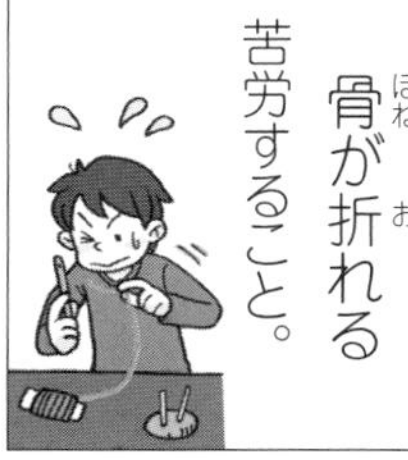
骨が折れる
苦労すること。

月　日

教科書 140ページ

棒

ボウ

つける ところに注意

使い方
鉄棒で逆上がりの練習をする。
資料を棒グラフで表す。
台本を棒読みする。

12画　きへん

ことわざ
犬も歩けば棒に当たる
思いがけないことにあうこと。

教科書 140ページ

穴

あな　◆ケツ

あける

使い方
畑に穴をほる。
針の穴に糸を通す。
穴場の温泉宿を教えてもらう。

5画　あな

慣用句
穴があったら入りたい
かくれてしまいたいほど、はずかしいこと。

教科書 142ページ

層

ソウ

はらう　「ソ」にしない

使い方
高層ビルが立ち並ぶ。
地表に断層が現れる。
地層を調査する。

14画　しかばね

部首
「層」の部首は、「しかばね」だよ。
「曽」はバランスよく書こう。 

教科書 142ページ

奮

フン　ふるう

平たく

使い方
興奮して話をする。
奮発しておもちゃを買う。
勇気を奮ってちょう戦する。

16画　だい

送りがな
奮う 

教科書 142ページ

延

エン　のびる　のべる　のばす

左下へ　つき出す　はらう

使い方
運動会が延期される。
雨で遠足の日が延びる。
出発を延ばす。

8画　えんにょう

言葉の使い分け
延びる―時間が長引くこと。
伸びる―成長すること。

教科書 142ページ

銭

セン　◆ぜに

わすれない　はねる

使い方
近所の銭湯に行く。
一銭の価値もない。
さい銭箱にお金を入れる。

14画　かねへん

形の似た漢字
銭湯　残暑

模型(も)のまち

月　　日

1 ――線の漢字の読みがなを書きましょう。

① **模造紙**に図をかく。（　　）
② 大きな会社に**勤**める。（　　）
③ 道で転んで**骨折**した。（　　）
④ **穴**の中にタイムカプセルをうめる。（　　）
⑤ **純金**の時計を身につける。（　　）
⑥ **潮**が満ちる様子を観察する。（　　）
⑦ 火山灰(ばい)が**層**をつくっている。（　　）
⑧ 見事なプレーに**興奮**する。（　　）

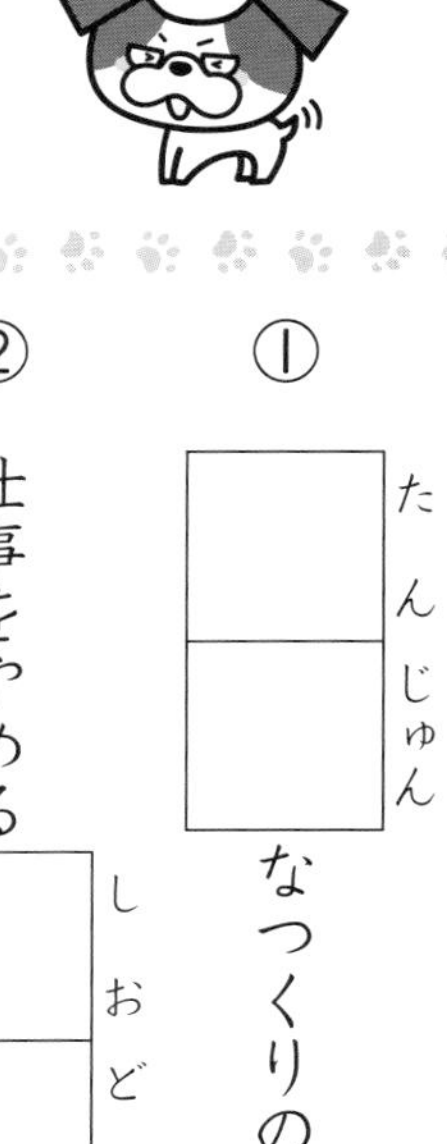

2 □に漢字を書きましょう。

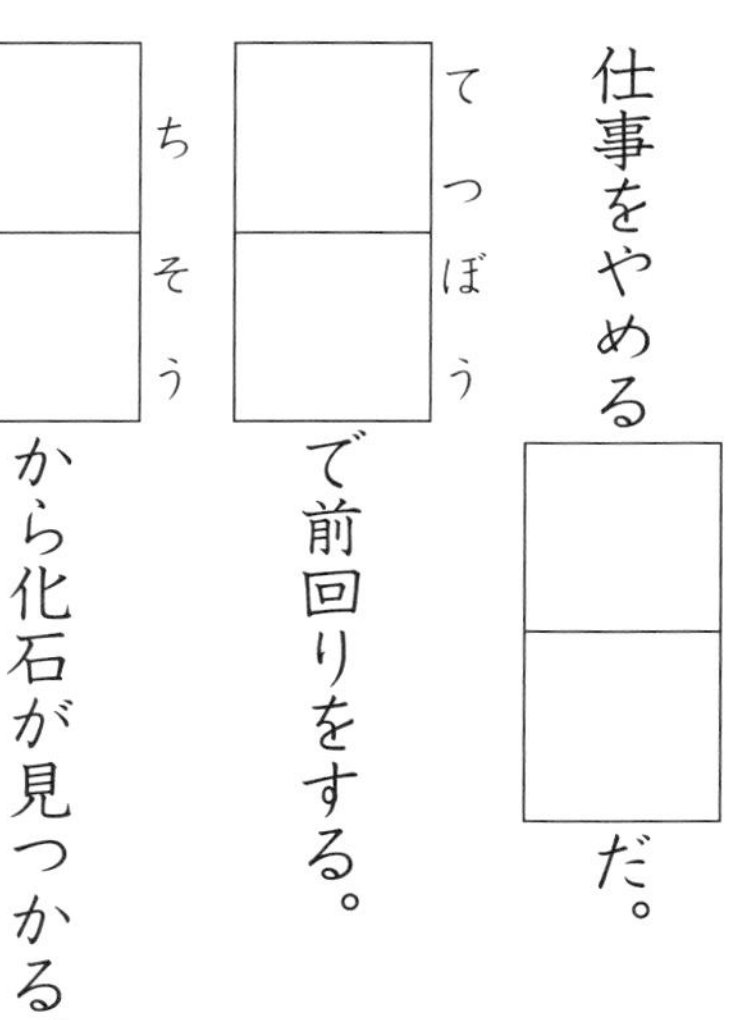

① □□(たんじゅん)なつくりのおもちゃ。
② 仕事をやめる□□(しおどき)だ。
③ □□(てつぼう)で前回りをする。
④ □□(ちそう)から化石が見つかる。
⑤ 試合が□□(えんちょう)戦に入る。
⑥ 水玉□□(もよう)のかさを開く。
⑦ □□(きんむ)時間が短くなる。

⑧ この宿は□□(あなば)ですいている。
⑨ 選手が□□(ふんき)する。
⑩ 階段から落ちて、足の□(ほね)を折った。
⑪ 近所の□□(せんとう)で体を洗う。
⑫ 台本を□(ぼう)読みする。
⑬ 気持ちを□(ふる)い立たせて出発する。
⑭ 社会見学が次の日に□(の)びる。

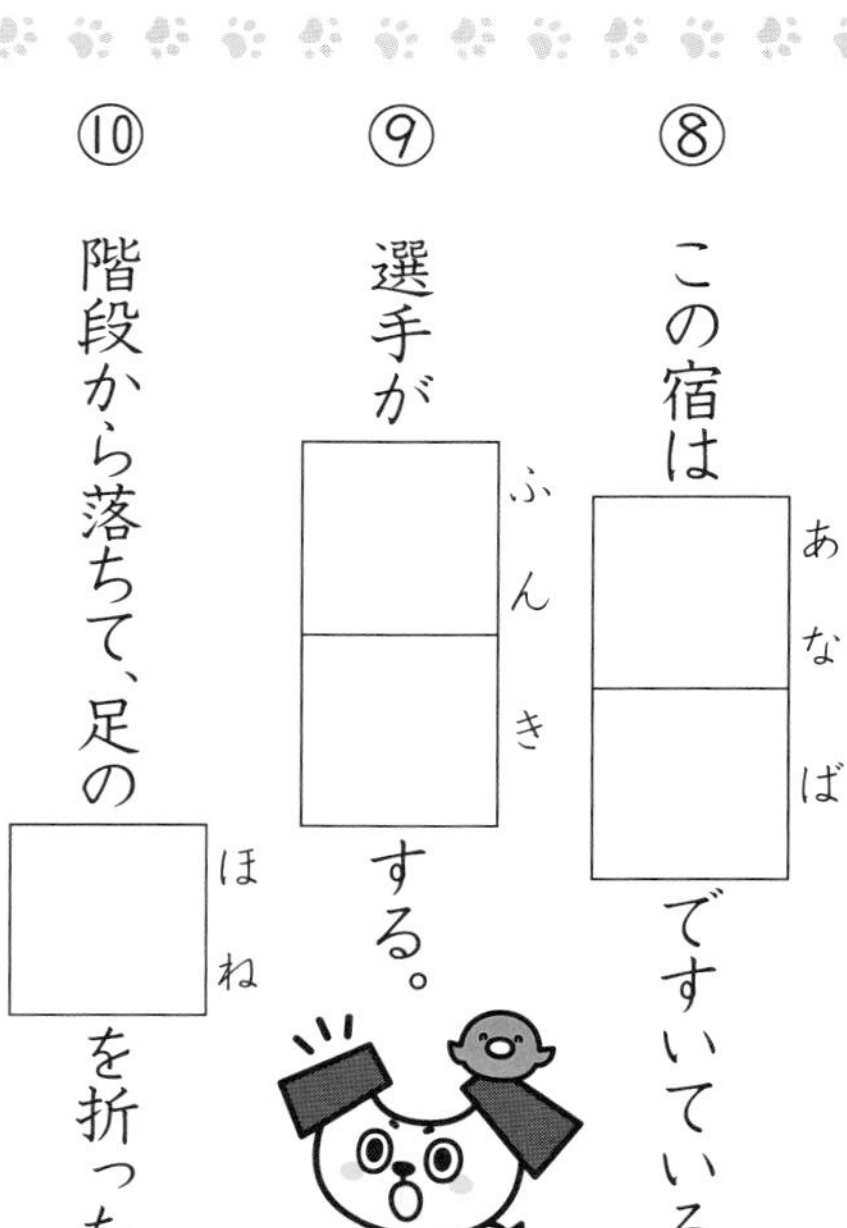

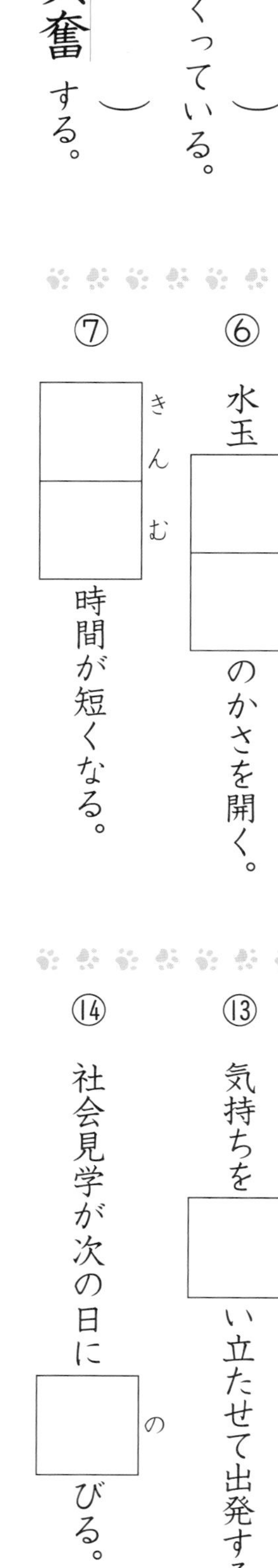

教科書 126～148ページ
答え 9ページ

ぴったり2 練習

模型のまち

1 ――線の漢字の読みがなを書きましょう。

① 純すいな心のもち主だ。（　　）
② 木の棒を持ち上げる。（　　）
③ 勇気を奮って参加する。（　　）
④ 大規模なコンサートを開く。（　　）
⑤ 勤労感謝の日は十一月にある。（　　）
⑥ 満潮の時間をむかえる。（　　）
⑦ 運動会を日曜日に延ばす。（　　）
⑧ 地しんで新しい断層ができる。（　　）

月　　日

2 □に漢字を書きましょう。

① 飛行機の□□（もけい）を作る。
② □□（たんじゅん）な作業をくり返す。
③ 父は銀行に□（つと）めている。
④ □□（こっかく）がしっかりした動物。
⑤ 庭に大きな□（あな）をほる。
⑥ 店主がつり□（せん）をわたす。
⑦ 選手の□（そう）が厚いチームに入る。
⑧ うず□（しお）を観光する。
⑨ 出発を来週に□□（えんき）する。
⑩ 弟の気分は□□□（さいこうちょう）だ。
⑪ □□（こうそう）ビルから見る夜景。
⑫ 生き物の□（ほね）を観察する。
⑬ □□（じゅんしん）な少年を演じる。
⑭ □□（ふんぱつ）してプレゼントを買う。

教科書 126〜148ページ
答え 9ページ

漢字を使おう5

月　日

新しく学習する漢字

鋼　批　操

教科書 149ページ

教科書 149ページ

鋼　コウ　◆はがね

使い方
鉄鋼業がさかんになる。
鋼鉄の板をのばす。
車体に鋼材を使う。

言葉の意味
鋼玉―宝石の一つで赤いものはルビー、青いものはサファイアという。

かねへん　16画

教科書 149ページ

批　ヒ

使い方
欠点を批判する。
小説の批評を読む。
批判的な態度をとる。

字の形に注意
5画目は一画で書くよ！

てへん　7画

教科書 149ページ

操　ソウ　◆◆みさお　あやつる

使い方
準備体操をする。
飛行機を操縦する。
リモコンで操作する。

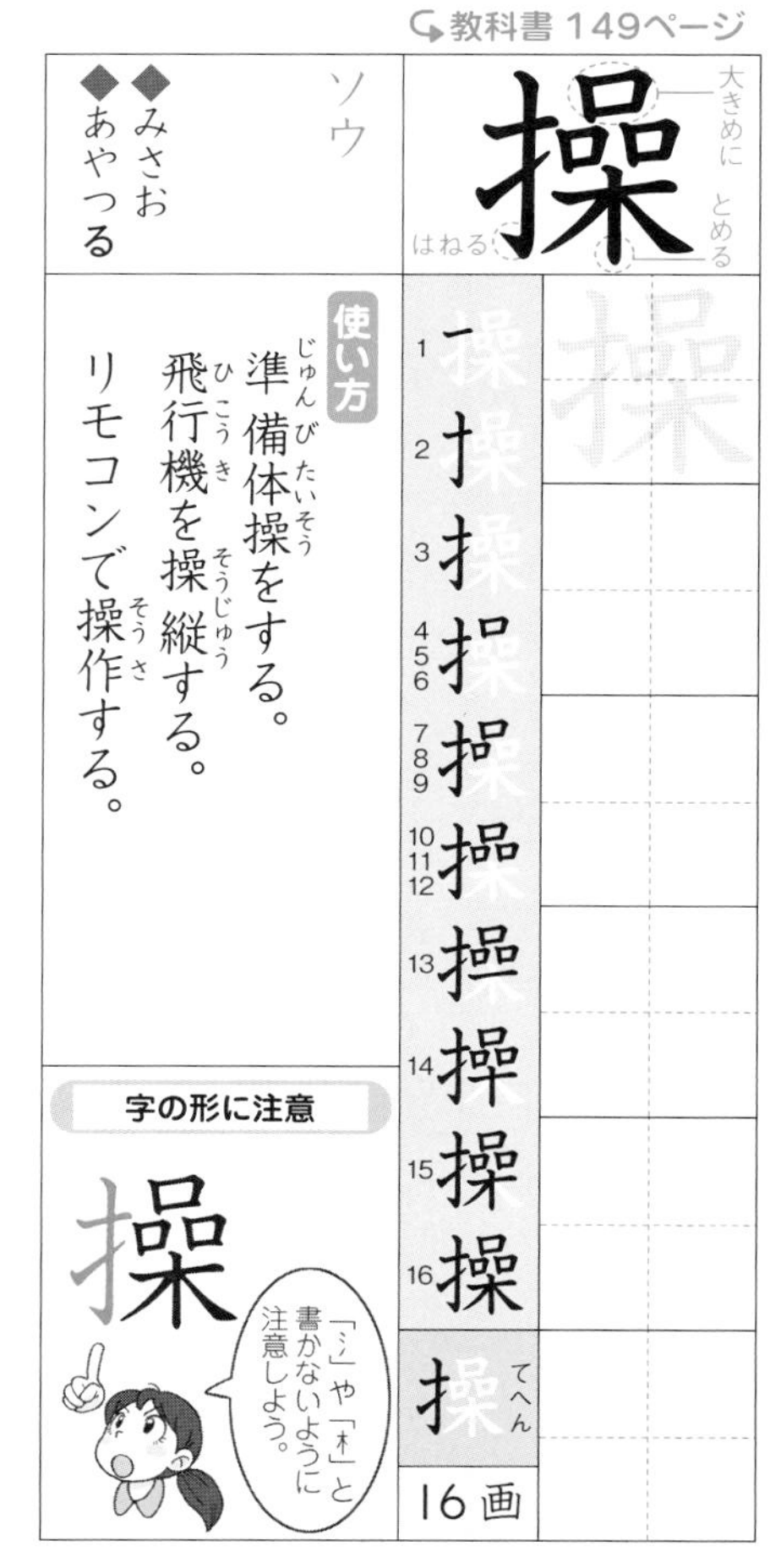

てへん　16画

読み方が新しい漢字

漢字	読み方	使い方	前に出た読み方
三	み	三つどもえ	三つ（みっ）、三月（さんがつ）
六	む	六月（むつき）がたった、六つ切りにする	六つ（むっ）、六人（ろくにん）
八	や	八つ当（あ）たり	八月（はちがつ）、八日（ようか）
十	と	十人（じゅうにん）十色（といろ）	十ぴき（じっ（じゅっ））、十まい（じゅう）、十（とお）

ぴったり1 準備

「永遠のごみ」プラスチック
情報の信頼性と著作権
発信しよう、私たちのSDGs

教科書 152〜174ページ

月　日

新しく学習する漢字

困　収　捨　装　源　律　従　済　著　権　冊

教科書 154ページ

困

コン　こまる

7画　くにがまえ

使い方
困難に立ち向かう。
貧困にたえる。
弟のわがままに困る。

まちがえやすい漢字
○困る　×因る

教科書 154ページ

収

シュウ　おさめる　おさまる

4画　また

使い方
不良品を回収する。
父のしゅ味は切手の収集だ。
本を本箱に収める。

筆順
1画目をまちがえないように！

教科書 159ページ

捨

シャ　すてる

11画　てへん

使い方
四捨五入すると母は四十さいだ。
取捨選択する。
燃えるごみの日に捨てる。

反対の意味の言葉 
捨てる　拾う

教科書 159ページ

装

ソウ　◆ショウ　◆よそおう

12画　ころも

使い方
服装を整える。
安全装置を取り付ける。
プレゼントを包装する。

部首 
「装」の部首は、「ころも」だよ。

教科書 159ページ

源

ゲン　みなもと

13画　さんずい

使い方
辞書で語源を調べる。
資源を大切にする。
川の源までさかのぼる。

漢字の意味
「源」には、水の流れや物事の始まりという意味がある。

教科書159ページ

律

リツ
◆リチ

出す　長く

使い方
法律（ほうりつ）について勉強（べんきょう）する。
規律（きりつ）を守（まも）って行動（こうどう）する。
ピアノを調律（ちょうりつ）する。

1 ノ　2 ク　3 彳　4 彳　5 彳　6 彳　7 彳　8 彳　9 律

律（ぎょうにんべん）
9画

形の似た漢字

調律師（ちょうりつし）

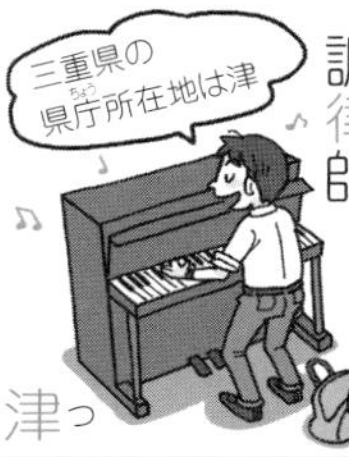
三重県の県庁所在地は津
津っ

教科書160ページ

従

ジュウ
したがう
したがえる
◆ショウ
◆ジュ

はらう　つける　はらう

使い方
従業員（じゅうぎょういん）に給料（きゅうりょう）を支（し）はらう。
兄（あに）の意見（いけん）に従（したが）う。
社長（しゃちょう）が部下（ぶか）を従（したが）えて歩（ある）く。

1 ノ　2 ク　3 彳　4 彳　5 彳　6 彳　7 彳　8 彳　9 彳　10 従

従（ぎょうにんべん）
10画

送りがな

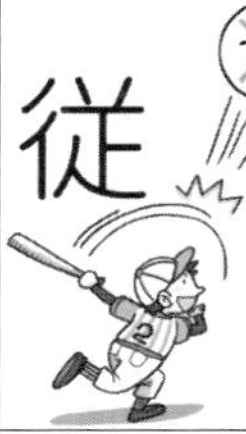
従 が う

教科書163ページ

済

サイ
すむ
すます

はらう　とめる

使い方
借（か）りていたお金（かね）を返済（へんさい）する。
用事（ようじ）が早（はや）く済（す）む。
午前中（ごぜんちゅう）に宿題（しゅくだい）を済（す）ます。

1 丶　2 丶　3 氵　4 5 氵　6 氵　7 氵　8 氵　9 氵　10 氵　11 済

済（さんずい）
11画

字の形に注意

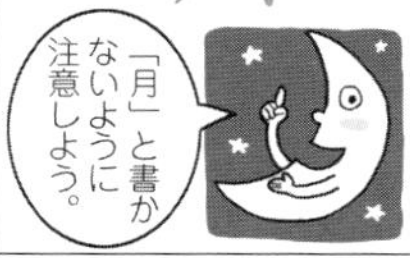
済
「月」と書かないように注意しよう。

教科書168ページ

著

チョ
◆あらわす
◆いちじるしい

つき出す　長く　つける

使い方
著名（ちょめい）な作家（さっか）と話（はなし）をする。
本（ほん）の著者（ちょしゃ）を調（しら）べる。
先生（せんせい）の著書（ちょしょ）を読（よ）む。

1 一　2 十　3 艹　4 艹　5 6 芏　7 芏　8 芏　9 著　10 著　11 著

著（くさかんむり）
11画

形の似た漢字

著者（ちょしゃ）

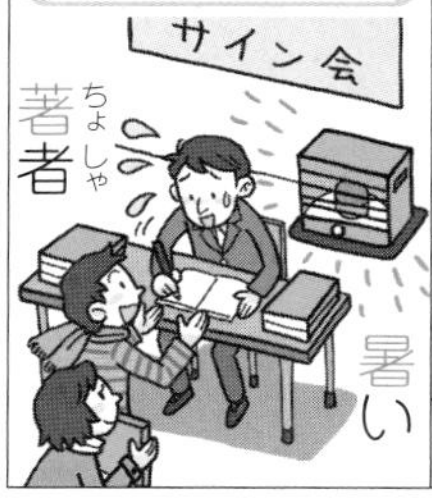
サイン会
暑い

教科書168ページ

権

ケン
◆ゴン

つける　とめる

使い方
権利（けんり）を主張（しゅちょう）する。
政治（せいじ）の実権（じっけん）をにぎる。
主権（しゅけん）は国民（こくみん）にある。

1 一　2 十　3 4 5 木　6 7 朾　8 9 朾　10 杵　11 杵　12 椊　13 14 権　15 権

権（きへん）
15画

言葉の意味

選挙権（せんきょけん）—選挙で投票できる権利のこと。日本では十八さいで権利を得る。

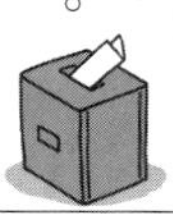

教科書173ページ

冊

サツ
◆サク

出す　出す　つき出さない　とめる

使い方
試験問題（しけんもんだい）の冊子（さっし）を配（くば）る。
雑誌（ざっし）の別冊（べっさつ）を読（よ）む。
本（ほん）の冊数（さっすう）を数（かぞ）える。

1 丨　2 冂　3 冂　4 冊　5 冊

冂（けいがまえ・どうがまえ）
5画

部首

冊

「冊」の部首は、「どうがまえ」だよ。

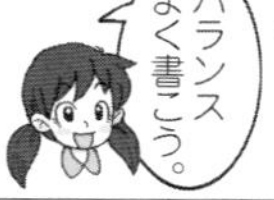
バランスよく書こう。

ぴったり2 練習

漢字を使おう5／「永遠のごみ」プラスチック／情報の信頼性と著作権／発信しよう、私たちのSDGs

教科書 149〜174ページ
答え 9ページ

月　日

1 ――線の漢字の読みがなを書きましょう。

① ラジコンを操作する。（　）
② 転校して六月目に入る。（　）
③ 教室のごみを回収する。（　）
④ 欠点を批判される。（　）
⑤ 鋼鉄のようにかたい。（　）
⑥ 食べ物の好みは十人十色だ。（　）
⑦ 教科書を忘れて困る。（　）
⑧ ごみを分別して捨てる。（　）

2 □に漢字を書きましょう。

① □□□（てっこうぎょう）がさかんな地域。
② 映画の□□（ひひょう）を読む。
③ 世界の貧□（こん）問題を解決する。
④ 友達に□（や）つ当たりをする。
⑤ 必要なものを□□（しゅしゃ）選択する。
⑥ マラソンの前に□□（たいそう）をする。
⑦ おもちゃを箱に□（おさ）める。
⑧ 山登りに必要な□□（そうび）。
⑨ 天然□□（しげん）が不足している。
⑩ 自分の□□（けんり）を主張する。
⑪ 外国の□□（ほうりつ）について学ぶ。
⑫ 使用□（ず）みの印をつける。
⑬ 指示に□（したが）って行動する。
⑭ □□（ちょめい）な医師と話す。

ぴったり2 練習

漢字を使おう5／「永遠のごみ」プラスチック／情報の信頼性と著作権／発信しよう、私たちのSDGs

教科書 149〜174ページ
答え 9ページ

月　日

1 ―線の漢字の読みがなを書きましょう。

①（　）軽装で旅に出る。
②（　）テレビの電源を切る。
③（　）家来を従えて町を歩く。
④（　）画用紙を六つ切りにする。
⑤（　）工場の操業時間を短縮する。
⑥（　）事故にあった人々を救済する。
⑦（　）くやしさのあまり、八つ当たりする。
⑧（　）政治家が権力をにぎる。

2 □に漢字を書きましょう。

① コンピューターを□□（そうさ）する。
② 個性は□□□□（じゅうにんといろ）だ。
③ □□（しゅうにゅう）をふやすため努力する。
④ おにに□□（へんそう）する。
⑤ 学校の□□（きりつ）を守る。
⑥ 急いで用事を□（す）ませる。
⑦ 自動車用の□□（こうざい）を生産する。
⑧ 図書館で本を□□（いっさつ）借りる。
⑨ □□□（ひはんてき）な見方をする。
⑩ □（こま）ったときの対処法。
⑪ 同じ□□（ちょしゃ）の本を見つける。
⑫ □（す）てられたごみを拾う。
⑬ 製造業に□□（じゅうじ）する。
⑭ 国民□□（しゅけん）という考え。

月　日

ぴったり2 練習

漢字を使おう5／「永遠のごみ」プラスチック／情報の信頼性と著作権／発信しよう、私たちのSDGs

教科書 149～174ページ
答え 10ページ

1 ――線の漢字の読みがなを書きましょう。

① **四捨五入**して整数にする。（　　）
② プレゼントの**包装紙**を選ぶ。（　　）
③ **三**つ子が生まれる。（　　）
④ **従来**のやり方を改める。（　　）
⑤ この川の**源**をさぐる。（　　）
⑥ この作家には多くの**著書**がある。（　　）
⑦ 教科書の**冊数**を数える。（　　）
⑧ おし入れにふとんが**収**まらない。（　　）

2 □に漢字を書きましょう。

① ごみ□（す）て場をそうじする。
② 川の□□（げんりゅう）にたどり着く。
③ □□（いちりつ）の料金で配送する。
④ □□（けいざい）を成長させる。
⑤ 基本的□□（じんけん）を守る。
⑥ アンケートの□□（さっし）を用意する。
⑦ □□□（そうしゃじょう）で整備を行う。
⑧ チーターの□（む）つ子が生まれる。
⑨ 気温に合わせた□□（ふくそう）。
⑩ 新しい□□□（じゅうぎょういん）をやとう。
⑪ 古い□□（めいちょ）を読む。
⑫ □□（こうてつ）でできた板をのばす。
⑬ きれいな貝がらを□□（しゅうしゅう）する。
⑭ □（こま）っている人を助ける。

月　日

漢字を使おう6

教科書 183ページ

新しく学習する漢字

腹 縦 納 秘 密 派 泉

腹（13画）

教科書183ページ

フク　はら

部首：月（にくづき）

使い方
山の中腹まで歩く。
満腹でねむくなる。
腹立たしいことが起こる。

反対の意味の言葉：空腹　満腹

縦（16画）

教科書183ページ

ジュウ　たて

部首：糸（いとへん）

使い方
日本列島を自転車で縦断する。
船を操縦する。
縦笛を練習する。

反対の意味の漢字：横　縦

納（10画）

教科書183ページ

ノウ　おさめる　おさまる　◆ナッ　◆ナ　◆ナン　◆トウ

部首：糸（いとへん）

使い方
納税は国民の義務だ。
服を収納する家具。
月末に会費を納める。

言葉の使い分け
納める―品物やお金を相手にわたすこと。
収める―元どおりにかたづけること。

秘（10画）

教科書183ページ

ヒ　◆ひめる

部首：禾（のぎへん）

使い方
二人の秘密を守る。
秘書として働く。
秘境を探検する。

筆順
6〜10画目に気をつけよう。

密（11画）

教科書183ページ

ミツ

部首：宀（うかんむり）　筆順に注意

使い方
家が密集した地域。
精密に作られた時計。
地域に密着した活動。

反対の意味の言葉：過密　過疎

月　日

教科書183ページ

派

ハ

左下へはらう　とめる　はらう

使い方

空手には多くの流派がある。

反対派の意見を聞く。

父が派手な服を着る。

9画

山脈派手（さんずい）

形の似た漢字

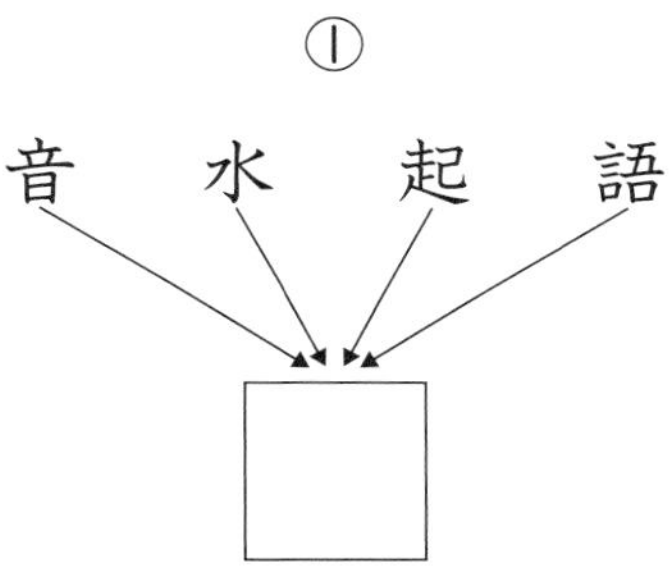

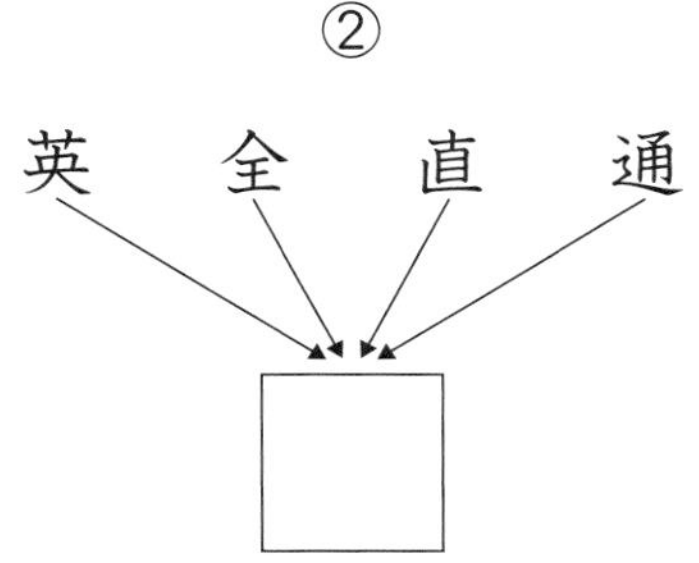

教科書183ページ

泉

セン
いずみ

つける　はねる

使い方

母と温泉につかる。

源泉をほり当てる。

泉の水をすくう。

9画

泉（みず）

漢字の覚え方

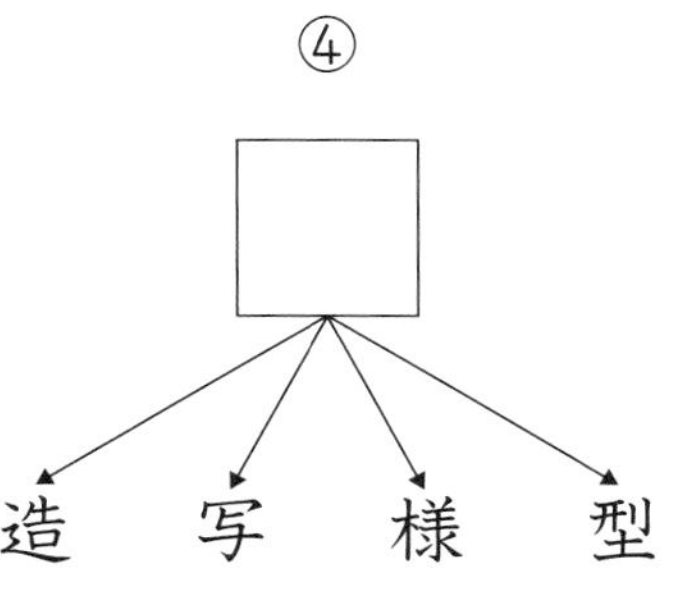

漢字クイズ3

☆ □に当てはまる漢字を［　］から選んで、熟語を完成させましょう。

答え18ページ

①
音　水　起　語 → □

②
英　全　直　通 → □

③
散　国　金　画 → □

④
□ → 造　写　様　型

策　派　模　源　供　訳

月　　日

漢字を使おう6

1 ――線の漢字の読みがなを書きましょう。

① うまくいかずに**腹**を立てる。（　　）
② 東京は人口が**過密**だ。（　　）
③ 米を**収納庫**に運ぶ。（　　）
④ 長方形の**縦**の長さを求める。（　　）
⑤ 茶（さ）道の**流派**について調べる。（　　）
⑥ 国会議員の**秘書**になる。（　　）
⑦ 今日は、朝から**空腹**だ。（　　）
⑧ **源泉**かけ流しのおふろに入る。（　　）

2 □に漢字を書きましょう。

① 音楽の時間に□□（たてぶえ）を使う。
② 山の□□（ちゅうふく）でひと休みする。
③ 自動車工場にねじを□□（のうひん）する。
④ 友達から□□（ひみつ）を聞く。
⑤ 問題がとなりの市に□□（はせい）する。
⑥ 生活と□□（みっせつ）に関係する。
⑦ □（いずみ）から水がわき出る。
⑧ 水泳教室に指導料を□（おさ）める。
⑨ せまい所を□（はら）ばいになって進む。
⑩ 台風が日本列島を□□（じゅうだん）する。
⑪ □□（はで）な服を着る。
⑫ □□（おんせん）にゆっくりとつかる。
⑬ □□（ひでん）のたれを入れる。
⑭ 時計は□□（せいみつ）な機械だ。

教科書 183ページ
答え 10ページ

月　日

ぴったり1 準備

複合語 海のいのち

教科書 184～200ページ

新しく学習する漢字

訪 絹 除 宅 蒸 聖 針 宝 灰 優

訪

教科書184ページ

訓：たずねる、◆おとずれる
音：ホウ

使い方
家庭訪問(かていほうもん)の日(ひ)を決(き)める。
大統領(だいとうりょう)が来訪(らいほう)する。
外国(がいこく)を訪(たず)ねる。

言葉の使い分け
訪(たず)ねる―人の家などに行くこと。
尋(たず)ねる―人に物事を聞くこと。

部首：訪（ごんべん）　11画

絹

教科書184ページ

訓：きぬ
音：◆ケン

使い方
絹糸(きぬいと)をつむぐ。
美(うつく)しい絹織物(きぬおりもの)。
絹(きぬ)のスカーフを買(か)う。

漢字の意味
絹(きぬ)は蚕からとった糸のこと。

部首：絹（いとへん）　13画

除

教科書184ページ

訓：のぞく
音：ジョ、◆ジ

使い方
欠席者(けっせきしゃ)を除外(じょがい)する。
大雨警報(おおあめけいほう)が解除(かいじょ)される。
虫(むし)に食(く)われた葉(は)を取(と)り除(のぞ)く。

送りがな
除 ぞ く

部首：除（こざとへん）　10画

宅

教科書184ページ

音：タク

使い方
住宅地(じゅうたくち)で迷子(まいご)になる。
父(ちち)に帰宅時間(きたくじかん)を聞(き)く。
自宅(じたく)から駅(えき)まで歩(ある)く。

字の形に注意
宅
しっかりはらおう！

部首：宅（うかんむり）　6画

蒸

教科書184ページ

訓：◆むす、◆むれる、◆むらす
音：ジョウ

使い方
水蒸気(すいじょうき)が出(で)る。
蒸気機関車(じょうききかんしゃ)に乗(の)る。
水分(すいぶん)が蒸発(じょうはつ)する。

部首
「蒸」の部首は、「くさかんむり」だよ。
「灬」ではないんだね。

部首：蒸（くさかんむり）　13画

月　日

聖

教科書185ページ

セイ

出さない　右上へ

使い方
聖火ランナーを選ぶ。
神聖な場所を歩く。
聖歌隊が合唱する。

13画　耳（みみ）

部首
「聖」の部首は、「みみ」だよ。
「口」や「王」ではないよ。

針

教科書190ページ

シン　はり

少し長く　はねない

使い方
時計の秒針を見る。
方針を立てる。
針金を使って工作をする。

10画　金（かねへん）

四字熟語
針小棒大
大げさに言うこと。

宝

教科書195ページ

ホウ　たから

縦に打つ　忘れない　長く

使い方
宝石を身につける。
国宝を大切にあつかう。
子宝にめぐまれる。

8画　宀（うかんむり）

慣用句
宝の持ちぐされ
役立つものを持っているのに使わないこと。

灰

教科書195ページ

はい　◆カイ

はらう

使い方
変わったデザインの灰皿。
灰色の絵の具を使う。
火山灰が降り積もる。

6画　火（ひ）

部首
「灰」の部首は、「ひ」だよ。
「厂」ではないよ！

優

教科書195ページ

ユウ　◆やさしい　◆すぐれる

「百」にしない　はらう

使い方
優勝決定戦が始まる。
優先席をゆずる。
声優を目指して勉強する。

17画　亻（にんべん）

四字熟語
優柔不断
物事をはっきり決めない様子。

「宝」の「玉」を、「王」としないように気をつけましょう。

ぴったり2 練習

複合語／海のいのち

教科書 184〜200ページ
答え 10ページ

1 ——線の漢字の読みがなを書きましょう。

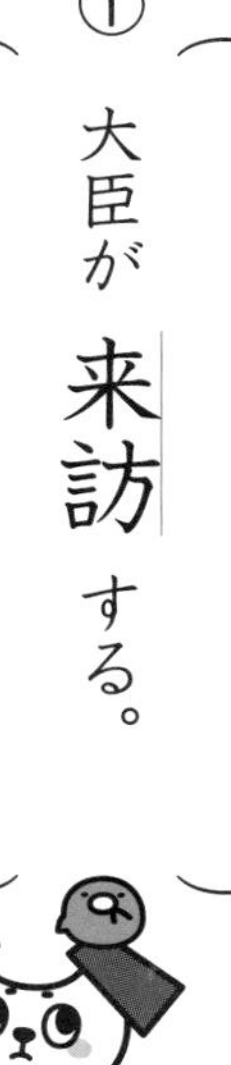

① 大臣が来訪する。（　　）

② 自宅で仕事をする。（　　）

③ オリンピックの聖火を運ぶ。（　　）

④ 絹織物が有名な産地。（　　）

⑤ 不良品を取り除く。（　　）

⑥ 優勝記念セールを行う。（　　）

⑦ 高価な焼き物を家宝にする。（　　）

⑧ 水分が蒸発する。（　　）

2 □に漢字を書きましょう。

① □□□（すいじょうき）の温度を調べる。

② □□（しんせい）な空間を大切にする。

③ 蚕から□□（きぬいと）をとる。

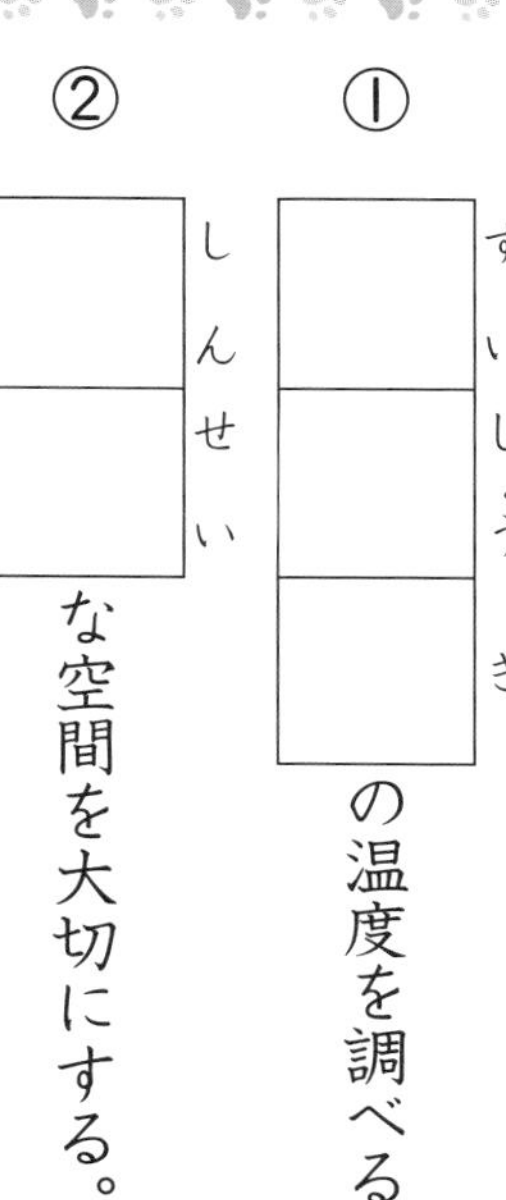

④ □□（じゅうたく）が密集している。

⑤ 暴風警報が□□（かいじょ）される。

⑥ 古い神社を□（たず）ね歩く。

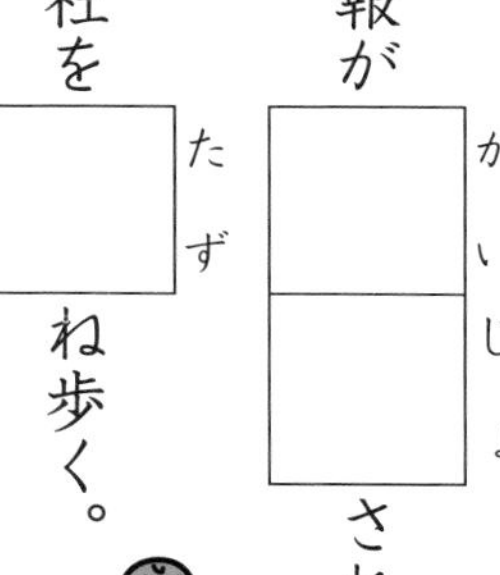

⑦ □□（ゆうせん）席を空けておく。

⑧ 失格者を□□（じょがい）する。

⑨ 父が早めに□□（きたく）する。

⑩ 今後の活動□□（ほうしん）を決める。

⑪ □□（はいいろ）の服を着る。

⑫ 海で拾った貝を□□（たからもの）にする。

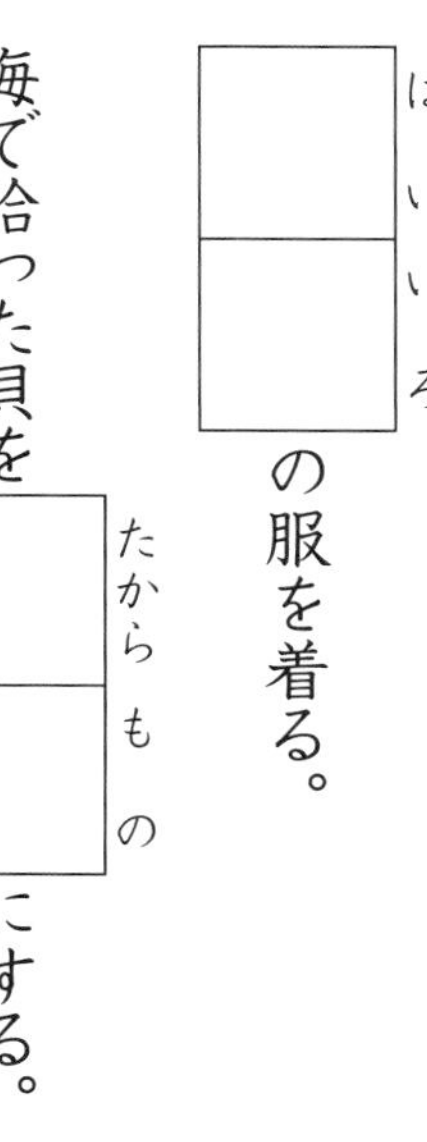

⑬ アニメの□□（せいゆう）を目指す。

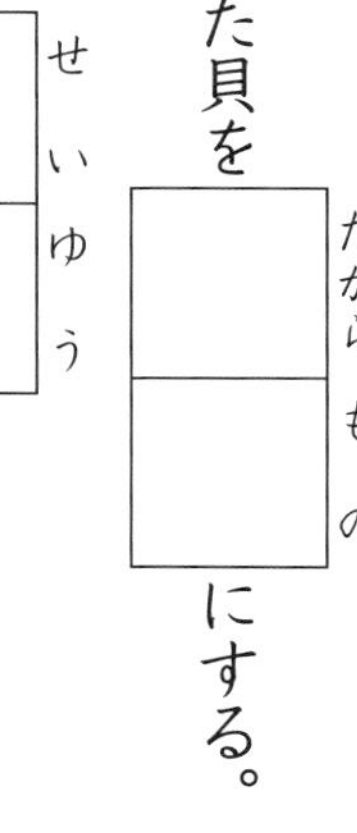

⑭ □□（せいしょ）を読む。

月　日

複合語／海のいのち

1 ——線の漢字の読みがなを書きましょう。

①（　）宝の箱を開く。

②（　）新しく宅地を開発する。

③（　）除夜のかねが百八回鳴る。

④（　）山おくにあるお寺を訪ねる。

⑤（　）時計の短針を見る。

⑥（　）私の夢は俳優になることだ。

⑦（　）聖なる教えを記した書物。

⑧（　）理科の実験で蒸留水を作る。

2 □に漢字を書きましょう。

① 山田さんのお［たく］にうかがう。

② 戦地で地雷（らい）を［じょきょ］する。

③ ［こくほう］の美術品を見る。

④ 先生が家庭［ほうもん］にやってくる。

⑤ ［きぬ］の衣服を身につける。

⑥ 教会の合唱団の［せいか］を聞く。

⑦ 欠席者を［のぞ］いて考える。

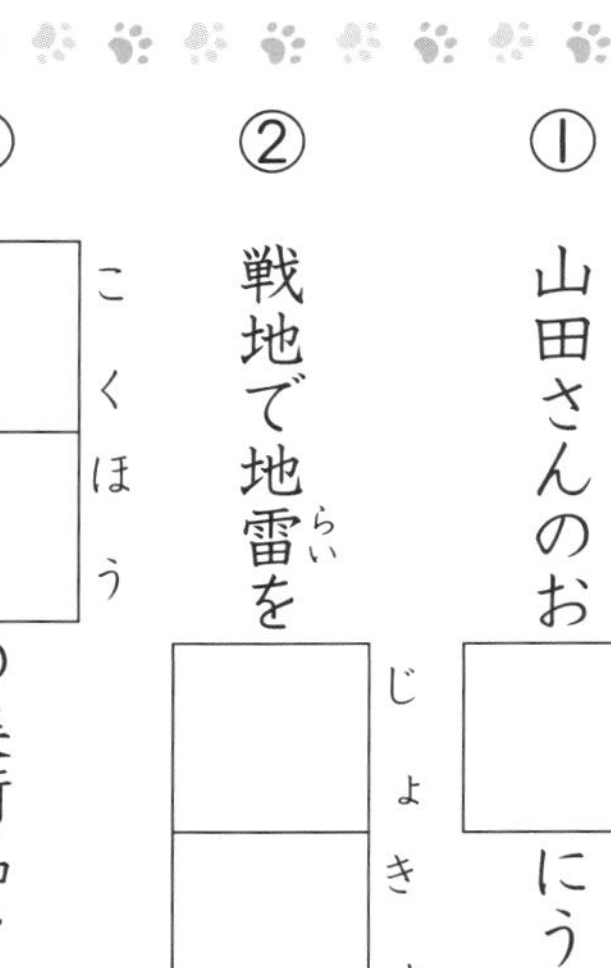

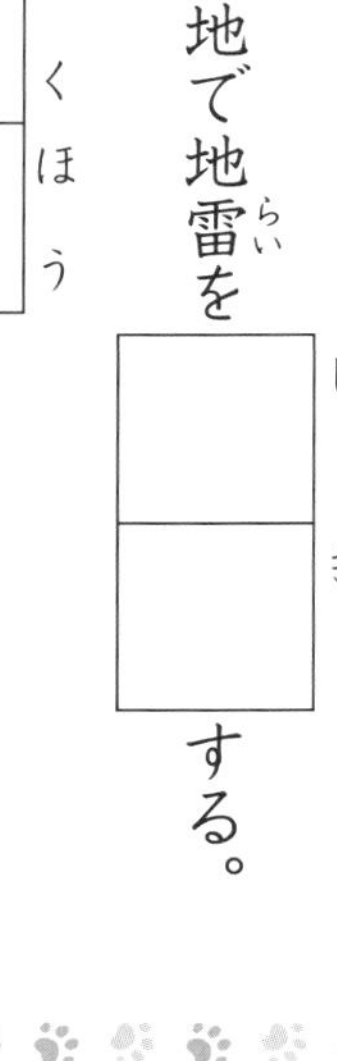

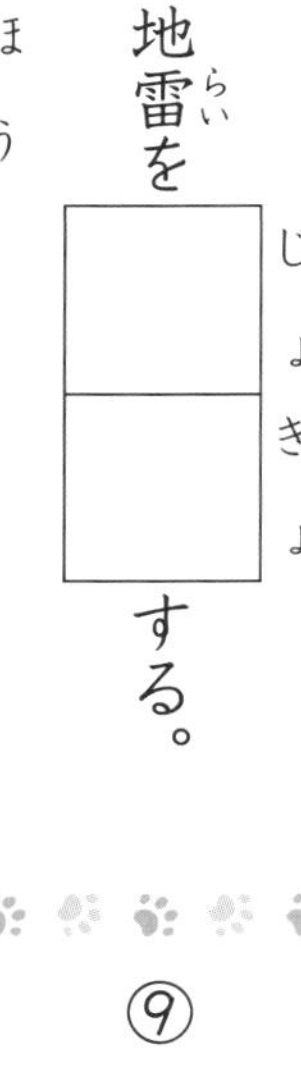

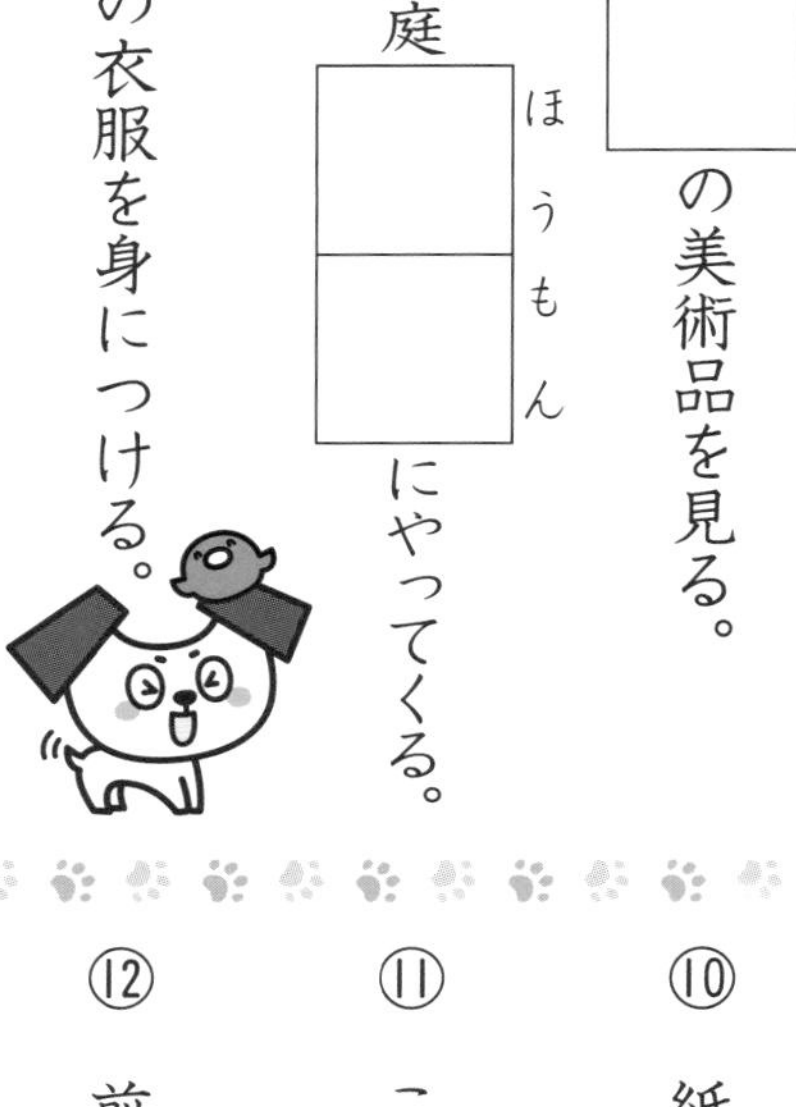

⑧ イギリスで［じょうき］機関ができた。

⑨ ヨーロッパの国々を［れきほう］する。

⑩ 紙を燃やして［はい］にする。

⑪ この島は野鳥の［ほうこ］だ。

⑫ 前半は赤組が［ゆうせい］だった。

⑬ 細い［はり］を使ってぬう。

⑭ ［ざいたく］で仕事をする。

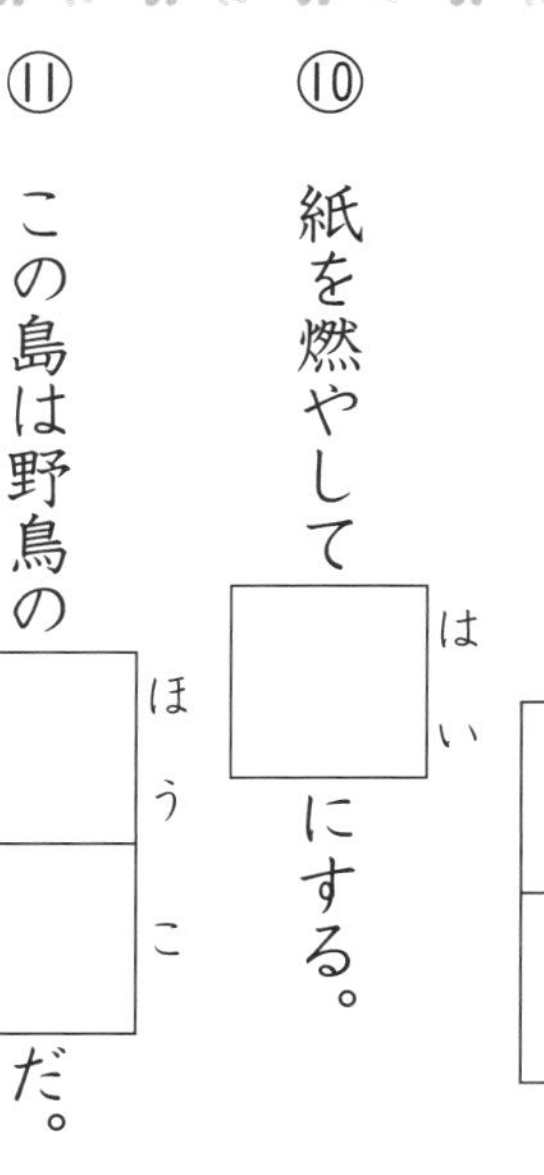

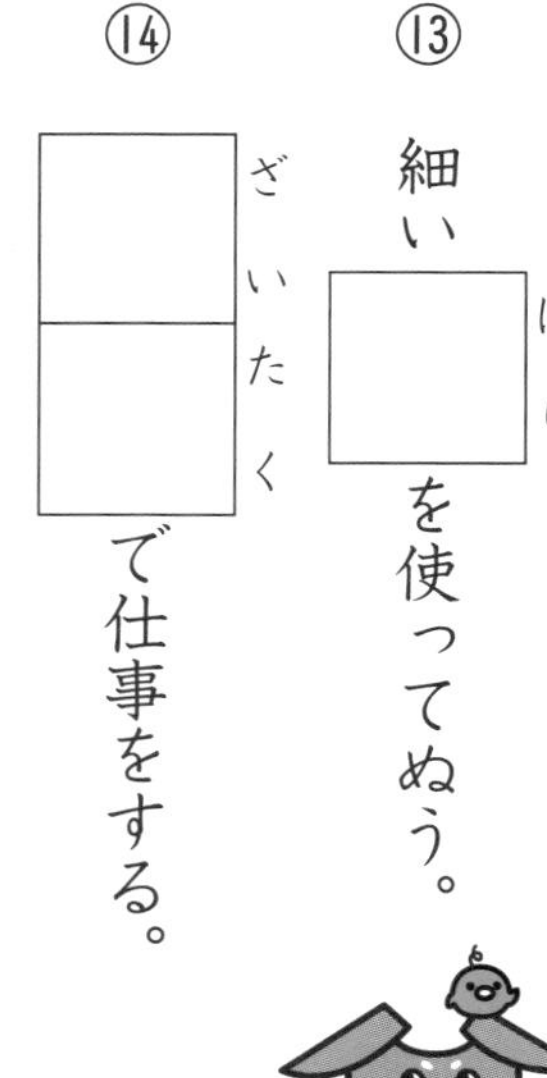

教科書　184～200ページ
答え　10ページ

月　日

新しく学習する漢字

乱 染 預 退 寸 射 磁 皇 后 陛 党 閣 庁 裁 憲 己 翌 頂 至

教科書201ページ

乱
ラン
みだれる
みだす

使い方
乱暴にあつかわない。
頭の中が混乱する。
風がふいてかみが乱れる。

部首
「乱」の部首は、「おつ」だよ。

乱（おつ）
7画

教科書201ページ

染
そめる
そまる
◆セン
◆しみる
◆しみ

使い方
ほめられてほおを染める。
染め物の着物を着る。
夕焼けで、空が赤く染まる。

部首
「染」の部首は、「き」だよ。

染（き）
9画

教科書201ページ

預
ヨ
あずける
あずかる

使い方
預金通帳を作る。
先生にノートを預ける。
母の荷物を預かる。

形の似た漢字
かぎを預ける。 
予約している客。

頁（おおがい）
13画

教科書201ページ

退
タイ
しりぞく
しりぞける

使い方
けがが治り、退院する。
社長の地位から退く。
反対意見を退ける。

反対の意味の言葉
入院
退院

辶（しんにょう・しんにゅう）
9画

教科書201ページ

寸
スン

使い方
上着の寸法を測る。
台風で道路が寸断される。
ゴール寸前で追いぬく。

言葉の意味
「一寸」は約三センチメートル。

寸（すん）
3画

月　日

射

教科書201ページ

シャ
いる

はねる　出さない　はねる

使い方
日射病に注意する。
病院で予防注射を打つ。
弓で矢を射る。

射（すん）　10画

形の似た漢字
反射
謝罪

磁

教科書201ページ

ジ

つける　「亠」にしない

使い方
磁石にくっつくものを調べる。
方位磁針で方角を確にんする。
旅先で磁器を買う。

磁（いしへん）　14画

字の形に注意
磁
「亠」や「⺍」ではないよ！

皇

教科書208ページ

コウ
オウ

つけ方に注意　長く

使い方
皇族が多く通う学校。
皇室の方々の写真。
法皇が民衆の前に立つ。

皇（しろ）　9画

部首
「皇」の部首は、「しろ」だよ。
「王」ではないんだね。
皇

后

教科書208ページ

コウ

あける　位置に注意

使い方
皇后陛下が歌をよまれる。
皇太后陛下にお会いする。
歴代の皇后陛下の肖像画を見る。

后（くち）　6画

字の形に注意
后
3画目の位置に気をつけてね。

陛

教科書208ページ

ヘイ

はねる　とめる　上にはねる

使い方
両陛下にお目にかかる。
天皇陛下がご出席なさる。
皇后陛下のお話を聞く。

陛（こざとへん）　10画

形の似た漢字
陛
階
陸
ちがいをしっかり覚えよう。

党

教科書208ページ

トウ

つける　「⺍」にしない　上へはねる

使い方
党首が街で演説する。
徒党を組む。
新しい政党ができる。

党（ひとあし・にんにょう）　10画

字の形に注意
党
「⺍」ではないので気をつけよう。

月　日

教科書208ページ

閣

カク

とめる　はらう　はねる

使い方

内閣総理大臣が決まる。

天守閣で写真をとる。

法案を閣議で決定する。

1 2 3 4 5 6 7 8 9 10 11 12 13 14

門（もんがまえ）

14画

部首

「閣」の部首は、「もんがまえ」だよ。

「閂・闇」は「もんがまえ」ではないよ！

教科書208ページ

庁

チョウ

つける　縦に打つ　はねる

使い方

県庁所在地を覚える。

新しい庁舎を見学する。

父は気象庁に勤めている。

1 2 3 4 5

广（まだれ）

5画

漢字の意味

「庁」には、役所という意味がある。

県庁

教科書208ページ

裁

サイ

さばく

◆たつ

忘れない　とめる　つける

使い方

裁判で決着をつける。

姉は裁ほうが得意だ。

争いごとを公正に裁く。

1 2 3 4 5 6 7 8 9 10 11 12

衣（ころも）

12画

部首

「裁」の部首は、「ころも」だよ。

教科書208ページ

憲

ケン

縦に打つ　出さない　とめる

使い方

五月三日は憲法記念日だ。

児童憲章を読む。

立憲政治が始まる。

1 2 3 4 5 6 7 8 9 10 11 12 13 14 15 16

心（こころ）

16画

部首

「憲」の部首は、「こころ」だよ。

「宀」ではないよ。

教科書208ページ

己

コ

◆◆キ

おのれ

出さない　上へはねる

使い方

自己流の運動方法。

利己的な意見。

作品に自己満足する。

1 2 3

己（おのれ）

3画

文字の成り立ち

ひらがなの「こ」、カタカナの「コ」は「己」からできた。

教科書208ページ

翌

ヨク

方向に注意　はねる　縦に打つ

使い方

翌月の予定を立てる。

翌年、卒業する。

翌朝に目的地に着いた。

1 2 3 4 5 6 7 8 9 10 11

羽（はね）

11画

形の似た漢字

翌日の用意。

習字

月　日

教科書208ページ

頂

チョウ
いただく
いただき

使い方
出世して頂点までのぼりつめる。
ごちそうを頂く。
山の頂に立つ。

形の似た漢字
山頂
預ける

11画

教科書208ページ

至

シ
いたる

使い方
この山を登るのは至難のわざだ。
至急連絡をとる。
東北を経て北海道に至る。

部首
「至」は、漢字全体が部首「いたる」だよ。

6画

「頂（いただき）」とは、山などのてっぺんという意味です。

読み方が新しい漢字

漢字	読み方	使い方	前に出た読み方
石	シャク	じしゃく　はたら（磁石の働き）	小石（こいし）　岩石（がんせき）

漢字クイズ4

☆次の漢字の一部には、共通の部首がつきます。その部首を□に書きましょう。

答え18ページ

①には「おおざと」という部首がはいりますね。

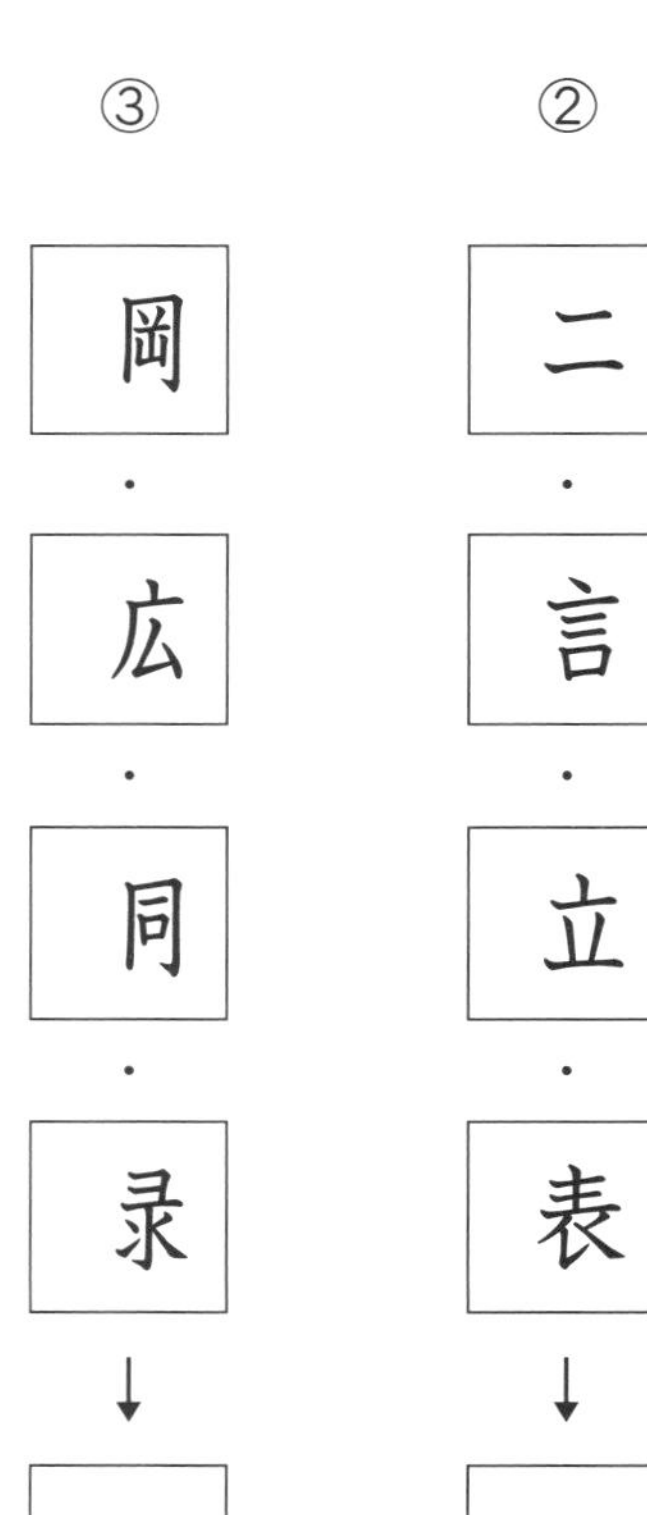

① 垂・者・君・音 → 部首□

② 二・言・立・表 → □

③ 岡・広・同・录 → □

月　日

ぴったり2 練習

漢字を使おう7／漢字を使おう8

教科書 201・208ページ
答え 11ページ

1 ——線の漢字の読みがなを書きましょう。

① 第一線から退く。（　）
② 目標の預金額になる。（　）
③ 弓を使って矢を射る。（　）
④ 失敗に心を乱される。（　）
⑤ 染め物の着物を買う。（　）
⑥ 材木の寸法を測る。（　）
⑦ 磁石の性質について勉強する。（　）
⑧ 法皇が人々に手をふる。（　）

2 □に漢字を書きましょう。

① 災害で道路が□□（すんだん）される。
② □□（じりょく）の働きでくっつく。
③ いそがしくて頭が□□（こんらん）する。
④ □（あず）けておいた荷物を受け取る。
⑤ お祭りで□□（しゃてき）を楽しむ。
⑥ 選手団が□□（たいじょう）する。
⑦ 和紙を青色に□（そ）める。
⑧ 新しい□□（ないかく）の顔ぶれが決まる。
⑨ 新しい□□（せいとう）が作られる。
⑩ □□（けんちょう）の建物が新しくなる。
⑪ プリンは三時までお□（あず）けだ。
⑫ 道具を□□（らんぼう）にあつかわない。
⑬ □□（いっすん）先は闇（やみ）。
⑭ 市民が□□（はんらん）を起こす。

漢字を使おう7／漢字を使おう8

月　日

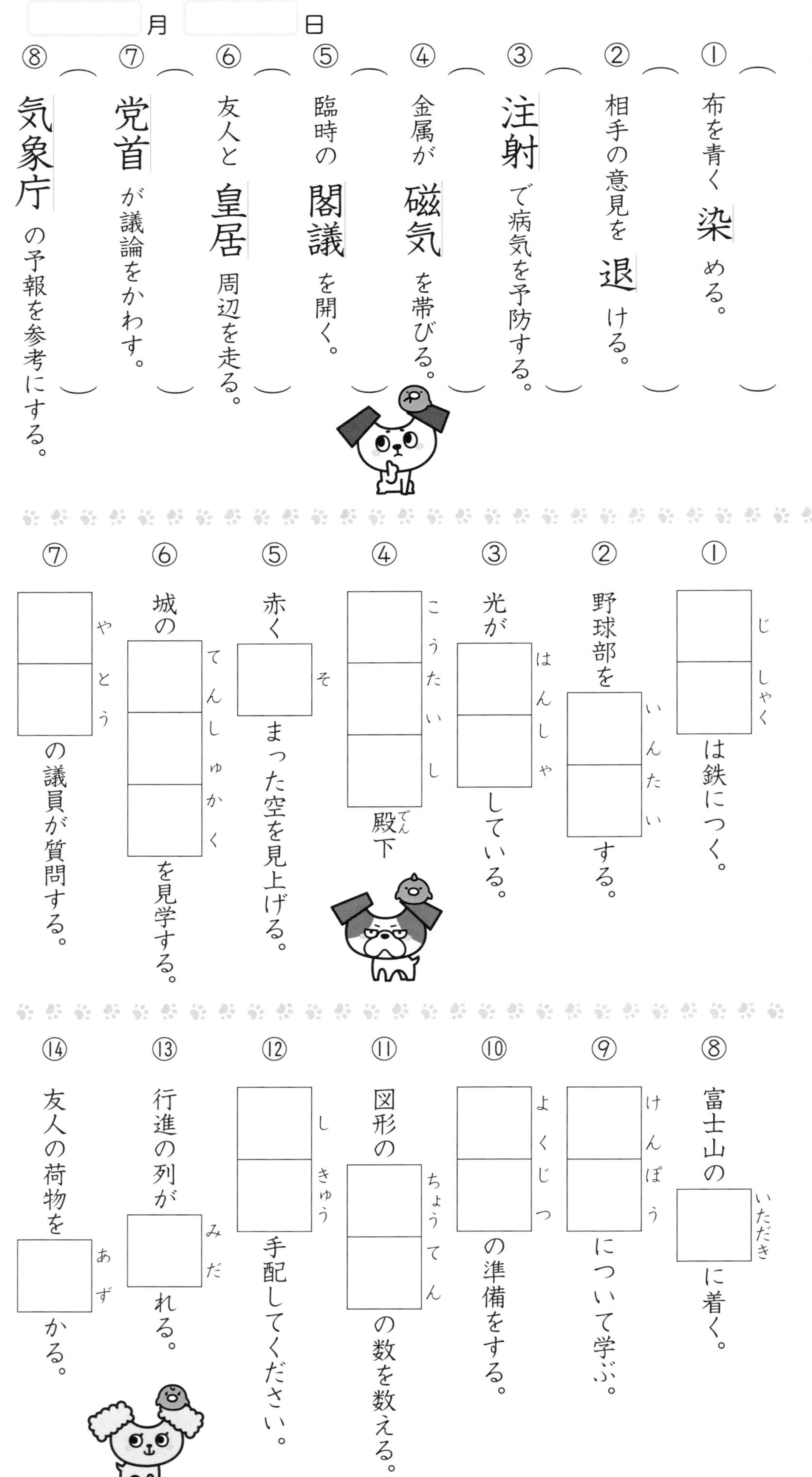

1 ――線の漢字の読みがなを書きましょう。

① 布を青く染める。（　）
② 相手の意見を退ける。（　）
③ 注射で病気を予防する。（　）
④ 金属が磁気を帯びる。（　）
⑤ 臨時の閣議を開く。（　）
⑥ 友人と皇居周辺を走る。（　）
⑦ 党首が議論をかわす。（　）
⑧ 気象庁の予報を参考にする。（　）

2 □に漢字を書きましょう。

① □□（じしゃく）は鉄につく。
② 野球部を□□（いんたい）する。
③ 光が□□（はんしゃ）している。
④ □□□（こうたいし）殿（でん）下
⑤ 赤く□（そ）まった空を見上げる。
⑥ 城の□□□（てんしゅかく）を見学する。
⑦ □□（やとう）の議員が質問する。
⑧ 富士山の□（いただき）に着く。
⑨ □□（けんぽう）について学ぶ。
⑩ □□（よくじつ）の準備をする。
⑪ 図形の□□（ちょうてん）の数を数える。
⑫ □□（しきゅう）手配してください。
⑬ 行進の列が□（みだ）れる。
⑭ 友人の荷物を□（あず）かる。

教科書 201・208ページ
答え 11ページ

ぴったり2 練習

漢字を使おう7／漢字を使おう8

月　日

1 ——線の漢字の読みがなを書きましょう。

① 京都で金閣寺を見る。（　）
② 母に洋裁を教わる。（　）
③ 翌年、旅行に出かける。（　）
④ 山の頂上でおにぎりを食べる。（　）
⑤ この案の実現は至難のわざだ。（　）
⑥ テストを自己採点する。（　）
⑦ 皇后陛下の写真を見る。（　）
⑧ ごちそうをおいしく頂く。（　）

2 □に漢字を書きましょう。

① □□（へいか）のお話をうかがう。
② 合同□□（ちょうしゃ）を見学する。
③ □□（よとう）が選挙で勝利する。
④ 市民□□（けんしょう）を読む。
⑤ □□（とうじ）の日にかぼちゃを食べる。
⑥ □□（よくあさ）までに事件を解決する。
⑦ 人気が□□（ぜっちょう）のアイドル。
⑧ □□□（りこてき）な考えを捨てる。
⑨ □□（ないかく）が法案を出す。
⑩ 人の罪を□（さば）く。
⑪ □□（こうしつ）の習慣について調べる。
⑫ 鏡で光を□□（はんしゃ）する。
⑬ 有名人から□□（すんぴょう）をもらう。
⑭ □（いた）れりつくせりのサービス。

教科書 201・208ページ
答え 11ページ

冬のチャレンジテスト①

時間 30分
/100
合格 80点

教科書 112〜208ページ
答え 12ページ

月　日

1 ――線の漢字の読みがなを書きましょう。 一つ2点（32点）

① 空いている座席（　）（　）をみんなで探（　）す。

② 体操服（　）（　）を弟の教室まで届（　）ける。

③ 看護師（　）（　）になるため市内の専門（　）（　）学校に通う。

④ 母は株式（　）（　）会社に十年間勤（　）めている。

⑤ 単純（　）（　）に計算した経済（　）（　）予測。

⑥ 穴（　）をほって大切な宝箱（　）（　）をかくす。

⑦ 裁判所（　）（　）に行って憲法（　）（　）についての話を聞く。

⑧ 法律（　）（　）で規定されている内容に従（　）う。

2 ――線の部分を、漢字と送りがなに直して書きましょう。 一つ3点（21点）

例 演説をおこなう。（行う）

① 列がみだれる。（　）

② 勇気をふるう。（　）

③ 遠足の日をのばす。（　）

④ さいふをなくしてこまる。（　）

⑤ 税金をおさめる。（　）

⑥ 友人の家をたずねる。（　）

⑦ 初戦でしりぞく。（　）

月　　日

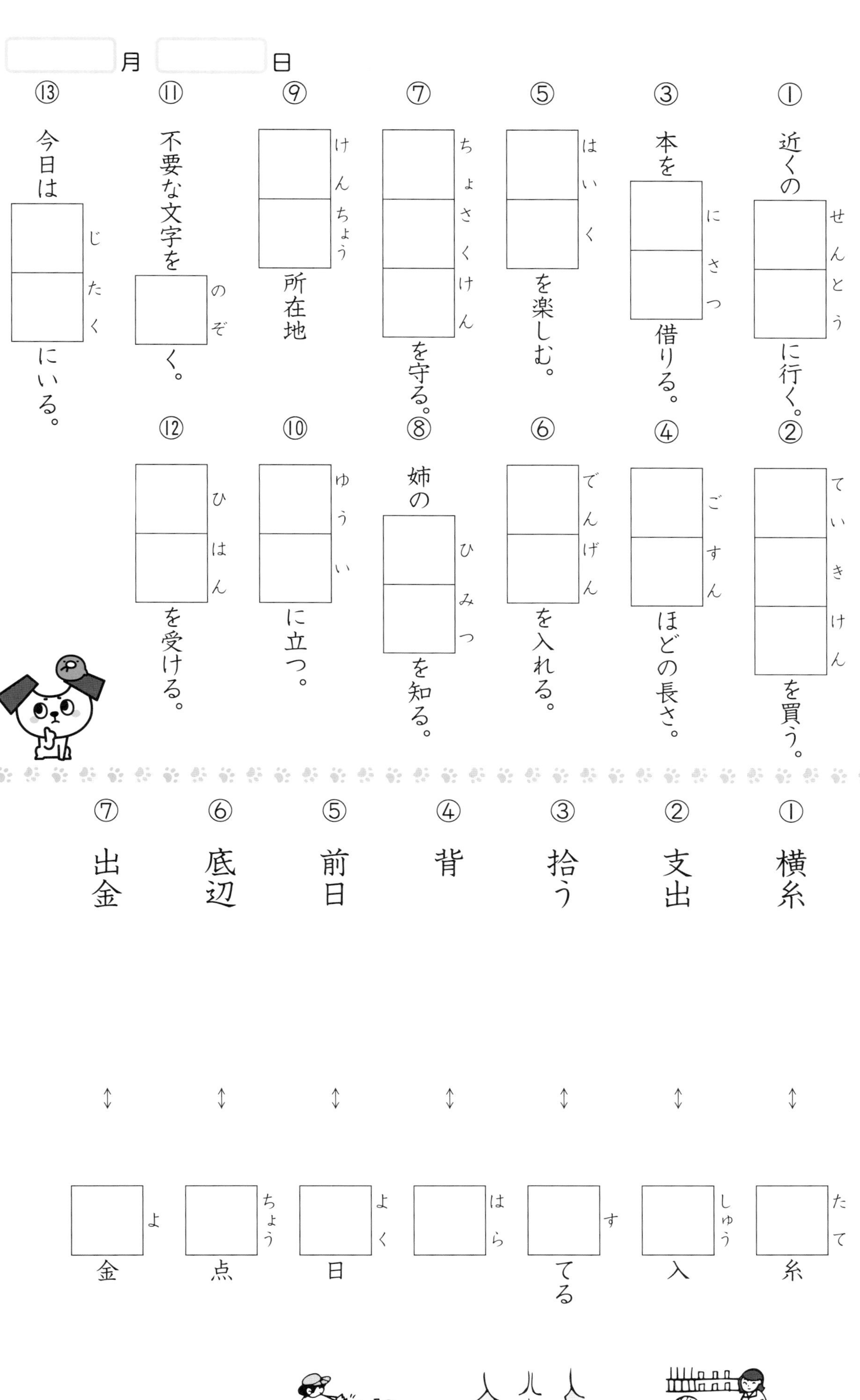

3 □に漢字を書きましょう。

一つ2点(26点)

① 近くの□□(せんとう)に行く。
② □□□(ていきけん)を買う。
③ 本を□□(にさつ)借りる。
④ □□(ごすん)ほどの長さ。
⑤ □□(はいく)を楽しむ。
⑥ □□(でんげん)を入れる。
⑦ □□□(ちょさくけん)を守る。
⑧ 姉の□□(ひみつ)を知る。
⑨ □□(けんちょう)所在地
⑩ □□(ゆうい)に立つ。
⑪ 不要な文字を□(のぞ)く。
⑫ □□(ひはん)を受ける。
⑬ 今日は□□(じたく)にいる。

4 □に漢字を入れて、矢印の上と下の言葉が反対の意味になるようにしましょう。

一つ3点(21点)

① 横糸 ↕ □(たて)糸
② 支出 ↕ □(しゅう)入
③ 拾う ↕ □(す)てる
④ 背 ↕ □(はら)
⑤ 前日 ↕ □(よく)日
⑥ 底辺 ↕ □(ちょう)点
⑦ 出金 ↕ □(よ)金

冬のチャレンジテスト②

時間 30分　／100　合格 80点

教科書 112〜208ページ　答え 12ページ

月　　日

1 ――線の漢字の読みがなを書きましょう。　一つ2点（32点）

① 内閣（　）支持率と政党（　）支持率。

② 磁石（　）にくっついた針（　）を取る。

③ 火山灰（　）が大量に積もって困（　）る。

④ 陛下（　）がアジア各国を歴訪（　）される。

⑤ 山頂（　）から見える風景に神聖（　）な印象を受ける。

⑥ 裁判（　）で争い、ようやく終結に至（　）る。

⑦ 鉄鋼業（　）には多くの人が従事（　）している。

⑧ 泉（　）のまわりに水蒸気（　）が立ちこめる。

2 次の漢字の部首名を、ひらがなで書きましょう。　一つ3点（24点）

例 花（くさかんむり）

① 株（　）

② 座（　）

③ 延（　）

④ 銭（　）

⑤ 閣（　）

⑥ 源（　）

⑦ 退（　）

⑧ 預（　）

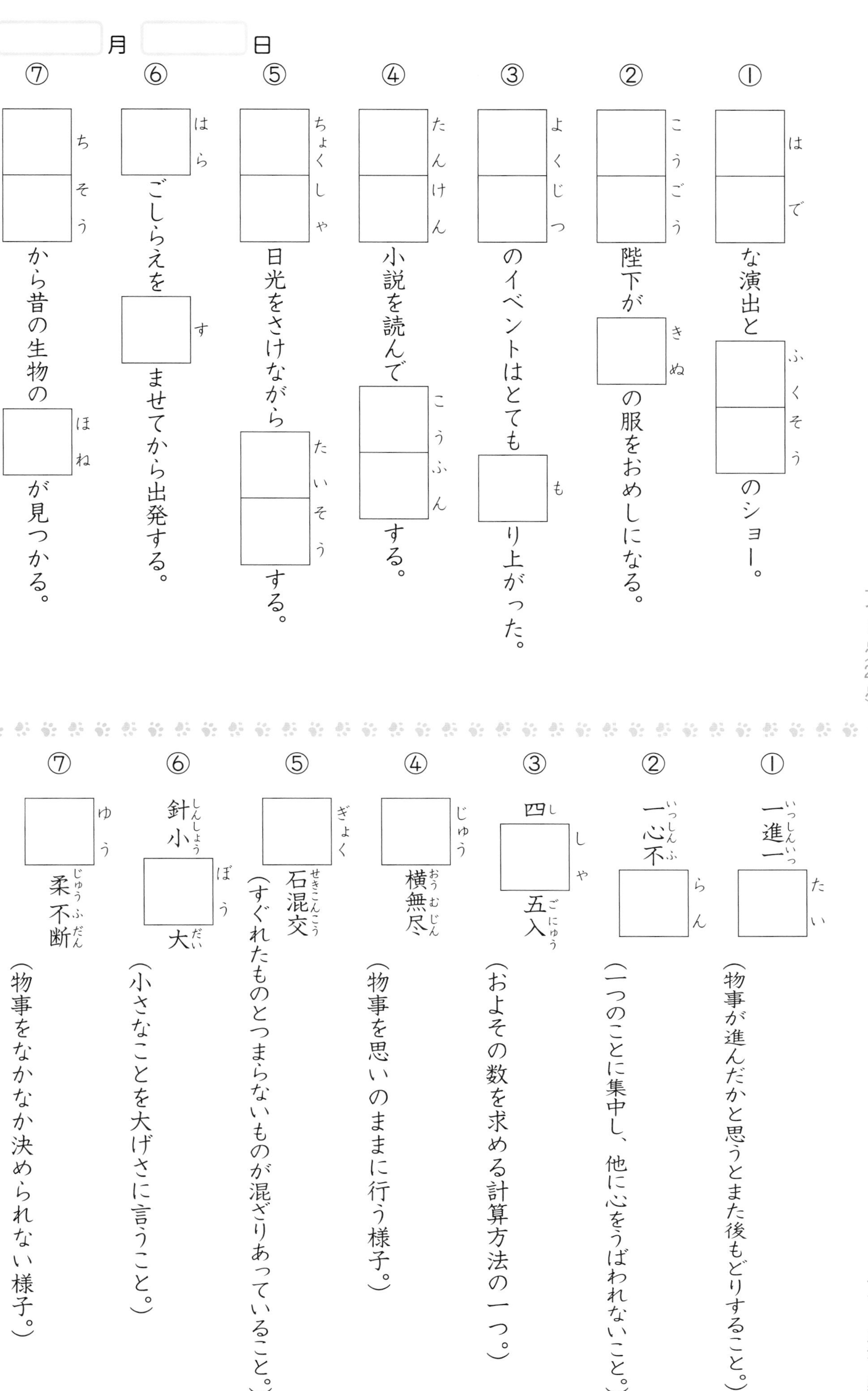

月　日

3 □に漢字を書きましょう。　一つ2点（28点）

① □□（はで）な演出と□□（ふくそう）のショー。

② □□（こうごう）陛下が□（きぬ）の服をおめしになる。

③ □□（よくじつ）のイベントはとても□（も）り上がった。

④ □□（たんけん）小説を読んで□□（こうふん）する。

⑤ □□（ちょくしゃ）日光をさけながら□□（たいそう）する。

⑥ □（はら）ごしらえを□（す）ませてから出発する。

⑦ □□（ちそう）から昔の生物の□（ほね）が見つかる。

4 次の□に漢字を入れて、四字熟語を完成させましょう。　一つ2点（16点）

① 一進一□（いっしんいっ たい）
（物事が進んだかと思うとまた後もどりすること。）

② 一心不□（いっしんふ らん）
（一つのことに集中し、他に心をうばわれないこと。）

③ 四□五入（し しゃ ごにゅう）
（およその数を求める計算方法の一つ。）

④ □横無尽（じゅう おうむじん）
（物事を思いのままに行う様子。）

⑤ □石混交（ぎょく せきこんこう）
（すぐれたものとつまらないものが混ざりあっていること。）

⑥ 針小□大（しんしょう ぼう だい）
（小さなことを大げさに言うこと。）

⑦ □柔不断（ゆう じゅうふだん）
（物事をなかなか決められない様子。）

月　日

ぴったり1 準備

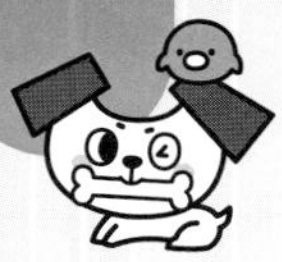

古典芸能への招待状

教科書 210〜215ページ

新しく学習する漢字

劇 奏 揮 衆 承

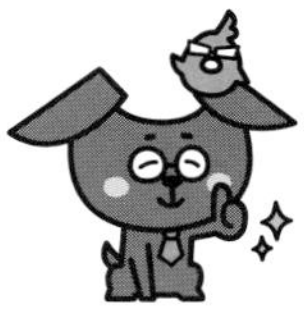

教科書 210ページ

劇

ゲキ

つけ方に注意　はねる

使い方
劇場に足を運ぶ。
演劇部に入る。
とつ然の悲劇に見まわれる。

反対の意味の言葉 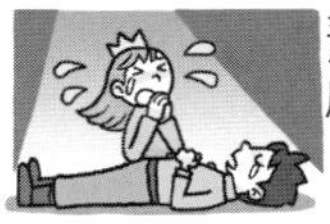
悲劇
喜劇

りっとう　15画

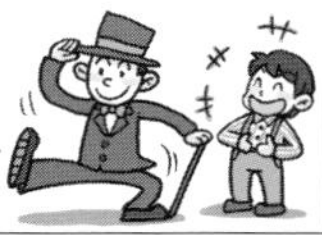

教科書 210ページ

奏

ソウ

◆かなでる

つけるところに注意　とめる

使い方
フルートの演奏を聞く。
合奏の練習をする。
目当ての奏者が出る公演。

字の形に注意
「夭」と書かないように気をつけよう。

だい　9画

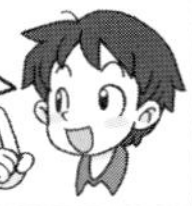

教科書 212ページ

揮

キ

少し長く　はねる

使い方
実力を発揮して勝つ。
チームの指揮をとる。
揮発性が高い液体。

筆順
1〜3画目に注意しよう。

てへん　12画

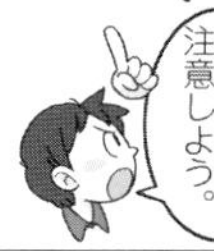

教科書 214ページ

衆

シュウ

◆シュ

つけるところに注意　長くはらう　とめる

使い方
二万人の観衆が集まる。
大衆食堂に食べに行く。
公衆電話を探す。

字の形に注意
「豕」にしないように気をつけよう。

ち　12画

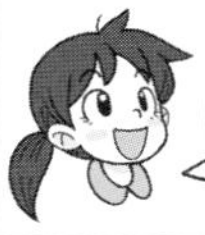

教科書 214ページ

承

ショウ

◆うけたまわる

横画は三本　一画で書く　二画で書く　はねる

使い方
話を承知する。
先生の承認を得る。
文化を伝承する。

字の形に注意
横画は三本！

て　8画

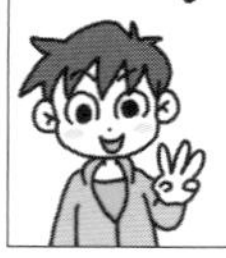

月　日

ぴったり1 準備

宇宙への思い

新しく学習する漢字

将　否　認　尊　難　我　貴

教科書 218〜232ページ

教科書 222ページ

将　ショウ

左下へはらう方向に注意　とめる

使い方
戦国時代の武将に興味をもつ。
将来の夢を考える。
サッカー部の主将になる。

部首
将
「寸」だね。

将（すん）　10画

教科書 222ページ

否　ヒ　◆いな

つける　つけない　とめる

使い方
うわさを否定する。
試験の合否を決める。
安否を心配する。

反対の意味の言葉
否定　肯定

否（くち）　7画

教科書 222ページ

認　ニン　みとめる

はねる

使い方
失敗を認める。
委員長として認められる。
一時帰国を認める。

送りがな 
認める

認（ごんべん）　14画

教科書 223ページ

尊　ソン　たっとい　たっとぶ　とうとい　とうとぶ

曲がりに気をつける　つける　つける　はねる

使い方
親を尊敬する。
友達の意見を尊重する。
尊い命を大切にする。

読み方に注意
尊い（たっと／とうと）
二通りの読み方があるよ。

尊（すん）　12画

教科書 226ページ

難　ナン　むずかしい　◆かたい

つき出さない　とめる

使い方
困難に打ち勝つ。
他人の失敗を非難する。
難しい問題にちょう戦する。

反対の意味の言葉
難しい　易しい

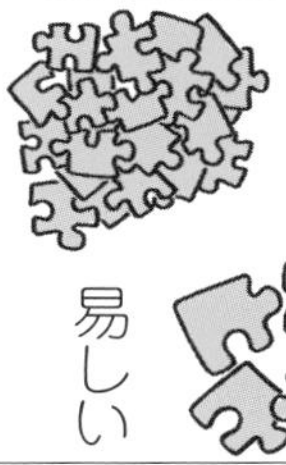

難（ふるとり）　18画

月　日

教科書227ページ

我

われ

◆ガ
◆わ

右上へ　はねる

使い方

1 我を忘れる。
2 我ながらよくやったと思う。
3 はっと我に返る。

筆順：1〜7

ほこづくり（ほこがまえ）　戈

7画

慣用句

我に返る
正気にもどること。

教科書228ページ

貴

キ

◆たっとい
◆たっとぶ
◆とうとい
◆とうとぶ

つき出す　長く　とめる

使い方

1 貴重な経験をする。
2 高貴な家がらに生まれる。
3 貴金属で身をかざる。

筆順：1〜12

こがい　貝

12画

読み方に注意

貴重
○ きちょう
× きじゅう

気をつけよう。

「貴」の下の部分は「頁」としないように気をつけよう。

漢字クイズ5

答え18ページ

☆次の文で正しい送りがなはどちらでしょう。正しいほうに○をつけましょう。

① 手紙を　ア 届る　イ 届ける

② 祖父を　ア 尊とぶ　イ 尊ぶ

③ 荷物を　ア 預ける　イ 預る

④ 布を　ア 染める　イ 染る

⑤ 家来を　ア 従る　イ 従える

⑥ 役目を　ア 退く　イ 退ぞく

⑦ 返答に　ア 困まる　イ 困る

⑧ ごみを　ア 捨る　イ 捨てる

⑨ 現在に　ア 至る　イ 至たる

⑩ 山頂で　ア 拝む　イ 拝がむ

月　日

ぴったり2 練習

古典芸能への招待状／宇宙への思い

教科書 210〜232ページ
答え 13ページ

1 ――線の漢字の読みがなを書きましょう。

① 英会話が劇的に上達する。（　）
② アルコールは揮発性が高い。（　）
③ 承知いたしました。（　）
④ 悲劇的な結末をむかえる。（　）
⑤ ピアノの演奏を聞く。（　）
⑥ 衆議院を解散する。（　）
⑦ 否定的な意見を述べる。（　）
⑧ その決定は承服しがたい。（　）

2 □に漢字を書きましょう。

① □□□（しきしゃ）を見て歌う。
② □（とうと）い話を聞く。
③ □□（げきじょう）が満員になる。
④ バイオリン□□（そうしゃ）と話す。
⑤ □□（たいしゅう）の意見を聞く。
⑥ 実技によって□□（ごうひ）を決める。
⑦ □（みと）め印をおす。
⑧ 学芸会で□□（えんげき）に取り組む。
⑨ クラスで□□（がっそう）の練習をする。
⑩ 技術を□□（でんしょう）する。
⑪ アメリカ□□□（がっしゅうこく）に行く。
⑫ 練習の成果を□□（はっき）する。
⑬ □□（きげき）を見ておかしさに笑う。
⑭ □□（ぜんそう）が終わってから歌う。

ぴったり2 練習

古典芸能への招待状／宇宙への思い

教科書 210〜232ページ
答え 13ページ

月　日

1 ――線の漢字の読みがなを書きましょう。

① 大衆の人気を得る。（　）
② 友人の安否を確かめる。（　）
③ 一時帰宅を認める。（　）
④ 命の尊さを学ぶ。（　）
⑤ 我先に走り出す。（　）
⑥ 難しい問題を解決する。（　）
⑦ おすし屋さんの大将と話す。（　）
⑧ 法案を否決する。（　）

2 □に漢字を書きましょう。

① □□（さんぴ）が分かれる。
② すべて□□（しょうち）の上で進める。
③ 多くの□□（かんしゅう）が集まる。
④ □□（きちょう）な本を保管する。
⑤ 野球部の□□（しゅしょう）に選ばれる。
⑥ 長年の努力が□（みと）められる。
⑦ 友達の失敗を□□（ひなん）しない。
⑧ うそをついたことを□□（ひてい）する。
⑨ ピアノの先生を□□（そんけい）する。
⑩ □（われ）を忘れて歌い出す。
⑪ □□（ぶしょう）の名前を覚える。
⑫ □□（きぞく）のような生活をする。
⑬ 友達の意見を□□（そんちょう）する。
⑭ □□（なんかい）なパズルに取り組む。

月　日

ぴったり2 練習

古典芸能への招待状／宇宙への思い

教科書 210〜232ページ　答え 13ページ

1 ――線の漢字の読みがなを書きましょう。

① お寺のご本尊を拝む。（　）
② 声をかけられて我に返る。（　）
③ 貴重品を身につける。（　）
④ 問題の可否を論じる。（　）
⑤ 難関を突破(とっぱ)する。（　）
⑥ 将棋(ぎ)で父に負ける。（　）
⑦ 高貴な身分の人。（　）
⑧ 尊大な態度を改める。（　）

2 □に漢字を書きましょう。

① かれの発言を□□(ひてい)する。
② 日本の□□(しょうらい)について考える。
③ □□(こんなん)にめげずやりとげる。
④ 自分の負けを□(みと)める。
⑤ 平和を□(とうと)ぶ心を育てる。
⑥ □(われ)ながらすばらしい出来だ。
⑦ □□□(にんぎょうげき)を楽しむ。
⑧ □□□□(むりなんだい)を言う。
⑨ かれは野球の□□(めいしょう)だ。
⑩ □□□(しきぼう)が折れる。
⑪ 人間としての□□(そんげん)を守る。
⑫ □(むずか)しい判断を求められる。
⑬ 海外で□□(きちょう)な体験をする。
⑭ 広場が□□(ぐんしゅう)でうまる。

月　　日

ぴったり1 準備

漢字を使おう9　どう立ち向かう？　もしもの世界

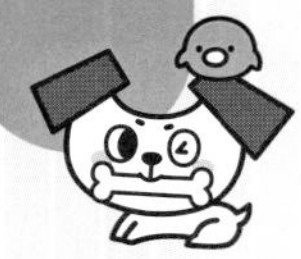

教科書 233〜241ページ

新しく学習する漢字

諸　孝　干　晩　幕　垂　討　拡

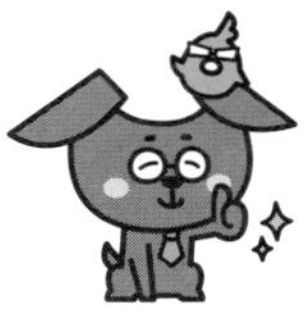

教科書 233ページ

諸（ショ）　15画

使い方
伊豆諸島に行く。
諸説が飛び交う。
諸国の首脳が会議をする。

形の似た漢字 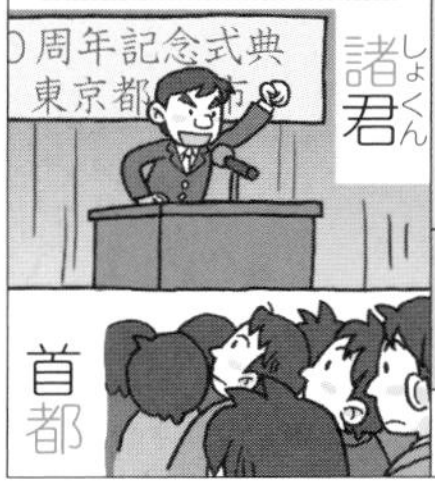
諸君　首都

部首：言（ごんべん）

教科書 233ページ

孝（コウ）　7画

使い方
親孝行をする。
両親に孝をつくす。
親不孝なことはしない。

形の似た漢字 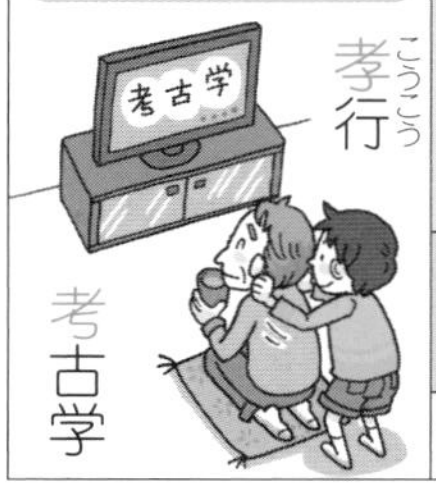
孝行　考古学

部首：子（こ）

教科書 233ページ

干（カン　ほす　◆ひる）　3画

使い方
干潮になれば貝がとれる。
外国が内政に干しょうする。
物干しざおを買う。

形の似た漢字
干す　千円札

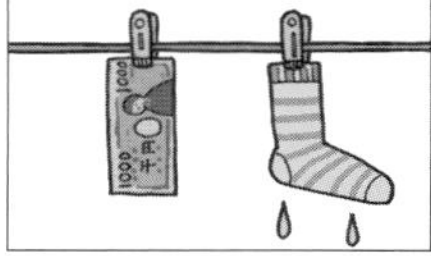

部首：干（いちじゅうかん）

教科書 233ページ

晩（バン）　12画

使い方
今晩、花火大会がある。
晩ご飯の用意を手伝う。
晩年をゆっくり過ごす。

対になる言葉
晩　朝

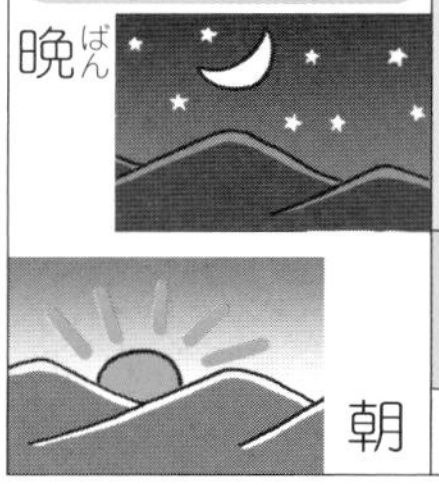

部首：日（ひへん）

教科書 233ページ

幕（マク　バク）　13画

使い方
映画の字幕を見る。
あっけない幕切れの劇。
幕末に活やくした武士。

部首：巾（はば）

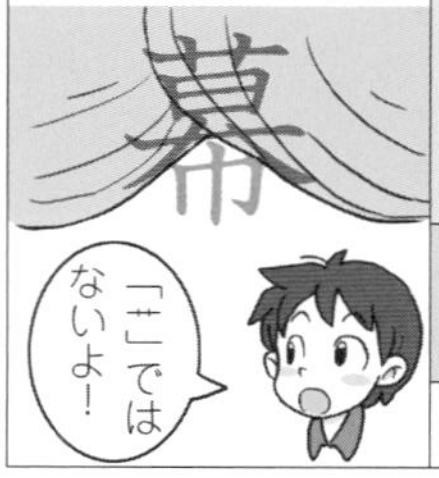

月　　日

教科書233ページ

垂

スイ　たれる　たらす

少し出す　長く

使い方

垂直に線を引く。
氷がとけて水が垂れる。
フライパンに油を垂らす。

土（つち）　8画

送りがな

垂　れ　る

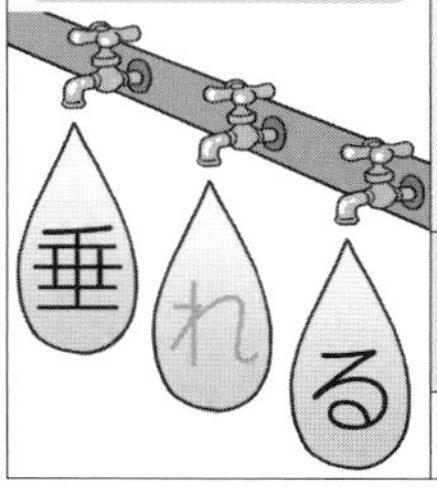

教科書236ページ

討

トウ　◆うつ

ななめに打つ　長く　短く　はねる

使い方

やり方をもう一度検討する。
討論会を行う。
午前中で討議が終わる。

言（ごんべん）　10画

形の似た漢字

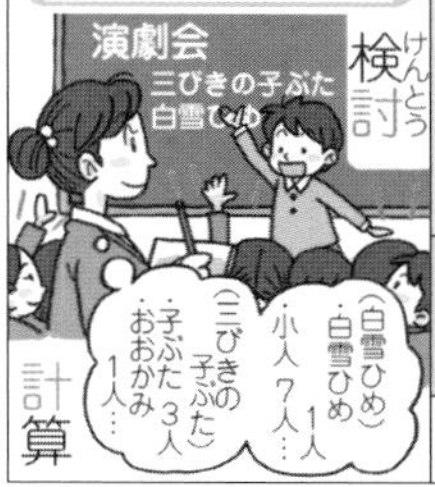

検討　計算

演劇会
三びきの子ぶた
白雪ひめ
（白雪ひめ）白雪ひめ 1人　小人 7人…
（三びきの子ぶた）子ぶた 3人　おおかみ 1人…

教科書238ページ

拡

カク

はねる　とめる

使い方

地図を拡大して見る。
拡声器を使って話す。
道路の拡張工事が始まる。

扌（てへん）　8画

反対の意味の言葉

拡大　縮小

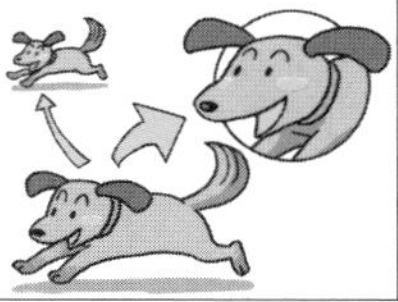

漢字クイズ6

☆ 次の□の漢字と同じ音読みの漢字に○をつけましょう。

答え18ページ

① 看　（　）干（　）拡（　）顔

② 退　（　）賃（　）担（　）態

③ 傷　（　）票（　）証（　）常

④ 困　（　）今（　）降（　）誤

⑤ 泉　（　）垂（　）選（　）博

⑥ 胸　（　）筋（　）供（　）給

ぴったり2 練習

漢字を使おう9／どう立ち向かう？ もしもの世界

教科書 233〜241ページ
答え 13ページ

月　日

1 ――線の漢字の読みがなを書きましょう。

① 晩秋の静けさを楽しむ。（　）
② 江戸幕府の将軍について調べる。（　）
③ 旅行先での諸注意を聞く。（　）
④ 洗たく物を外に干す。（　）
⑤ 親に対して孝をつくす。（　）
⑥ 垂直な線を引く。（　）
⑦ 晩ご飯の用意をする。（　）
⑧ 拡声器で知らせる。（　）

2 □に漢字を書きましょう。

① 南西［しょとう］に出かける。
② ［こんばん］のうちに宿題を終える。
③ ［おやこうこう］をする。
④ ［ほ］しいもを食べる。
⑤ 野菜にしょう油を［た］らす。
⑥ ［まく］の内弁当を食べる。
⑦ ［かんちょう］の時間を待つ。

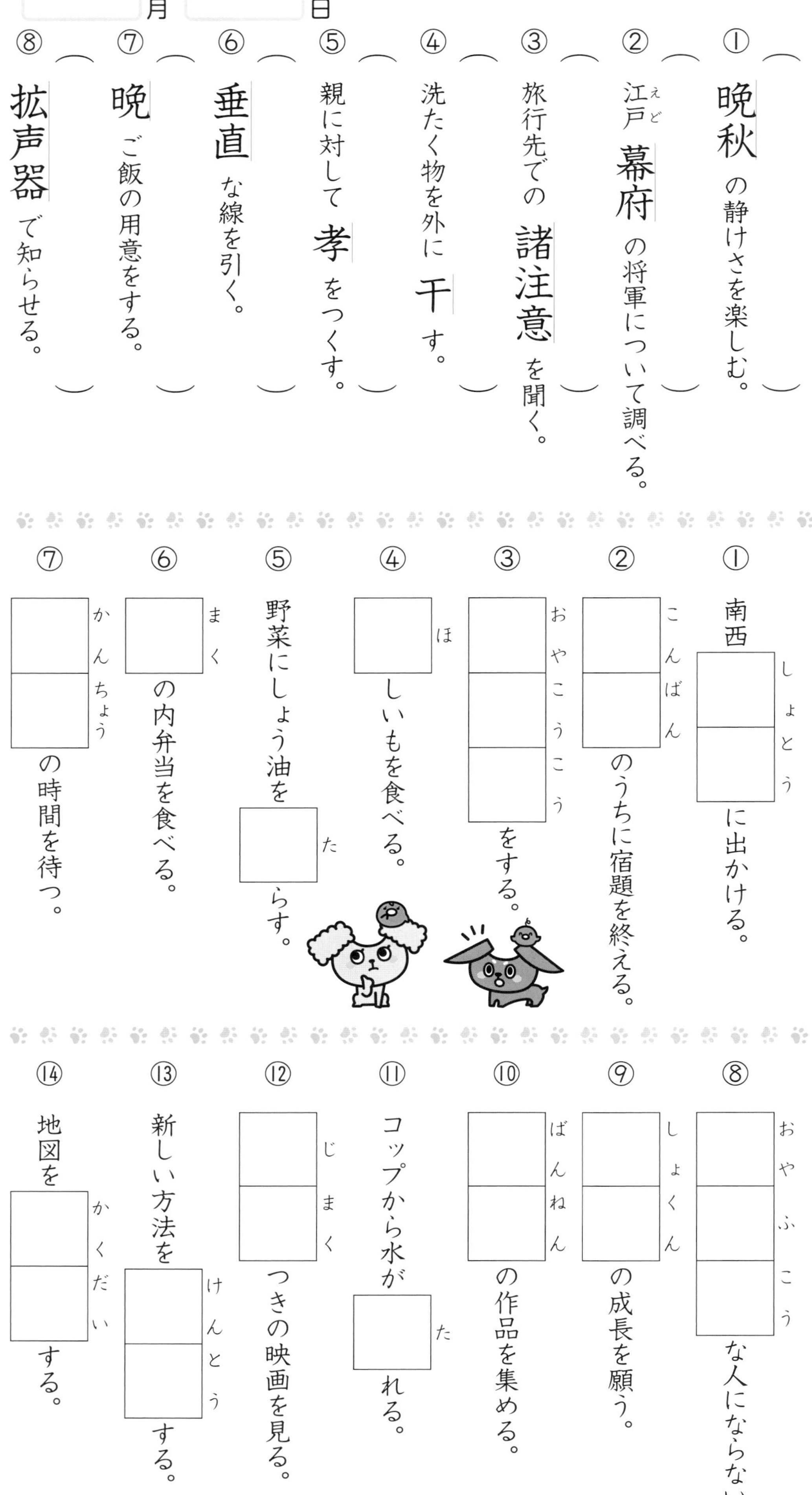

⑧ ［おやふこう］な人にならない。
⑨ ［しょくん］の成長を願う。
⑩ ［ばんねん］の作品を集める。
⑪ コップから水が［た］れる。
⑫ ［じまく］つきの映画を見る。
⑬ 新しい方法を［けんとう］する。
⑭ 地図を［かくだい］する。

ぴったり2 練習

漢字を使おう9／どう立ち向かう？ もしもの世界

教科書 233～241ページ
答え 14ページ

月　日

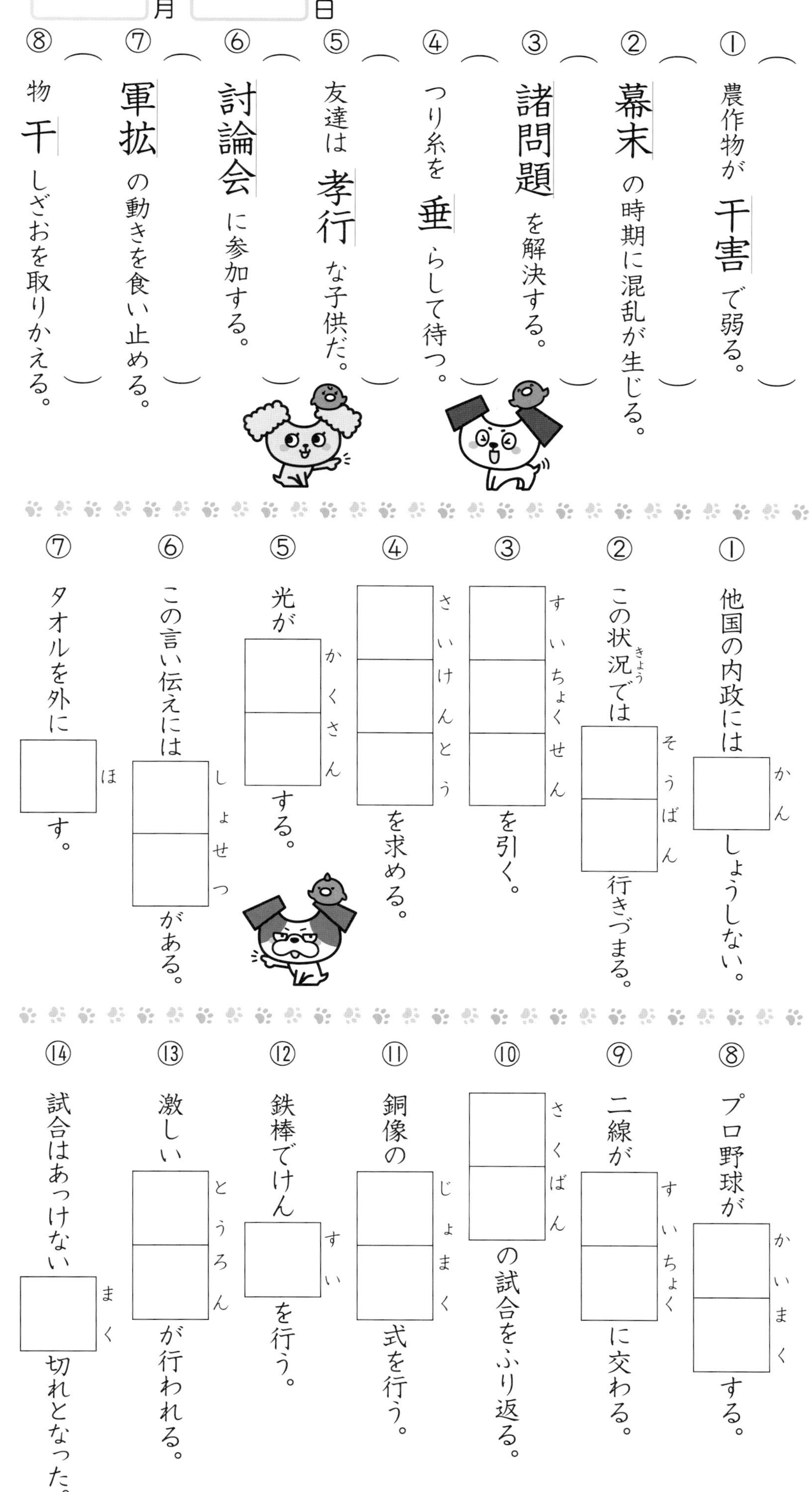

1 ——線の漢字の読みがなを書きましょう。

① 農作物が干害で弱る。（　）
② 幕末の時期に混乱が生じる。（　）
③ 諸問題を解決する。（　）
④ つり糸を垂らして待つ。（　）
⑤ 友達は孝行な子供だ。（　）
⑥ 討論会に参加する。（　）
⑦ 軍拡の動きを食い止める。（　）
⑧ 物干しざおを取りかえる。（　）

2 □に漢字を書きましょう。

① 他国の内政には［かん］しょうしない。
② この状況（きょう）では［そうばん］行きづまる。
③ ［すいちょくせん］を引く。
④ ［さいけんとう］を求める。
⑤ 光が［かくさん］する。
⑥ この言い伝えには［しょせつ］がある。
⑦ タオルを外に［ほ］す。
⑧ プロ野球が［かいまく］する。
⑨ 二線が［すいちょく］に交わる。
⑩ ［さくばん］の試合をふり返る。
⑪ 銅像の［じょまく］式を行う。
⑫ 鉄棒でけん［すい］を行う。
⑬ 激しい［とうろん］が行われる。
⑭ 試合はあっけない［まく］切れとなった。

春のチャレンジテスト①

時間30分 ／100 合格80点
教科書 210〜241ページ
答え 14ページ

月　日

1 ――線の漢字の読みがなを書きましょう。　一つ2点（32点）

① 演劇部（　）の部員と晩（　）ごはんを食べる。
② 郷里（　）に帰って親孝行（　）する。
③ 将来（　）の夢はオーケストラの指揮者（　）になることだ。
④ そんな貴重（　）な物を見つけるなんて無理難題（　）だ。
⑤ 寸法（　）を測って、その図を五倍に拡大（　）する。
⑥ 諸国（　）で開かれている演奏会（　）。
⑦ 激（　）しく仲間うちで討論（　）がくり広げられる。
⑧ 批判（　）を受けても自由を尊（　）ぶ。

2 次の漢字の赤い部分は、何画目に書きますか。数字で答えましょう。　一つ2点（12点）

① 揮　□画目
② 劇　□画目
③ 将　□画目
④ 奏　□画目
⑤ 貴　□画目
⑥ 難　□画目

□月□日

3 □に漢字を書きましょう。

一つ2点（28点）

① うわさを□□(ひてい)する。

② □(まく)を上げる。

⑥ □□(そんけい)する人物。

④ □□(かんちょう)時刻。

⑤ 休みを□(みと)める。

⑥ ひもを□(た)らす。

⑦ □(むずか)しい問題。

⑧ □(われ)を忘れる。

⑨ □(とうと)い命。

⑩ □□(ばくふ)が開かれる。

⑪ 庭にふとんを□(ほ)す。

⑫ 希望を□□(しょうち)する。

⑬ □□(すいちょく)に線を引く。

⑭ □□(あんぴ)を心配する。

4 次の文から、まちがって使われている漢字をぬき出して、正しい漢字を書きましょう。

一つ2点（28点）

① 今夕(こんばん)は少(すこ)し暖(あたた)かい。　×□　○□

② 小軍(しょうぐん)に任命(にんめい)される。　×□　○□

③ 親考行(おやこうこう)する子供(こども)たち。　×□　○□

④ 激的(げきてき)な逆転勝利(ぎゃくてんしょうり)をおさめる。　×□　○□

⑤ 商売(しょうばい)を格張(かくちょう)する。　×□　○□

⑥ 高買(こうき)な身分(みぶん)の家(いえ)から。　×□　○□

⑦ 大集(たいしゅう)を従(したが)えて進(すす)む。　×□　○□

春のチャレンジテスト②

時間30分　　／100　合格80点

教科書 210〜241ページ　答え 15ページ

月　　日

1 ――線の漢字の読みがなを書きましょう。　一つ2点(32点)

① 劇場に用いる装置を倉庫に片づける。
（　　）（　　）

② すぐれた演奏者を尊敬する。
（　　）（　　）

③ 先日の干害が諸国にも広がる。
（　　）（　　）

④ 厳しい条件だったが、しぶしぶ承知した。
（　　）（　　）

⑤ 今晩の空に見える星座を調べる。
（　　）（　　）

⑥ 幕から長く垂れたひも。
（　　）（　　）

⑦ 衆議院の定数を減らす方針だ。
（　　）（　　）

⑧ 我らの恩師に孝行する。
（　　）（　　）

2 ――線の部分を、漢字と送りがなに直して書きましょう。　一つ2点(6点)

例 演説をおこなう。（行う）

① 事実をみとめる。（　　）

② 命をとうとぶ。（　　）

③ この問題はむずかしい。（　　）

3 次の意味を持つ熟語を、□の中の漢字を組み合わせて作りましょう。　一つ3点(6点)

① 人の一生の終わりのころ。

② 賛成しないことを合議できめること。

年　決　時　否　限　晩

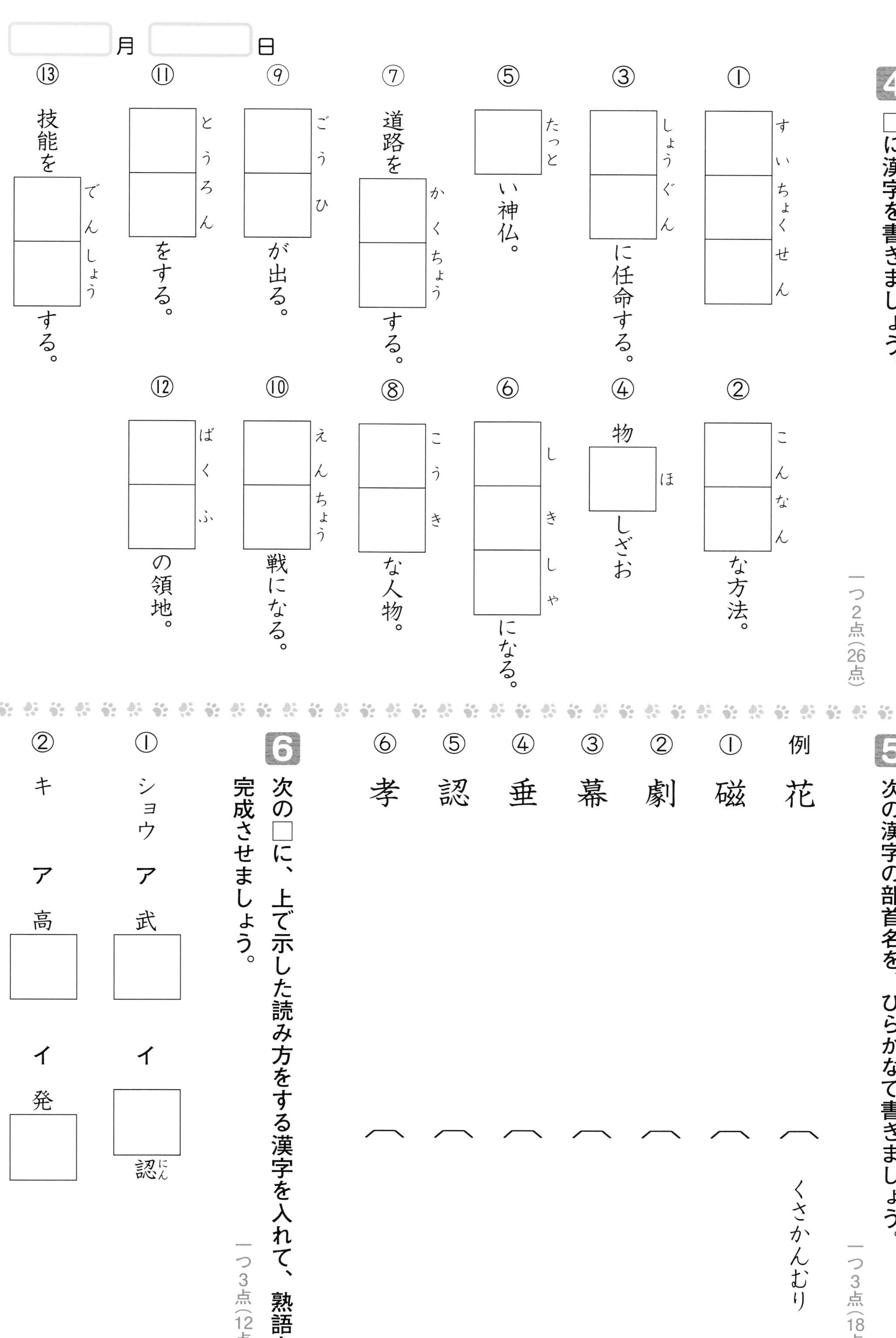

月　日

4 □に漢字を書きましょう。

一つ2点（26点）

① □□□（すいちょくせん）

② □□（こんなん）な方法。

③ □□（しょうぐん）に任命する。

④ 物□（ほ）しざお

⑤ □（たっと）い神仏。

⑥ □□□（しきしゃ）になる。

⑦ 道路を□□（かくちょう）する。

⑧ □□（こうき）な人物。

⑨ □□（ごうひ）が出る。

⑩ □□（えんちょう）戦になる。

⑪ □□（とうろん）をする。

⑫ □□（ばくふ）の領地。

⑬ 技能を□□（でんしょう）する。

5 次の漢字の部首名を、ひらがなで書きましょう。

一つ3点（18点）

例 花（くさかんむり）

① 磁（　　）

② 劇（　　）

③ 幕（　　）

④ 垂（　　）

⑤ 認（　　）

⑥ 孝（　　）

6 次の□に、上で示した読み方をする漢字を入れて、熟語を完成させましょう。

一つ3点（12点）

① ショウ　ア 武□　イ □認（にん）

② キ　ア 高□　イ 発□

読み方さくいん

❖六年生で習う漢字の読みを全部のせています。
❖かたかなは音読み、ひらがなは訓読みです。
❖＊印の読み方は、小学校では習わない読み方です。
❖数字は、この本で出てくるページです。

あ

あずかる 預 69
あずける 預 69
＊あたい 値 40
あたたか 暖 35
あたたかい 暖 35
あたたまる 暖 35
あたためる 暖 35
あな 穴 53
あぶない 危 31
＊あやうい 危 31
＊あやつる 操 56
＊あやぶむ 危 31
あやまる 誤 26
あらう 洗 34
＊あらわす 著 58

い

イ 異 18
イ 胃 30
イ 遺 24
イキ 域 17
いずみ 泉 63
いたい 痛 7
いただき 頂 72
いただく 頂 72
いたむ 痛 7
＊いたむ 傷 26
いためる 痛 7
＊いためる 傷 26
いたる 至 72
＊いちじるしい 著 58
＊いな 否 81
いる 射 70

う

ウ 宇 19
＊うけたまわる 承 80
うたがう 疑 40
＊うつ 討 87
うつす 映 17
うつる 映 17
うやまう 敬 8
うら 裏 7
＊うれる 熟 18

え

エイ 映 17
エン 沿 48
エン 延 53

お

オウ 皇 70
おがむ 拝 13
おぎなう 補 13
＊おごそか 厳 26
おさない 幼 7
おさまる 収 57
おさまる 納 62
おさめる 収 57
おさめる 納 62
＊おす 推 25
＊おとずれる 訪 65
＊おのれ 己 71
おりる 降 8
おろす 降 8
オン 恩 25

か

＊ガ 我 82
＊カイ 灰 66
かいこ 蚕 19
カク 拡 87
カク 閣 71
カク 革 7
かた 片 38
＊かたい 難 81
＊かたき 敵 8
＊カツ 割 34
＊かつぐ 担 40
＊かなでる 奏 80
かぶ 株 48
＊かわ 革 7
カン 干 86
カン 簡 6
カン 巻 38
カン 看 49

き

＊キ 机 34
キ 揮 80
キ 危 31
キ 貴 82
＊キ 己 71
ギ 疑 40
きざむ 刻 25
きず 傷 26
きぬ 絹 65
きびしい 厳 26
キュウ 吸 8
キョウ 供 25
キョウ 胸 8
キョウ 郷 17
キン 勤 52
キン 筋 6

く

＊ク 供 25
＊ク 紅 14
＊くら 蔵 24
くらす 暮 25
＊くれない 紅 14
くれる 暮 25

け

ケイ 敬 8
ケイ 警 18
ケイ 系 26
ゲキ 激 40
ゲキ 劇 80
＊ケツ 穴 53
ケン 券 49
ケン 権 58
＊ケン 絹 65
ケン 憲 71
ゲン 源 57
ゲン 厳 26

こ

コ 呼 9
コ 己 71
ゴ 誤 26
コウ 降 8
コウ 紅 14
コウ 孝 86
コウ 鋼 56
コウ 皇 70
コウ 后 70
＊ゴウ 郷 17
コク 刻 25
コク 穀 20
コツ 骨 52
こと 異 18
こまる 困 57
コン 困 57
＊ゴン 厳 26
＊ゴン 勤 52
＊ゴン 権 58

さ

サ 砂 35
ザ 座 49
サイ 裁 71
サイ 済 58
＊さかる 盛 49
＊さかん 盛 49
さがす 探 48

サク 策 31
＊サク 冊 58
＊さく 割 34
＊さぐる 探 48
サツ 冊 58
さばく 裁 71
＊さわる 障 40
サン 蚕 19

し

シ 視 7
シ 私 31
シ 姿 8
シ 誌 39
シ 至 72
シ 詞 39
＊ジ 除 65
ジ 磁 70
しお 潮 52
した 舌 31
したがう 従 58
したがえる 従 58
しまる 閉 9
＊しみ 染 69
＊しみる 染 69
しめる 閉 9
シャ 射 70
＊シャ 砂 35
シャ 捨 57
シャク 尺 14
＊ジャク 若 38
＊シュ 衆 80
＊ジュ 就 13
ジュ 樹 24
＊ジュ 従 58
シュウ 就 13
シュウ 収 57
シュウ 衆 80
シュウ 宗 24
ジュウ 縦 62
ジュウ 従 58
シュク 縮 14
ジュク 熟 18
ジュン 純 52
ショ 処 39
ショ 署 19
ショ 諸 86
ジョ 除 65
ショウ 承 80
ショウ 障 40
＊ショウ 装 57
ショウ 傷 26
＊ショウ 従 58
ショウ 将 81
ジョウ 蒸 65
＊ジョウ 盛 49
しりぞく 退 69
しりぞける 退 69
シン 針 66
ジン 仁 14

スイ 推 25
スイ 垂 87
すう 吸 8
すがた 姿 8
＊すぐれる 優 66
すじ 筋 6
すてる 捨 57
すな 砂 35
すます 済 58
すむ 済 58
＊すわる 座 49
スン 寸 69

せ 背 38
セイ 誠 39
＊セイ 盛 49
セイ 聖 66
せい 背 38
＊ゼツ 舌 31
＊ぜに 銭 53
セン 洗 34
セン 銭 53
セン 泉 63
セン 専 49
＊セン 染 69
セン 宣 6
ゼン 善 19

ソウ 層 53
ソウ 創 13
ソウ 装 57
ソウ 窓 6
ソウ 奏 80
ソウ 操 56
＊ソウ 宗 24
そう 沿 48
ゾウ 蔵 24
ゾウ 臓 30
そなえる 供 25
そまる 染 69
＊そむく 背 38
＊そむける 背 38
そめる 染 69
ソン 存 25
ソン 尊 81
ゾン 存 25

タイ 退 69
たから 宝 66
タク 宅 65
たずねる 訪 65
＊たつ 裁 71
＊たっとい 貴 82
たっとい 尊 81
＊たっとぶ 貴 82
たっとぶ 尊 81
たて 縦 62
たまご 卵 34
たらす 垂 87
たれる 垂 87
たわら 俵 14
タン 探 48
タン 担 40
タン 誕 34
ダン 段 26
ダン 暖 35

＊ち 乳 24
チ 値 40
ちち 乳 24
ちぢまる 縮 14
ちぢむ 縮 14
ちぢめる 縮 14
ちぢらす 縮 14
ちぢれる 縮 14
チュウ 宙 19
チュウ 忠 39
チョ 著 58
チョウ 腸 30
チョウ 庁 71
チョウ 潮 52
チョウ 頂 72
チン 賃 18

ツウ 痛 7
＊つく 就 13
＊つける 就 13
つくえ 机 34
つくる 創 13
つとまる 勤 52
つとめる 勤 52

て

テキ 敵 8
テン 展 17

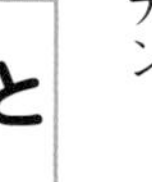

トウ 討 87
＊トウ 納 62
トウ 糖 35
トウ 党 70
＊とうとい 貴 82
とうとい 尊 81
＊とうとぶ 貴 82
とうとぶ 尊 81
＊とざす 閉 9
とじる 閉 9
とどく 届 48
とどける 届 48
とも 供 25

な

読み	漢字	ページ
*ナ	納	62
*ない	亡	40
*ナッ	納	62
なみ	並	7
ならびに	並	7
ならぶ	並	7
ならべる	並	7
ナン	難	81
*ナン	納	62

に

読み	漢字	ページ
*ニ	仁	14
*になう	担	40
*ニャク	若	38
ニュウ	乳	24
*ニン	認	81

ね

読み	漢字	ページ
ね	値	40

の

読み	漢字	ページ
ノウ	脳	30
ノウ	納	62
のぞく	除	65
*のぞむ	臨	19
のばす	延	53
のびる	延	53
のべる	延	53

は

読み	漢字	ページ
ハ	派	63
ハイ	背	38
ハイ	肺	30
ハイ	拝	13
ハイ	俳	48
はい	灰	66
*はえる	映	17
*はがね	鋼	56
バク	幕	86
はげしい	激	40
はら	腹	62
はり	針	66
ハン	班	14
バン	晩	86

ひ

読み	漢字	ページ
ヒ	批	56
ヒ	否	81
ヒ	秘	62
*ひめる	秘	62
ヒョウ	俵	14
*ひる	干	86

ふ

読み	漢字	ページ
フク	腹	62
ふる	降	8
ふるう	奮	53
フン	奮	53

へ

読み	漢字	ページ
*ヘイ	並	7
ヘイ	閉	9
ヘイ	陛	70
べに	紅	14
*ヘン	片	38

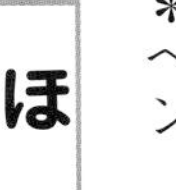

ほ

読み	漢字	ページ
ホ	補	13
*ボ	暮	25
ボ	模	52
ホウ	訪	65
ホウ	宝	66
*ボウ	忘	9
ボウ	棒	53
ボウ	亡	40
*ほがらか	朗	9
*ほしい	欲	20
ほす	干	86
*ほっする	欲	20
ほね	骨	52

ま

読み	漢字	ページ
マイ	枚	6
まき	巻	38
マク	幕	86
まく	巻	38
*まこと	誠	39
まど	窓	6

み

読み	漢字	ページ
*みさお	操	56
みだす	乱	69
みだれる	乱	69
ミツ	密	62
みとめる	認	81
みなもと	源	57

む

読み	漢字	ページ
*むす	蒸	65
むずかしい	難	81
*むな	胸	8
むね	胸	8
*むらす	蒸	65
*むれる	蒸	65

め

読み	漢字	ページ
メイ	盟	18

も

読み	漢字	ページ
モ	模	52
*モウ	亡	40
*もしくは	若	38
*もっぱら	専	49
もる	盛	49

や

読み	漢字	ページ
ヤク	訳	38
*やさしい	優	66

ゆ

読み	漢字	ページ
*ユイ	遺	24
ユウ	優	66
ユウ	郵	13

よ

読み	漢字	ページ
ヨ	預	69
よい	善	19
ヨウ	幼	7
ヨク	翌	71
ヨク	欲	20
*よそおう	装	57
よぶ	呼	9

ら

読み	漢字	ページ
ラン	乱	69
*ラン	卵	34
ラン	覧	17

り

読み	漢字	ページ
*リ	裏	7
リツ	律	58
*リチ	律	58
リン	臨	19

ろ

読み	漢字	ページ
ロウ	朗	9
ロン	論	26

わ

読み	漢字	ページ
*わ	我	82
わかい	若	38
わけ	訳	38
わすれる	忘	9
わたくし	私	31
わたし	私	31
わり	割	34
わる	割	34
われ	我	82
われる	割	34

6年 漢字のまとめ

学力診断テスト①

名前

月　日

時間 30分

合格80点　／100

答え 16ページ

1 ――線の漢字の読みがなを書きましょう。

一つ1点(25点)

①展覧会（　）で、お気に入りの絵を探（　）す。

②養蚕（　）業がさかんな町を訪問（　）する。

③卵（　）を使ったごく簡素（　）な料理を作る。

④潮（　）の香りのする海辺を散策（　）する。

⑤熟（　）したサクランボを果樹園（　）で食べた。

⑥郷里（　）に行くため、明晩（　）から留守にします。

⑦批判（　）されても誠意（　）をもって対応する。

⑧肺呼吸（　）の生き物についての調査を済（　）ませる。

⑨通訳（　）について学んだ恩師（　）を、終生敬（　）う。

⑩大雨警報（　）が夜になって解除（　）される。

⑪皮革（　）製品を売っている店で値段（　）をきく。

⑫数々の困難（　）を経て、優勝（　）することができた。

2 □に漢字を書きましょう。

一つ1点(25点)

①消灯□□（じこく）を過ぎても、話が□（も）り上がる。

②まだ□□（ほけつ）だが、□□□（せいちょうかぶ）の選手。

③□（つくえ）の上を□（かた）づける。

④エンジン□□（そうち）から□□（いよう）な音がする。

⑤布を□（そ）めたところ、少し□（ちぢ）んだ。

⑥腹が立ち、□□（こうふん）して□（われ）を□（わす）れる。

⑦□□（はんいん）の話は□□（すじみち）が通っている。

⑧□□（ぶんたん）して、ごみを□（す）てる。

⑨□□（ひげき）をあつかった□□（えいが）をみる。

⑩□（はり）の□（あな）に糸を通す。

⑪□□（よくじつ）のバスの□□（うんちん）を確かめる。

⑫□□（しんぞう）の悪い病人を□□（かんご）する。

裏にも問題があります。

（切り取り線）

3 ――線の部分を、漢字と送りがなに分けて書きましょう。 一つ1点(6点)

① 会社に つとめる。
② あぶない 橋をわたる。
③ かれの言葉を うたがう。
④ 自分がやったと みとめる。
⑤ 大家族で くらす。
⑥ 日差しが あたたかい。

4 次の□に共通して入る漢字を書きましょう。 一つ1点(6点)

① 役□・□り算・□り当て
② □比べ・□景・□中
③ 車を□りる・雪が□る・□参
④ □幕・□じる・□まる
⑤ 絵□物・全二十□・舌を□く
⑥ お□を連れる・□給・花を□える

5 次の漢字の中で、他の三つと総画数がちがうものを選び、その漢字と総画数を書きましょう。 一つ1点(6点)

① 処 冊 片 庁　漢字□ 総画数□画
② 亡 己 干 尺　漢字□ 総画数□画
③ 閣 聖 障 誤　漢字□ 総画数□画

(切り取り線)

6 次の漢字の赤い部分は、何画目に書きますか。数字で答えましょう。 一つ1点(6点)

① 域 □画目
② 若 □画目
③ 敵 □画目
④ 承 □画目
⑤ 臨 □画目
⑥ 骨 □画目

7 次の□に、上で示した読み方をする漢字を入れて、熟語を完成させましょう。 一つ2点(26点)

① コウ
ア □室
イ □白
ウ 鉄□
エ 親□行

② セン
ア □門
イ 開会□言
ウ 温□
エ □面器
オ □湯

③ シュウ
ア □入
イ □教
ウ □職
エ □議院

6年 漢字のまとめ

学力診断テスト②

名前　　月　　日

時間 30分

合格80点　／100

答え 17ページ

1 ——線の漢字の読みがなを書きましょう。（一つ1点〈25点〉）

① 好きな作家の遺作となった推理小説を読む。
② 楽器ごとの班に分かれて、演奏会の練習をする。
③ 券売機がいきなり故障した。
④ 貴重な体験談を冊子にまとめる。
⑤ 念願だった大仏を拝んで、とても感激する。
⑥ 電気系統のシステムを操作する。
⑦ 派生した問題は、枚挙にいとまがない。
⑧ 新しいものを創作するために力を発揮する。
⑨ 県庁の相談窓口に一時間並ぶ。
⑩ 学者が地層のできかたについて意欲的に調べる。
⑪ 憲法では、個人の尊重がうたわれる。
⑫ 厳しい運命とたたかう若者が主人公の物語。

2 □に漢字を書きましょう。（一つ1点〈25点〉）

① 二国間の□□（どうめい）が締（てい）結に□（いた）る。
② □□（ちゅうしゃ）のあとが□（きず）になる。
③ こわれた□□（もけい）を□□（しょぶん）する。
④ 二つの□□（せいとう）が□□（とうろん）を行う。
⑤ □□（ちょめい）な作家が□□（たんじょう）して百年だ。
⑥ 大通り□（ぞ）いの店で買い物をして□□（きたく）する。
⑦ □□（けんり）を主張したが、□□（ひてい）された。
⑧ □□（こくもつ）を燃やして□（はい）をつくる。
⑨ □□□（げっかんし）が□□（ゆうそう）で□（とど）く。
⑩ □□（いちょう）の病気を□（うたが）う。
⑪ 江戸（えど）□□（ばくふ）の□□（しょうぐん）は十五人だ。
⑫ □□（うちゅう）に行くのが□（おさな）いころからの夢です。

裏にも問題があります。

（切り取り線）

3 □に漢字を入れて、矢印の上と下の言葉が反対の意味になるようにしましょう。 一つ1点（8点）

① 満潮 ↕ □潮（かんちょう）
② 横断 ↕ □断（じゅうだん）
③ 短縮 ↕ □長（えんちょう）
④ 縮小 ↕ □大（かくだい）
⑤ 入室 ↕ □室（たいしつ）
⑥ 水平 ↕ □直（すいちょく）
⑦ 悪意 ↕ □意（ぜんい）
⑧ 整然 ↕ □雑（らんざつ）

4 次の漢字の●でかくれた部分は、はねますか、はねませんか。はねる場合は○、はねない場合は×で答えましょう。 一つ1点（4点）

① 預 □　② 亡 □
③ 就 □　④ 片 □

5 次の意味をもつ熟語を、□の漢字を組み合わせて作りましょう。 一つ2点（10点）

① 物事を行うのが非常にむずかしい様子。
② 人に知らせずに、かくしておく事がら。
③ 液体がその表面から気体になる現象。
④ 鉄を引きつけるはたらきをもつ物体。
⑤ 気持ちがあかるく、ほがらかなこと。

密　石　明　困　発　磁　秘　蒸　朗　難

6 次の①～⑧の中に漢字を入れ、漢字のしりとりを完成させます。当てはまる漢字を□の中から選び、書きましょう。 一つ2点（16点）

○ 公① → ①立 → 立候② → ②欠
○ 黄（こう）③ → ③鉄 → 鉄④ → ④線
○ 屋根⑤ → ⑤山 → 山⑥ → ⑥点
○ 通⑦ → ⑦語 → 語⑧ → ⑧流

裏　訳　補　源
頂　棒　砂　私

① □　② □　③ □　④ □
⑤ □　⑥ □　⑦ □　⑧ □

7 次の文から、まちがって使われている漢字をぬき出して、正しい漢字を書きましょう。 上下それぞれ1点（12点）

① 昨判（さくばん）から腹痛（ふくつう）で苦（くる）しむ。　× □　○ □
② バッテリー内臓（ないぞう）の電話機（でんわき）。　× □　○ □
③ 単準明快（たんじゅんめいかい）な説明（せつめい）。　× □　○ □
④ 国王閉下（こくおうへいか）のスピーチ。　× □　○ □
⑤ 南西署島（なんせいしょとう）を旅（たび）する。　× □　○ □
⑥ 旅先（たびさき）で肺句（はいく）を作（つく）る。　× □　○ □

（切り取り線）

この「丸つけラクラク解答」はとりはずしてお使いください。

教科書ぴったりトレーニング

丸つけラクラク解答

東京書籍版 漢字６年

「丸つけラクラク解答」では問題と同じ紙面に、赤字で答えを書いています。
①問題がとけたら、まずは答え合わせをしましょう。
②まちがえた問題やわからなかった問題は、ぴったり１にもどったり、教科書を見返したりして、もう一度見直しましょう。

見やすい答え

72ページ

ぴったり2 練習　友情のかべ新聞／もしものときにそなえよう　冬の楽しみ

1 ―線の漢字の読みがなを書きましょう。
① 好きな本を読む。（す）
② 最も良いやり方を考える。（もっと）
③ 帰省の車で道がこんざつする。（きせい）
④ 庭の周りに木を植える。（まわ）
⑤ 南側は日当たりがよい。（みなみがわ）
⑥ 風雨がはげしくなる。（ふうう）
⑦ 元日に買い物をする。（がんじつ）
⑧ 大臣の側近をつとめる。（そっきん）

2 □に漢字を書きましょう。
① 放課後に待ち合わせる。
② 無礼なふるまいをわびる。
③ 文章を改行して書く。
④ 細かい説明を省く。
⑤ 水害にそなえる。
⑥ 正直な意見を言う。
⑦ 人によって好みがちがう。
⑧ 最初にあいさつをする。
⑨ グラウンドを一周する。
⑩ 正方形をかく。
⑪ 旅から無事に帰る。
⑫ 年が改まる。
⑬ 社会の課題を考える。
⑭ 無い物ねだりをする。

73ページ

1 ―線の漢字の読みがなを書きましょう。
① 改めて本を読み直す。（あらた）
② 直筆の手紙をもらう。（じきひつ）
③ 公正な決め方をする。（こうせい）
④ 父は元来気が弱い。（がんらい）
⑤ さんぽを日課にする。（にっか）
⑥ 省エネルギーを目指す。（しょう）
⑦ 無理なことを言う。（むり）
⑧ 同じコースを周回する。（しゅうかい）

2 □に漢字を書きましょう。
① 外国と友好な関係をもつ。
② 最高気温をはかる。
③ 一人で反省する。
④ 箱の側面に絵をかく。
⑤ 駅の改札口で待つ。
⑥ 有害なごみをしゅう集する。
⑦ 車を改良する。
⑧ 年中無休のお店で買う。
⑨ 相手に好意をもつ。
⑩ 害虫に花を食べられる。
⑪ 最新のロボットを見る。
⑫ 水は無色とう明だ。
⑬ 運動場を三周する。
⑭ 最強のチームを作る。

てびき

92ページ

春のチャレンジテスト

1 ―線の漢字の読みがなを書きましょう。（一つ2点（34点））
① 右岸のがけの一部に火成岩が見える。（うがん）（かせいがん）
② 念願がかなって、流星群を見ることができた。（ねんがん）（りゅうせいぐん）
③ 億とまちがえて兆の位に数字を書いた。（おく）（ちょう）
④ 湖の白鳥や森の野鳥をそっと観察する。（はくちょう）（やちょう）（かんさつ）
⑤ 共にはげまし合って笑った。（とも）（わら）
⑥ 老人がわかわかしく木刀をかまえた。（ろうじん）（ぼくとう）
⑦ 川辺をゆっくりと散歩する。（かわべ）（さんぽ）
⑧ 努力して、英単語を覚える。（どりょく）（おぼ）

※①「右岸」の反対は「左岸」です。
※⑦「辺」には「へん」という音読みもあります。

2 次の□に当てはまる熟語を漢字で書きましょう。また、その熟語は後のア〜エのどの組み合わせでできていますか。［ ］にア〜エの記号で答えましょう。（一つ1点（10点））
① サッカーの試合の勝敗が決まる。［イ］
② 父は母に花束をおくった。［ウ］
③ 探検隊が無人島に上陸する。［エ］
④ お米の生産がさかんな県に住んでいる。［ア］
⑤ おうえんするチームが負けて失望した。［エ］

ア 似た意味をもつ漢字を組み合わせたもの
イ 反対の意味をもつ漢字を組み合わせたもの
ウ 上の漢字が下の漢字を修飾するもの
エ 「―を」「―に」に当たる意味の漢字が下に来るもの

時間30分　/100　ごうかく80点

93ページ

3 □に漢字を書きましょう。（一つ2点（28点））
① 前を歩く父を見失わないように努めた。
② 中国大陸の気候について調べる。
③ 竹林に希少な動物が住む。
④ 海底は、水温が低い。
⑤ 投票用紙を管理する。
⑥ 特大の衣しょうを用意する。
⑦ 鳥が巣箱でたまごを産む。

※①「努める」は「力をつくす」という意味です。
※⑤「管」と「官」を使い分けましょう。

4 次の字は、同じ漢字でもそれぞれちがう読み方をします。―線の漢字の読みがなを書きましょう。（一つ2点（28点））
① 自…自分（じ）　自ら行う（みずか）
② 別…区別（べつ）　駅前で別れる（わか）
③ 残…残念（ざん）　形が残る（のこ）
④ 勇…勇者（ゆう）　勇ましく戦う（いさ）
⑤ 連…連続（れん）　家族で連れ立つ（つ）　山が連なる（つら）
⑥ 覚…感覚（かく）　目が覚める（さ）　文字を覚える（おぼ）

※⑤⑥は、訓読みが二つ以上ある漢字です。

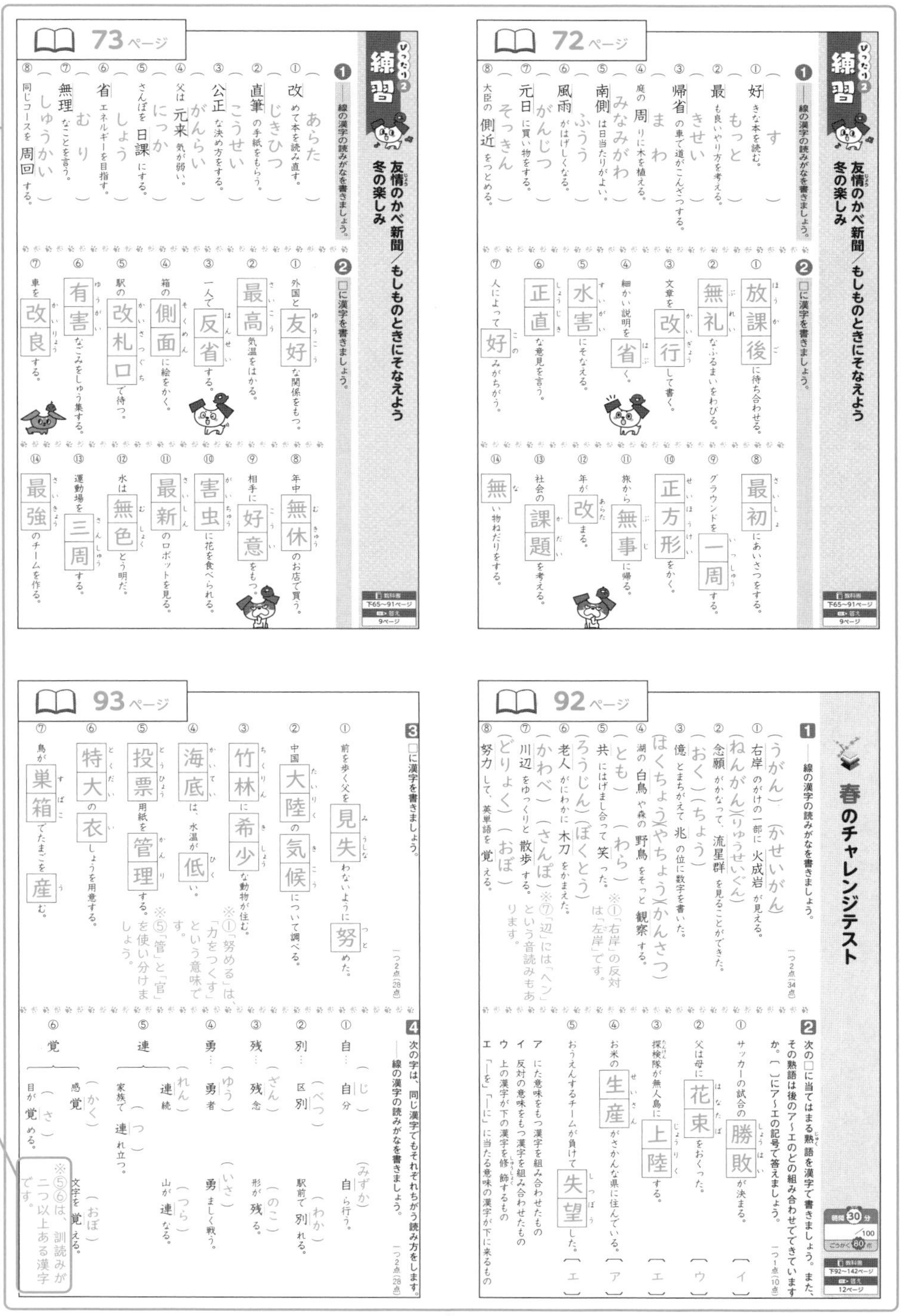

※紙面はイメージです。

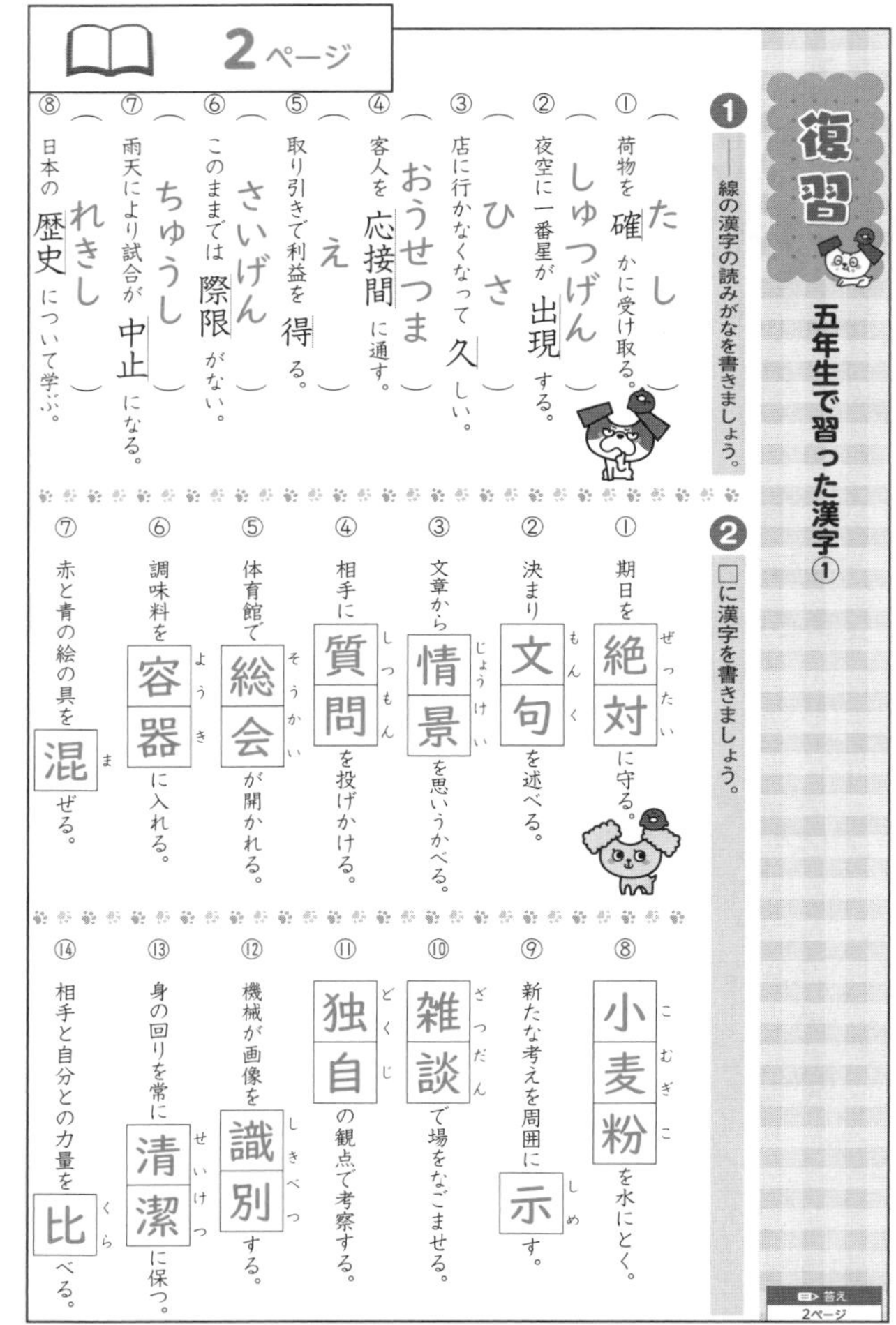

2ページ

復習 五年生で習った漢字①

1 ――線の漢字の読みがなを書きましょう。

① 荷物を確かに受け取る。（たし）
② 夜空に一番星が出現する。（しゅつげん）
③ 店に行かなくなって久しい。（ひさ）
④ 客人を応接間に通す。（おうせつま）
⑤ 取り引きで利益を得る。（え）
⑥ このままでは際限がない。（さいげん）
⑦ 雨天により試合が中止になる。（ちゅうし）
⑧ 日本の歴史について学ぶ。（れきし）

2 □に漢字を書きましょう。

① 期日を絶対（ぜったい）に守る。
② 決まり文句（もんく）を述べる。
③ 文章から情景（じょうけい）を思いうかべる。
④ 相手に質問（しつもん）を投げかける。
⑤ 体育館で総会（そうかい）が開かれる。
⑥ 調味料を容器（ようき）に入れる。
⑦ 赤と青の絵の具を混（ま）ぜる。
⑧ 小麦粉（こむぎこ）を水にとく。
⑨ 新たな考えを周囲に示（しめ）す。
⑩ 雑談（ざつだん）で場をなごませる。
⑪ 独自（どくじ）の観点で考察する。
⑫ 機械が画像を識別（しきべつ）する。
⑬ 身の回りを常に清潔（せいけつ）に保つ。
⑭ 相手と自分の力量を比（くら）べる。

答え 2ページ

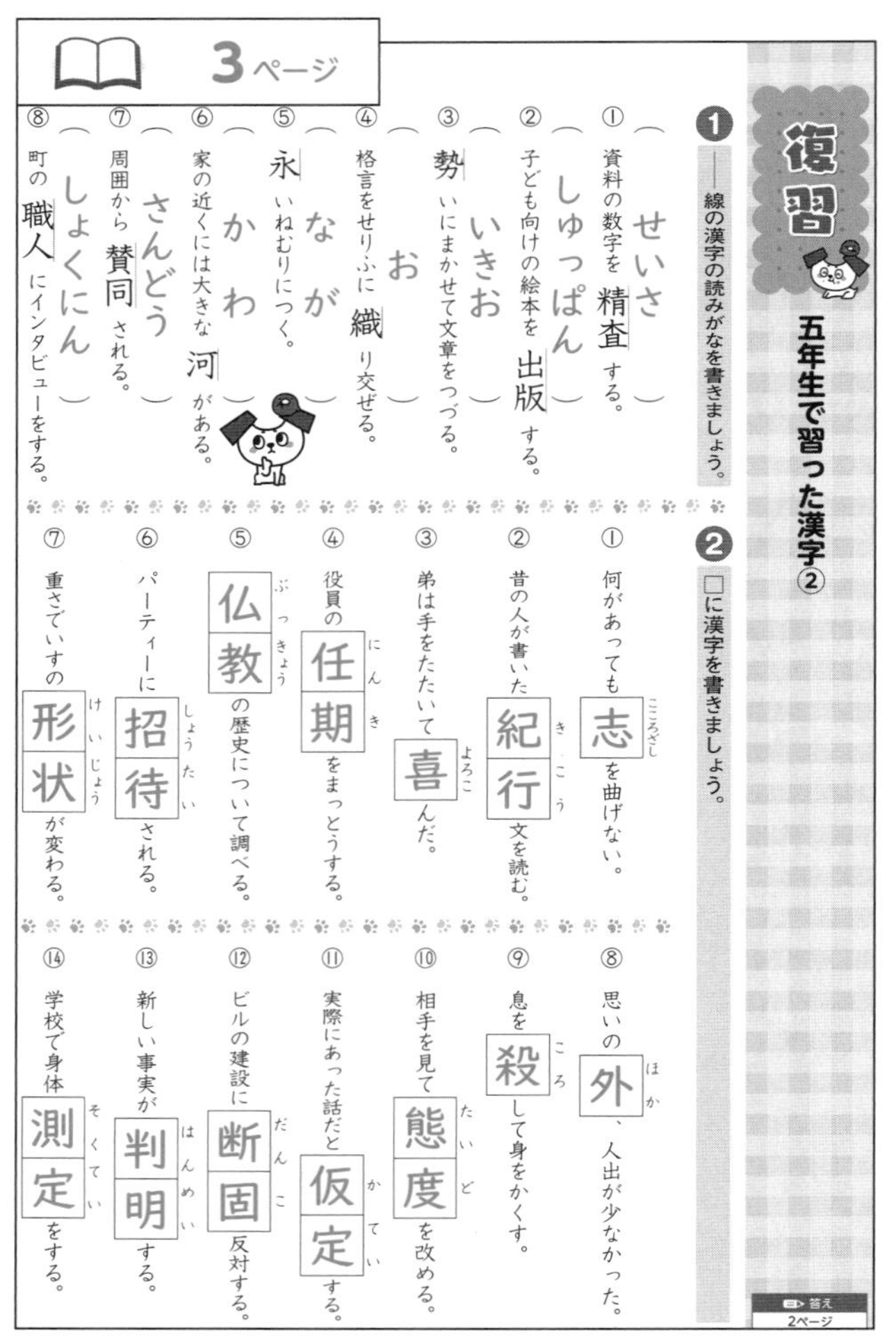

3ページ

復習 五年生で習った漢字②

1 ――線の漢字の読みがなを書きましょう。

① 資料の数字を精査する。（せいさ）
② 子ども向けの絵本を出版する。（しゅっぱん）
③ 勢いにまかせて文章をつづる。（いきお）
④ 格言をせりふに織り交ぜる。（お）
⑤ 永いねむりにつく。（なが）
⑥ 家の近くには大きな河がある。（かわ）
⑦ 周囲から賛同される。（さんどう）
⑧ 町の職人にインタビューをする。（しょくにん）

2 □に漢字を書きましょう。

① 何があっても志（こころざし）を曲げない。
② 昔の人が書いた紀行（きこう）文を読む。
③ 弟は手をたたいて喜（よろこ）んだ。
④ 役員の任期（にんき）をまっとうする。
⑤ 仏教（ぶっきょう）の歴史について調べる。
⑥ パーティーに招待（しょうたい）される。
⑦ 重さでいすの形状（けいじょう）が変わる。
⑧ 思いの外（ほか）、人出が少なかった。
⑨ 息を殺（ころ）して身をかくす。
⑩ 相手を見て態度（たいど）を改める。
⑪ 実際にあった話だと仮定（かてい）する。
⑫ ビルの建設に断固（だんこ）反対する。
⑬ 新しい事実が判明（はんめい）する。
⑭ 学校で身体測定（そくてい）をする。

答え 2ページ

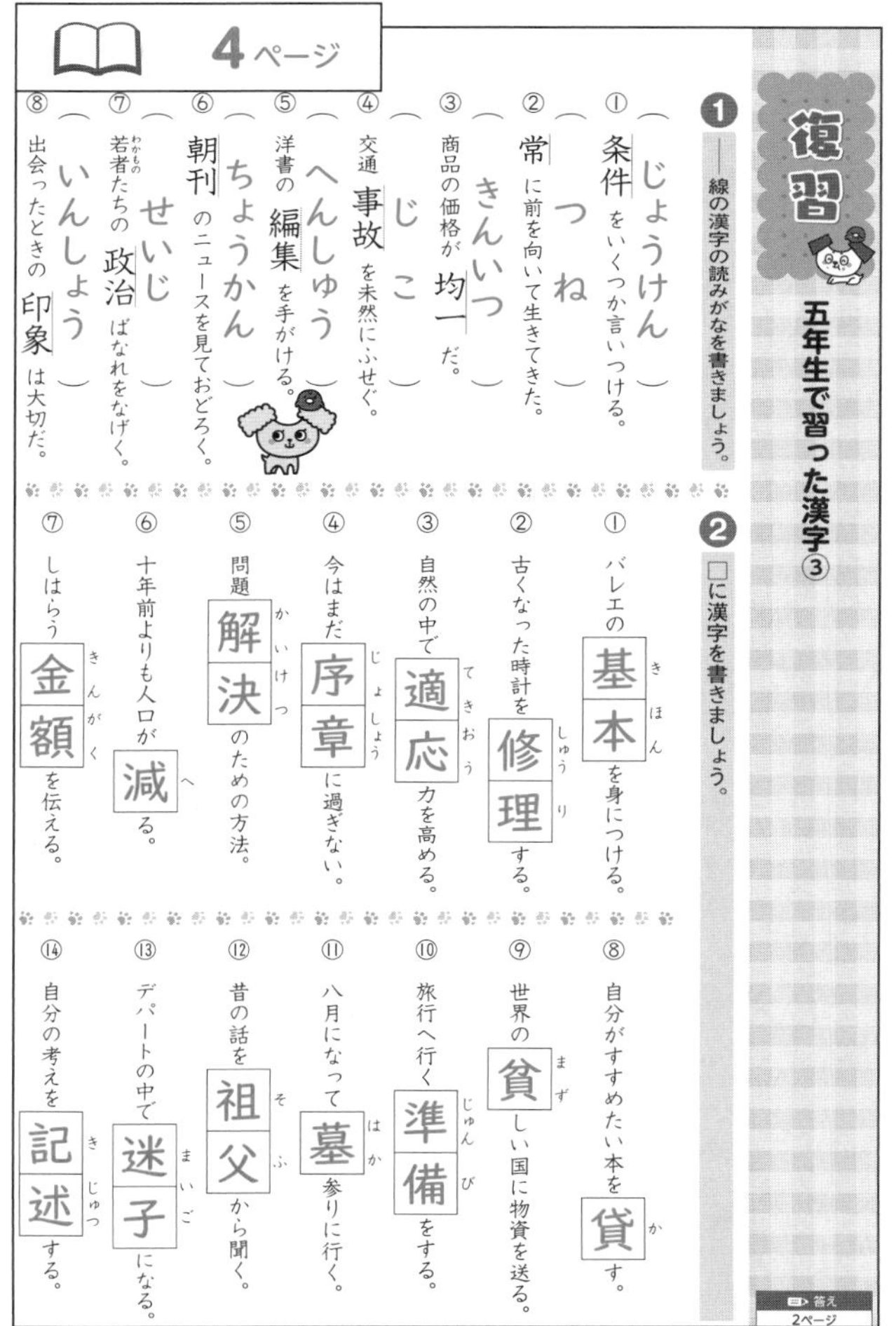

4ページ

復習 五年生で習った漢字③

1 ――線の漢字の読みがなを書きましょう。

① 条件をいくつか言いつける。（じょうけん）
② 常に前を向いて生きてきた。（つね）
③ 商品の価格が均一だ。（きんいつ）
④ 交通事故を未然にふせぐ。（じこ）
⑤ 洋書の編集を手がける。（へんしゅう）
⑥ 朝刊のニュースを見ておどろく。（ちょうかん）
⑦ 若者（わかもの）たちの政治ばなれをなげく。（せいじ）
⑧ 出会ったときの印象は大切だ。（いんしょう）

2 □に漢字を書きましょう。

① バレエの基本（きほん）を身につける。
② 古くなった時計を修理（しゅうり）する。
③ 自然の中で適応（てきおう）力を高める。
④ 今はまだ序章（じょしょう）に過ぎない。
⑤ 問題解決（かいけつ）のための方法。
⑥ 十年前よりも人口が減（へ）る。
⑦ しはらう金額（きんがく）を伝える。
⑧ 自分がすすめたい本を貸（か）す。
⑨ 世界の貧（まず）しい国に物資を送る。
⑩ 旅行へ行く準備（じゅんび）をする。
⑪ 八月になって墓（はか）参りに行く。
⑫ 昔の話を祖父（そふ）から聞く。
⑬ デパートの中で迷子（まいご）になる。
⑭ 自分の考えを記述（きじゅつ）する。

答え 2ページ

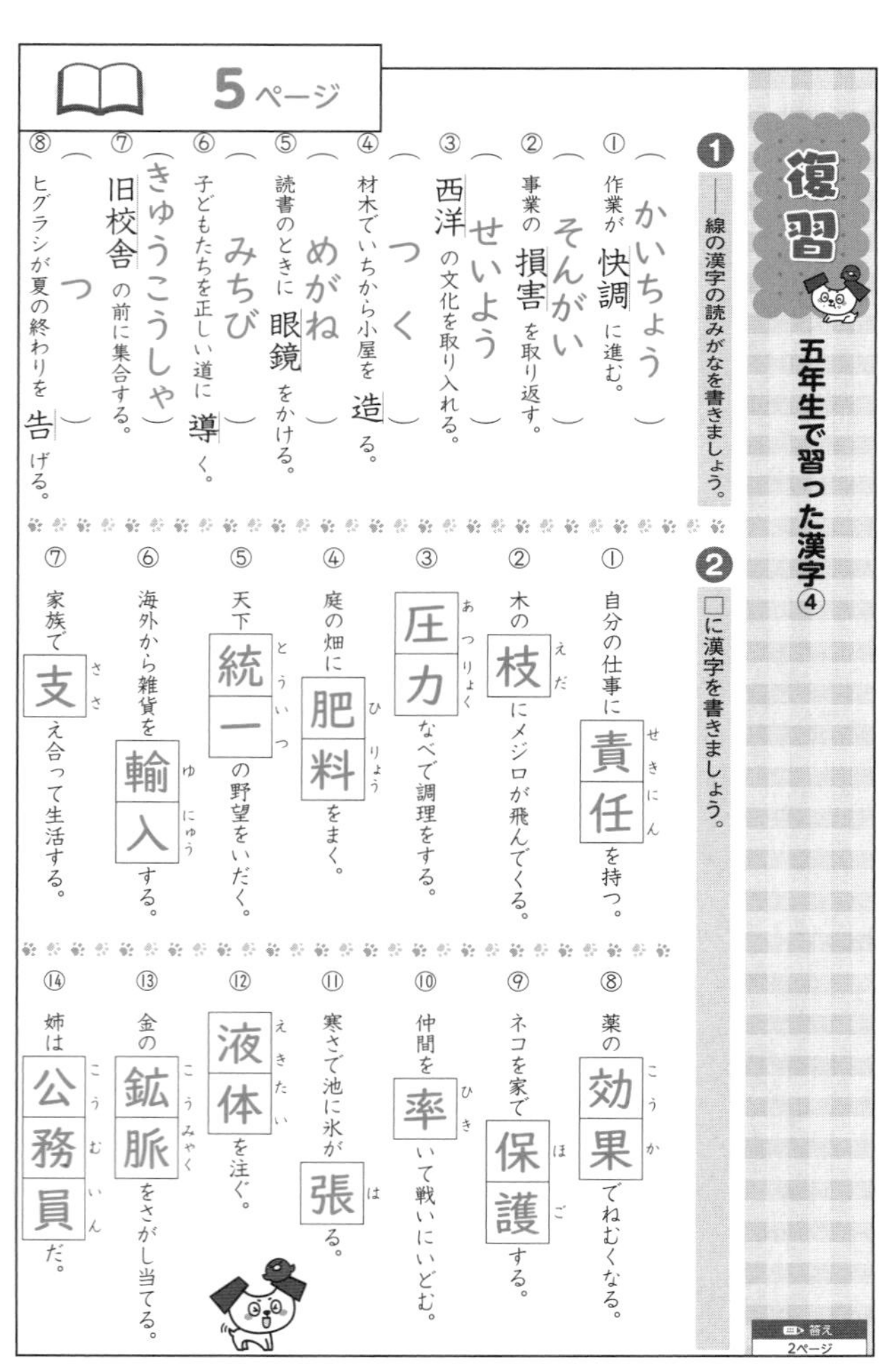

5ページ

復習 五年生で習った漢字④

1 ――線の漢字の読みがなを書きましょう。

① 作業が快調に進む。（かいちょう）
② 事業の損害を取り返す。（そんがい）
③ 西洋の文化を取り入れる。（せいよう）
④ 材木でいちから小屋を造る。（つく）
⑤ 読書のときに眼鏡をかける。（めがね）
⑥ 子どもたちを正しい道に導く。（みちび）
⑦ 旧校舎の前に集合する。（きゅうこうしゃ）
⑧ ヒグラシが夏の終わりを告げる。（つ）

2 □に漢字を書きましょう。

① 自分の仕事に責任（せきにん）を持つ。
② 木の枝（えだ）にメジロが飛んでくる。
③ 圧力（あつりょく）なべで調理をする。
④ 庭の畑に肥料（ひりょう）をまく。
⑤ 天下統一（とういつ）の野望をいだく。
⑥ 海外から雑貨を輸入（ゆにゅう）する。
⑦ 家族で支（ささ）え合って生活する。
⑧ 薬の効果（こうか）でねむくなる。
⑨ ネコを家で保護（ほご）する。
⑩ 仲間を率（ひき）いて戦いにいどむ。
⑪ 寒さで池に氷が張（は）る。
⑫ 液体（えきたい）を注ぐ。
⑬ 金の鉱脈（こうみゃく）をさがし当てる。
⑭ 姉は公務員（こうむいん）だ。

答え 2ページ

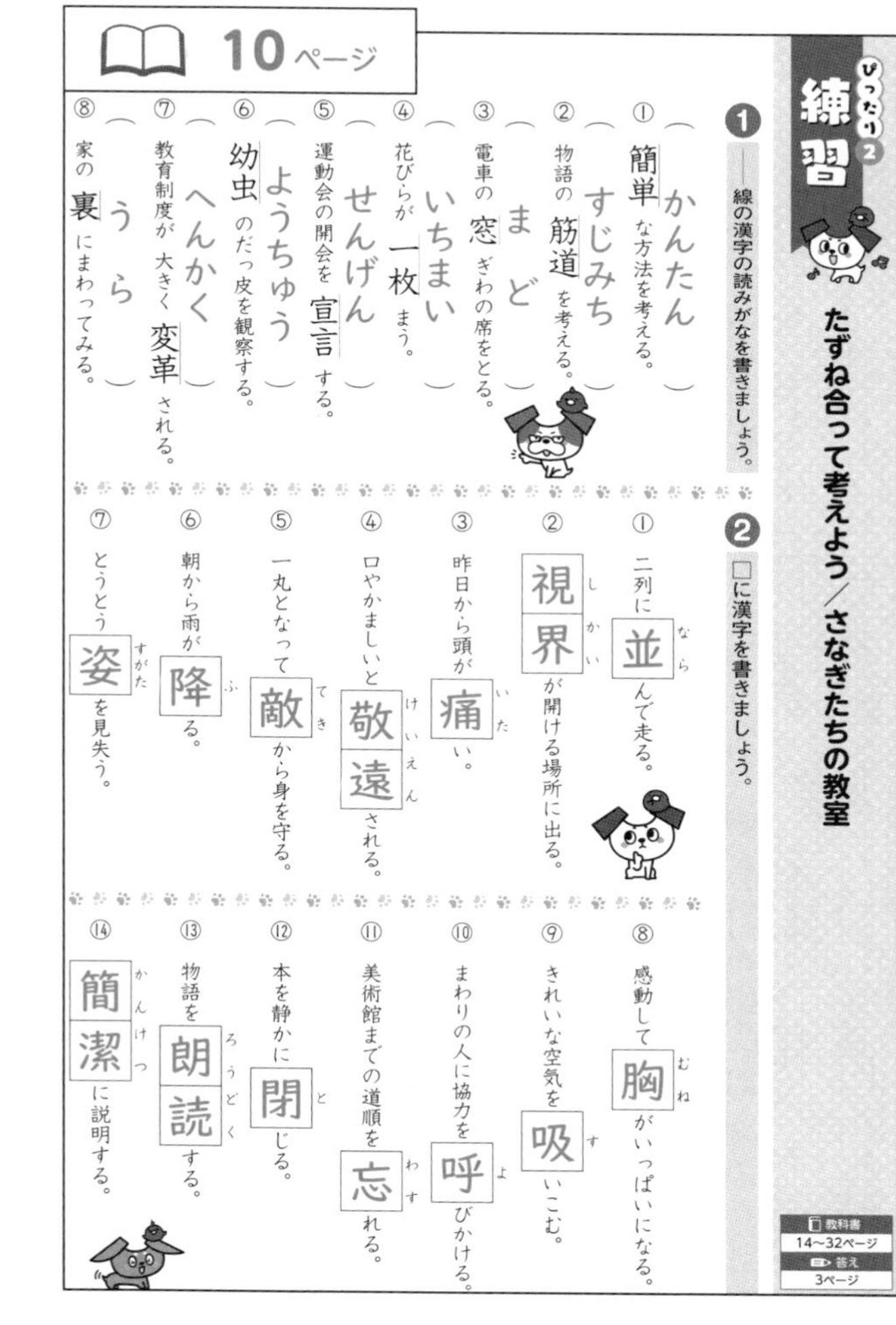

10ページ

練習 ぴったり2

たずね合って考えよう／さなぎたちの教室

1 ―線の漢字の読みがなを書きましょう。

① 簡単な方法を考える。（かんたん）
② 物語の筋道を考える。（すじみち）
③ 電車の窓ぎわの席をとる。（まど）
④ 花びらが一枚まう。（いちまい）
⑤ 運動会の開会を宣言する。（せんげん）
⑥ 幼虫のだっ皮を観察する。（ようちゅう）
⑦ 教育制度が大きく変革される。（へんかく）
⑧ 家の裏にまわってみる。（うら）

2 □に漢字を書きましょう。

① 二列に並（なら）んで走る。
② 視界（しかい）が開ける場所に出る。
③ 昨日から頭が痛（いた）い。
④ 口やかましいと敬遠（けいえん）される。
⑤ 一丸となって敵（てき）から身を守る。
⑥ 朝から雨が降（ふ）る。
⑦ とうとう姿（すがた）を見失う。
⑧ 感動して胸（むね）がいっぱいになる。
⑨ きれいな空気を吸（す）いこむ。
⑩ まわりの人に協力を呼（よ）びかける。
⑪ 美術館までの道順を忘（わす）れる。
⑫ 本を静かに閉（と）じる。
⑬ 物語を朗読（ろうどく）する。
⑭ 簡潔（かんけつ）に説明する。

教科書 14～32ページ 答え 3ページ

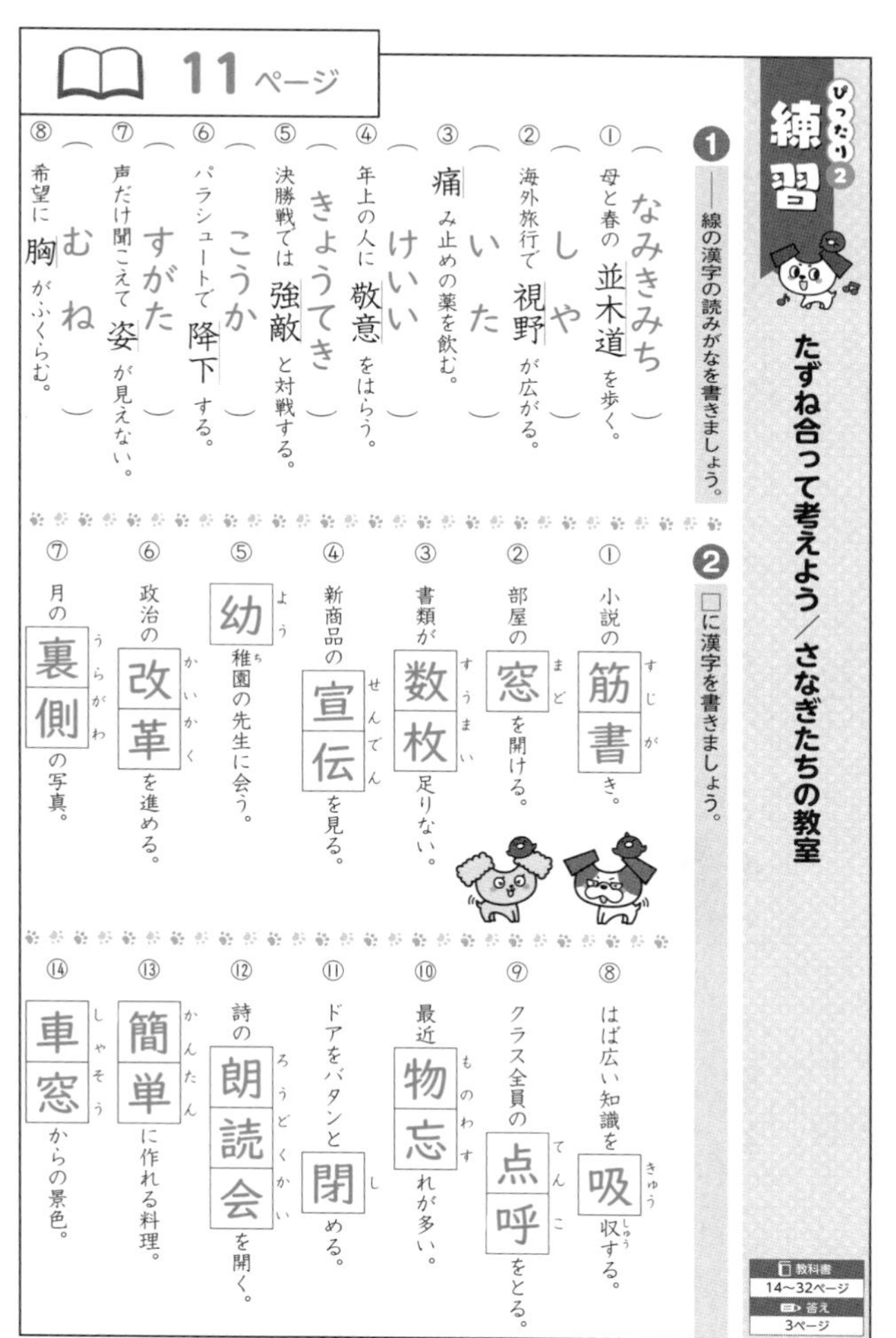

11ページ

練習 ぴったり2

たずね合って考えよう／さなぎたちの教室

1 ―線の漢字の読みがなを書きましょう。

① 母と春の並木道を歩く。（なみきみち）
② 海外旅行で視野が広がる。（しや）
③ 痛み止めの薬を飲む。（いた）
④ 年上の人に敬意をはらう。（けいい）
⑤ 決勝戦では強敵と対戦する。（きょうてき）
⑥ パラシュートで降下する。（こうか）
⑦ 声だけ聞こえて姿が見えない。（すがた）
⑧ 希望に胸がふくらむ。（むね）

2 □に漢字を書きましょう。

① 小説の筋書（すじが）き。
② 部屋の窓（まど）を開ける。
③ 書類が数枚（すうまい）足りない。
④ 新商品の宣伝（せんでん）を見る。
⑤ 幼（よう）稚園の先生に会う。
⑥ 政治の改革（かいかく）を進める。
⑦ 月の裏側（うらがわ）の写真。
⑧ はば広い知識を吸（きゅう）収する。
⑨ クラス全員の点呼（てんこ）をとる。
⑩ 最近物忘（ものわす）れが多い。
⑪ ドアをバタンと閉（し）める。
⑫ 詩の朗読会（ろうどくかい）を開く。
⑬ 簡単（かんたん）に作れる料理。
⑭ 車窓（しゃそう）からの景色。

教科書 14～32ページ 答え 3ページ

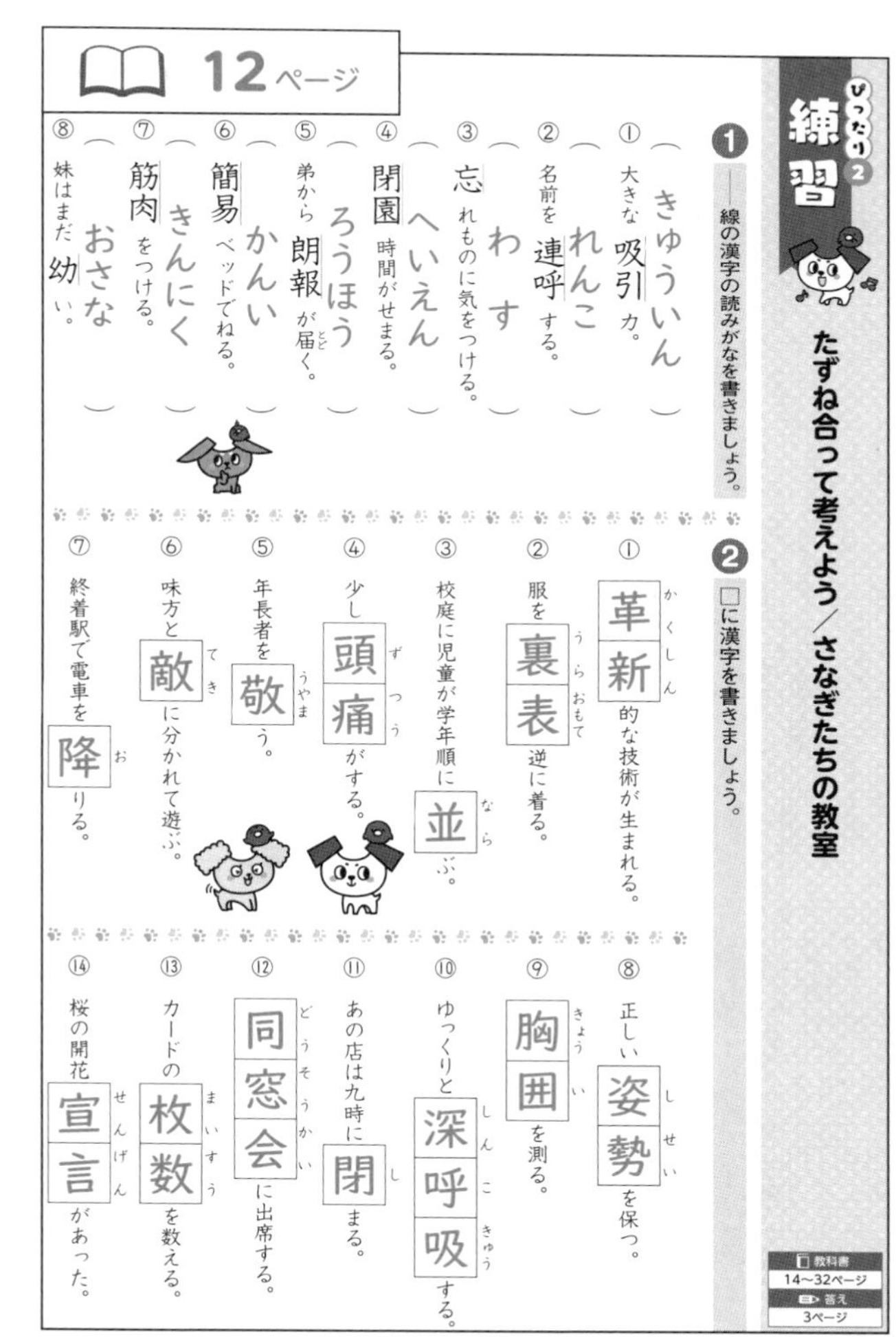

12ページ

練習 ぴったり2

たずね合って考えよう／さなぎたちの教室

1 ―線の漢字の読みがなを書きましょう。

① 大きな吸引力。（きゅういん）
② 名前を連呼する。（れんこ）
③ 忘れものに気をつける。（わす）
④ 閉園時間がせまる。（へいえん）
⑤ 弟から朗報が届く。（ろうほう）
⑥ 簡易ベッドでねる。（かんい）
⑦ 筋肉をつける。（きんにく）
⑧ 妹はまだ幼い。（おさな）

2 □に漢字を書きましょう。

① 革新（かくしん）的な技術が生まれる。
② 服を裏表（うらおもて）逆に着る。
③ 校庭に児童が学年順に並（なら）ぶ。
④ 少し頭痛（ずつう）がする。
⑤ 年長者を敬（うやま）う。
⑥ 味方と敵（てき）に分かれて遊ぶ。
⑦ 終着駅で電車を降（お）りる。
⑧ 正しい姿勢（しせい）を保つ。
⑨ 胸囲（きょうい）を測る。
⑩ ゆっくりと深呼吸（しんこきゅう）する。
⑪ あの店は九時に閉（し）まる。
⑫ 同窓会（どうそうかい）に出席する。
⑬ カードの枚数（まいすう）を数える。
⑭ 桜の開花宣言（せんげん）があった。

教科書 14～32ページ 答え 3ページ

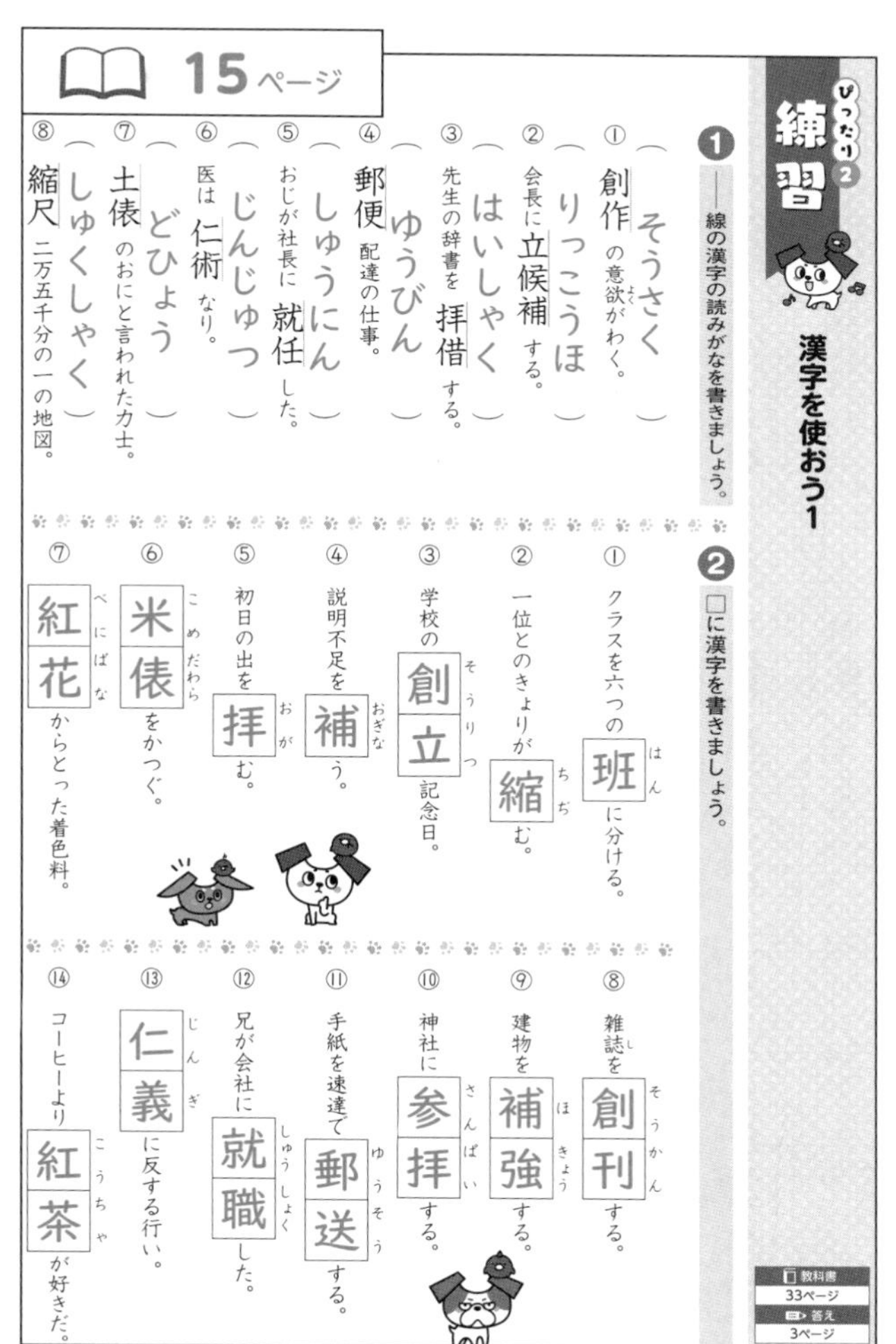

15ページ

練習 ぴったり2

漢字を使おう1

1 ―線の漢字の読みがなを書きましょう。

① 創作の意欲がわく。（そうさく）
② 会長に立候補する。（りっこうほ）
③ 先生の辞書を拝借する。（はいしゃく）
④ 郵便配達の仕事。（ゆうびん）
⑤ おじが社長に就任した。（しゅうにん）
⑥ 医は仁術なり。（じんじゅつ）
⑦ 土俵のおにと言われた力士。（どひょう）
⑧ 縮尺二万五千分の一の地図。（しゅくしゃく）

2 □に漢字を書きましょう。

① クラスを六つの班（はん）に分ける。
② 一位とのきょりが縮（ちぢ）む。
③ 学校の創立（そうりつ）記念日。
④ 説明不足を補（おぎな）う。
⑤ 初日の出を拝（おが）む。
⑥ 米俵（こめだわら）をかつぐ。
⑦ 紅花（べにばな）からとった着色料。
⑧ 雑誌を創刊（そうかん）する。
⑨ 建物を補強（ほきょう）する。
⑩ 神社に参拝（さんぱい）する。
⑪ 手紙を速達で郵送（ゆうそう）する。
⑫ 兄が会社に就職（しゅうしょく）した。
⑬ 仁義（じんぎ）に反する行い。
⑭ コーヒーより紅茶（こうちゃ）が好きだ。

教科書 33ページ 答え 3ページ

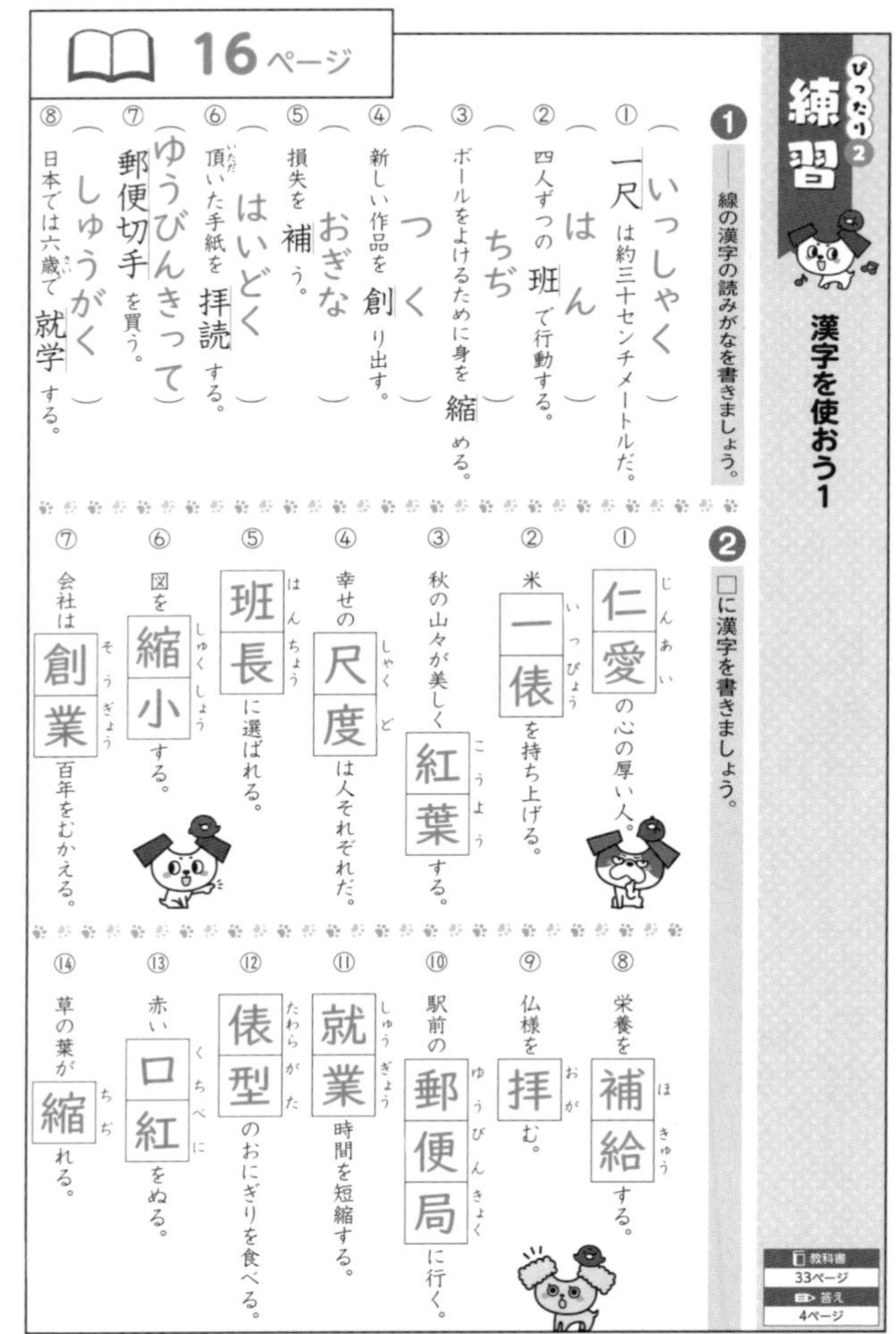
16ページ

練習 ぴったり2

漢字を使おう1

1 ――線の漢字の読みがなを書きましょう。

① 一尺 は約三十センチメートルだ。（いっしゃく）
② 四人ずつの 班 で行動する。（はん）
③ ボールをよけるために身を 縮 める。（ちぢ）
④ 新しい作品を 創 り出す。（つく）
⑤ 損失を 補 う。（おぎな）
⑥ 頂いた手紙を 拝読 する。（はいどく）
⑦ 郵便切手 を買う。（ゆうびんきって）
⑧ 日本では六歳で 就学 する。（しゅうがく）

2 □に漢字を書きましょう。

① 仁愛 の心の厚い人。
② 米 一俵 を持ち上げる。
③ 秋の山々が美しく 紅葉 する。
④ 幸せの 尺度 は人それぞれだ。
⑤ 班長 に選ばれる。
⑥ 図を 縮小 する。
⑦ 会社は 創業 百年をむかえる。
⑧ 栄養を 補給 する。
⑨ 仏様を 拝 む。
⑩ 駅前の 郵便局 に行く。
⑪ 就業 時間を短縮する。
⑫ 俵型 のおにぎりを食べる。
⑬ 赤い 口紅 をぬる。
⑭ 草の葉が 縮 れる。

教科書 33ページ 答え 4ページ

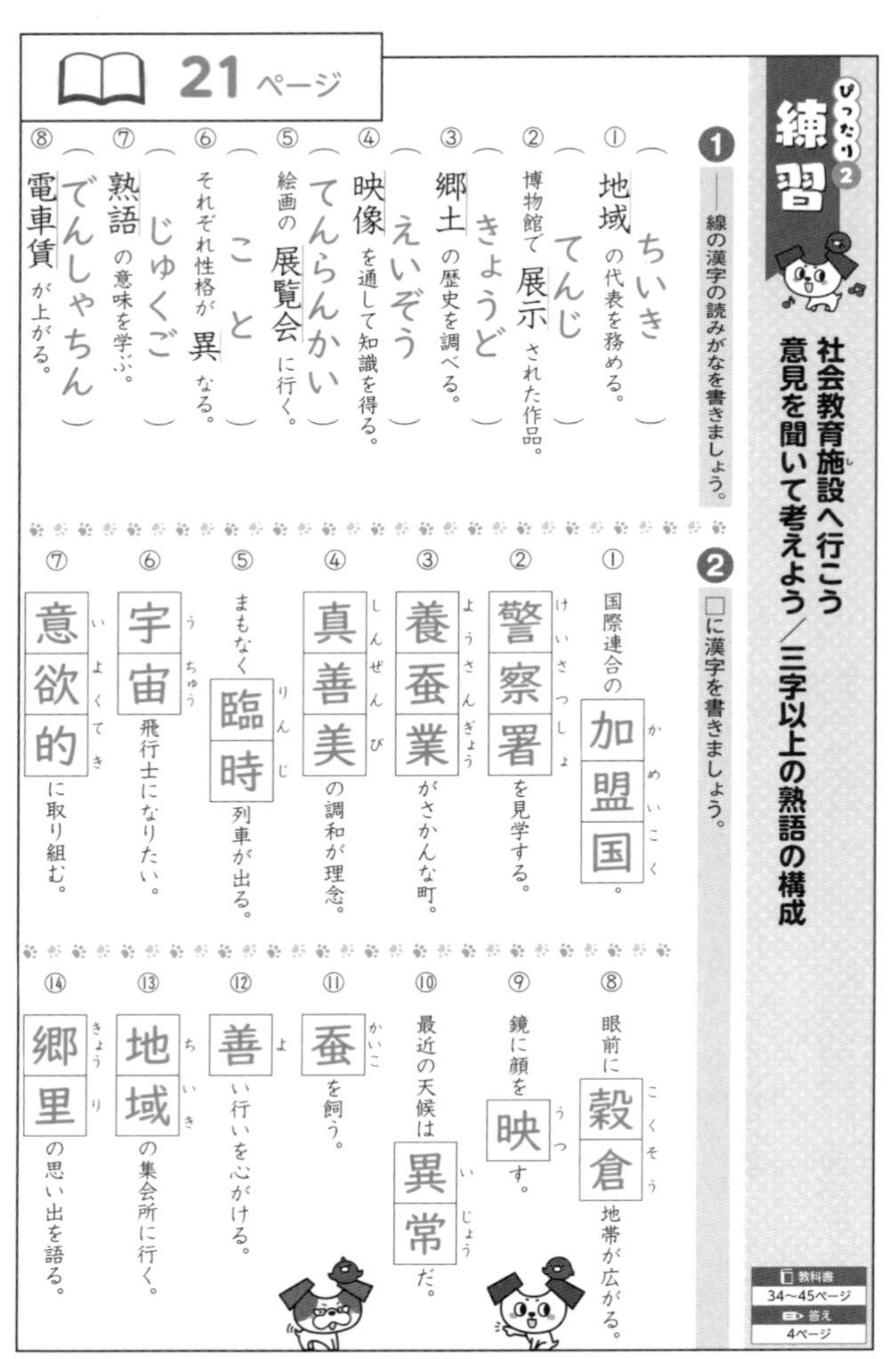
21ページ

練習 ぴったり2

社会教育施設へ行こう
意見を聞いて考えよう／三字以上の熟語の構成

1 ――線の漢字の読みがなを書きましょう。

① 地域 の代表を務める。（ちいき）
② 博物館で 展示 された作品。（てんじ）
③ 郷土 の歴史を調べる。（きょうど）
④ 映像 を通して知識を得る。（えいぞう）
⑤ 絵画の 展覧会 に行く。（てんらんかい）
⑥ それぞれ性格が 異 なる。（こと）
⑦ 熟語 の意味を学ぶ。（じゅくご）
⑧ 電車賃 が上がる。（でんしゃちん）

2 □に漢字を書きましょう。

① 国際連合の 加盟国。
② 警察署 を見学する。
③ 養蚕業 がさかんな町。
④ 真善美 の調和が理念。
⑤ まもなく 臨時 列車が出る。
⑥ 宇宙 飛行士になりたい。
⑦ 意欲的 に取り組む。
⑧ 眼前に 穀倉 地帯が広がる。
⑨ 鏡に顔を 映 す。
⑩ 最近の天候は 異常 だ。
⑪ 蚕 を飼う。
⑫ 善 い行いを心がける。
⑬ 地域 の集会所に行く。
⑭ 郷里 の思い出を語る。

教科書 34～45ページ 答え 4ページ

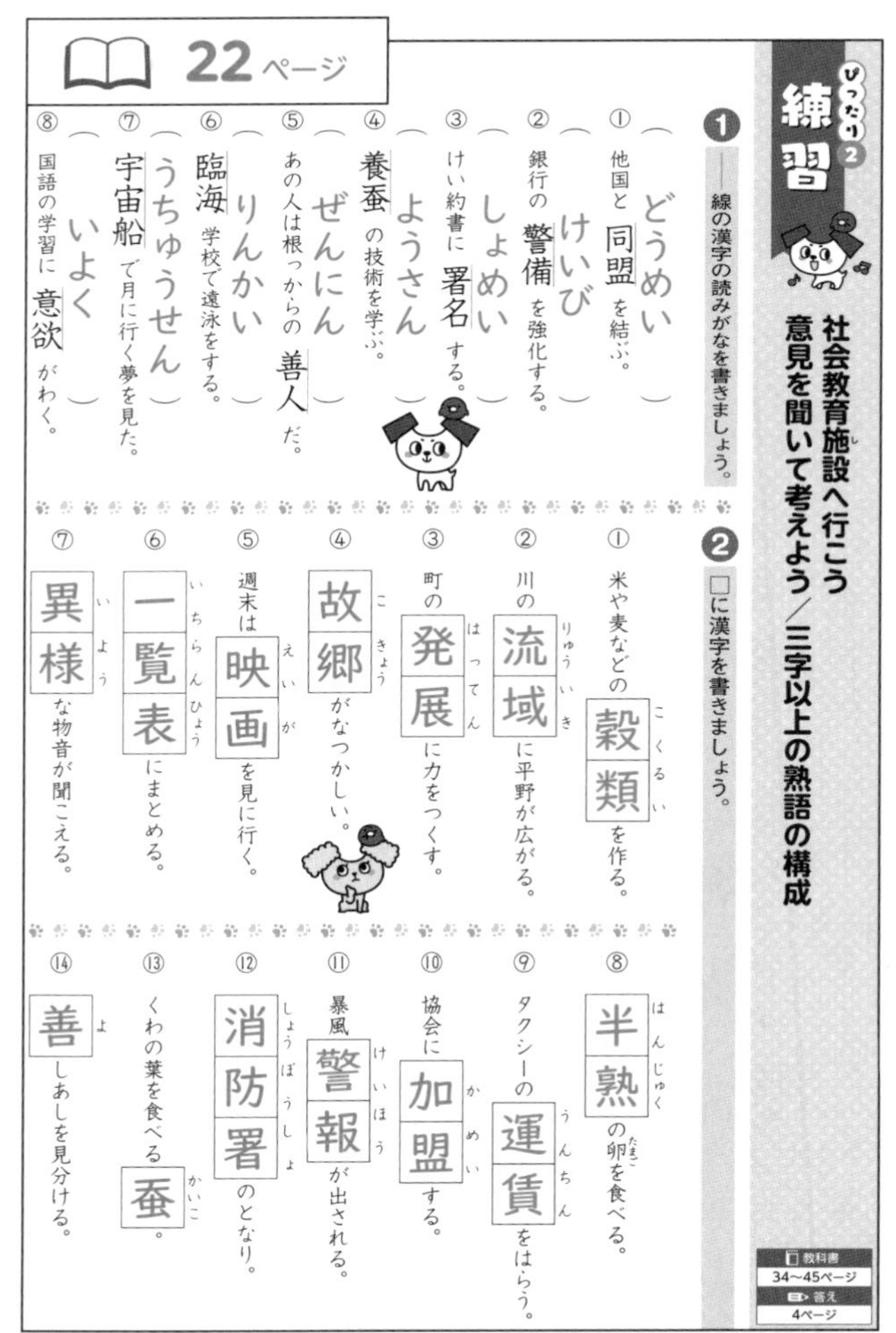
22ページ

練習 ぴったり2

社会教育施設へ行こう
意見を聞いて考えよう／三字以上の熟語の構成

1 ――線の漢字の読みがなを書きましょう。

① 他国と 同盟 を結ぶ。（どうめい）
② 銀行の 警備 を強化する。（けいび）
③ けい約書に 署名 する。（しょめい）
④ 養蚕 の技術を学ぶ。（ようさん）
⑤ あの人は根っからの 善人 だ。（ぜんにん）
⑥ 臨海 学校で遠泳をする。（りんかい）
⑦ 宇宙船 で月に行く夢を見た。（うちゅうせん）
⑧ 国語の学習に 意欲 がわく。（いよく）

2 □に漢字を書きましょう。

① 米や麦などの 穀類 を作る。
② 川の 流域 に平野が広がる。
③ 町の 発展 に力をつくす。
④ 故郷 がなつかしい。
⑤ 週末は 映画 を見に行く。
⑥ 一覧表 にまとめる。
⑦ 異様 な物音が聞こえる。
⑧ 半熟 の卵を食べる。
⑨ タクシーの 運賃 をはらう。
⑩ 協会に 加盟 する。
⑪ 暴風 警報 が出される。
⑫ 消防署 のとなり。
⑬ くわの葉を食べる 蚕。
⑭ 善 しあしを見分ける。

教科書 34～45ページ 答え 4ページ

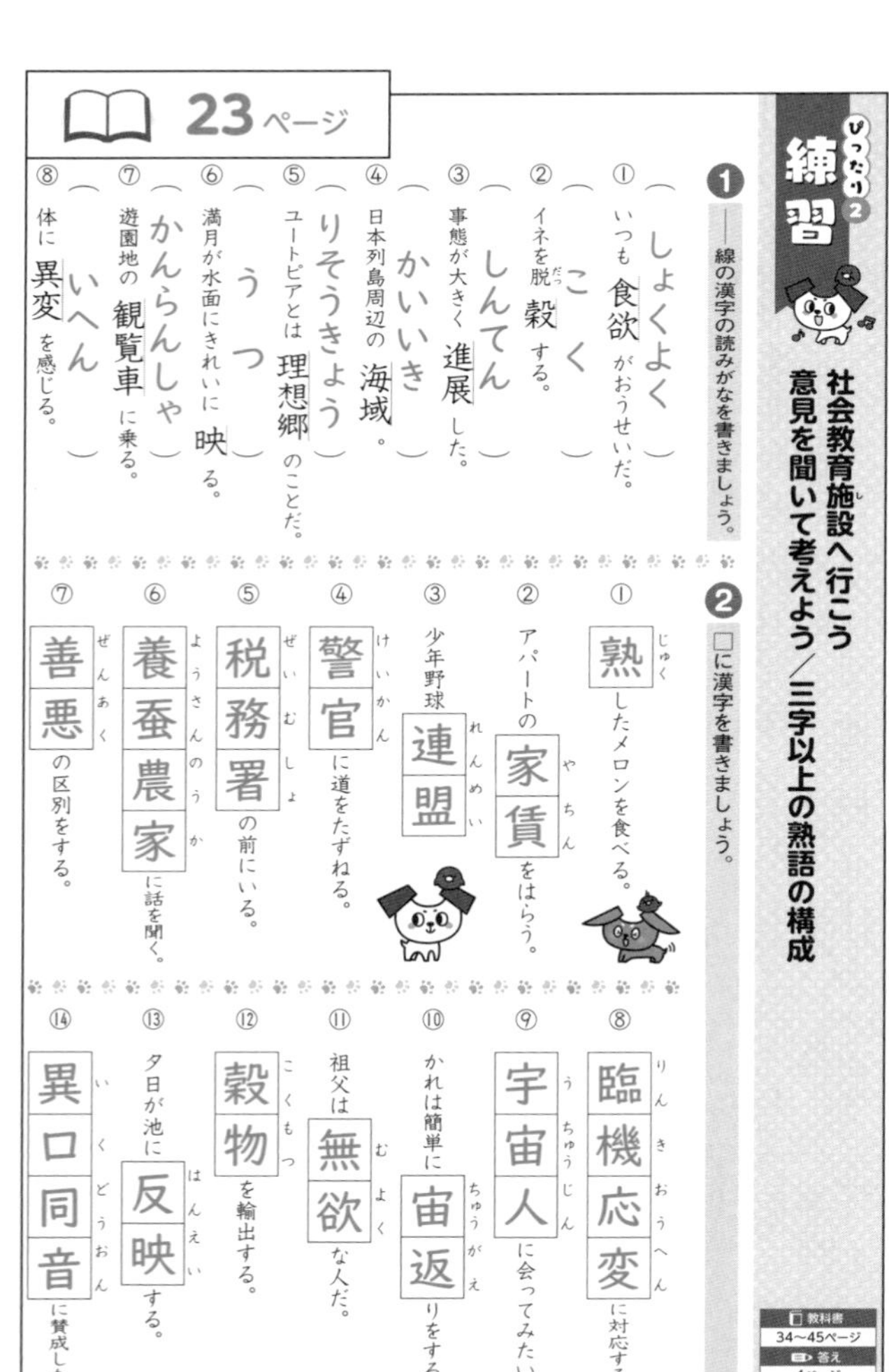
23ページ

練習 ぴったり2

社会教育施設へ行こう
意見を聞いて考えよう／三字以上の熟語の構成

1 ――線の漢字の読みがなを書きましょう。

① いつも 食欲 がおうせいだ。（しょくよく）
② イネを脱 穀 する。（こく）
③ 事態が大きく 進展 した。（しんてん）
④ 日本列島周辺の 海域。（かいいき）
⑤ ユートピアとは 理想郷 のことだ。（りそうきょう）
⑥ 満月が水面にきれいに 映 る。（うつ）
⑦ 遊園地の 観覧車 に乗る。（かんらんしゃ）
⑧ 体に 異変 を感じる。（いへん）

2 □に漢字を書きましょう。

① 熟 したメロンを食べる。
② アパートの 家賃 をはらう。
③ 少年野球 連盟
④ 警官 に道をたずねる。
⑤ 税務署 の前にいる。
⑥ 養蚕農家 に話を聞く。
⑦ 善悪 の区別をする。
⑧ 臨機応変 に対応する。
⑨ 宇宙人 に会ってみたい。
⑩ かれは簡単に 宙返 りをする。
⑪ 祖父は 無欲 な人だ。
⑫ 穀物 を輸出する。
⑬ 夕日が池に 反映 する。
⑭ 異口同音 に賛成した。

教科書 34～45ページ 答え 4ページ

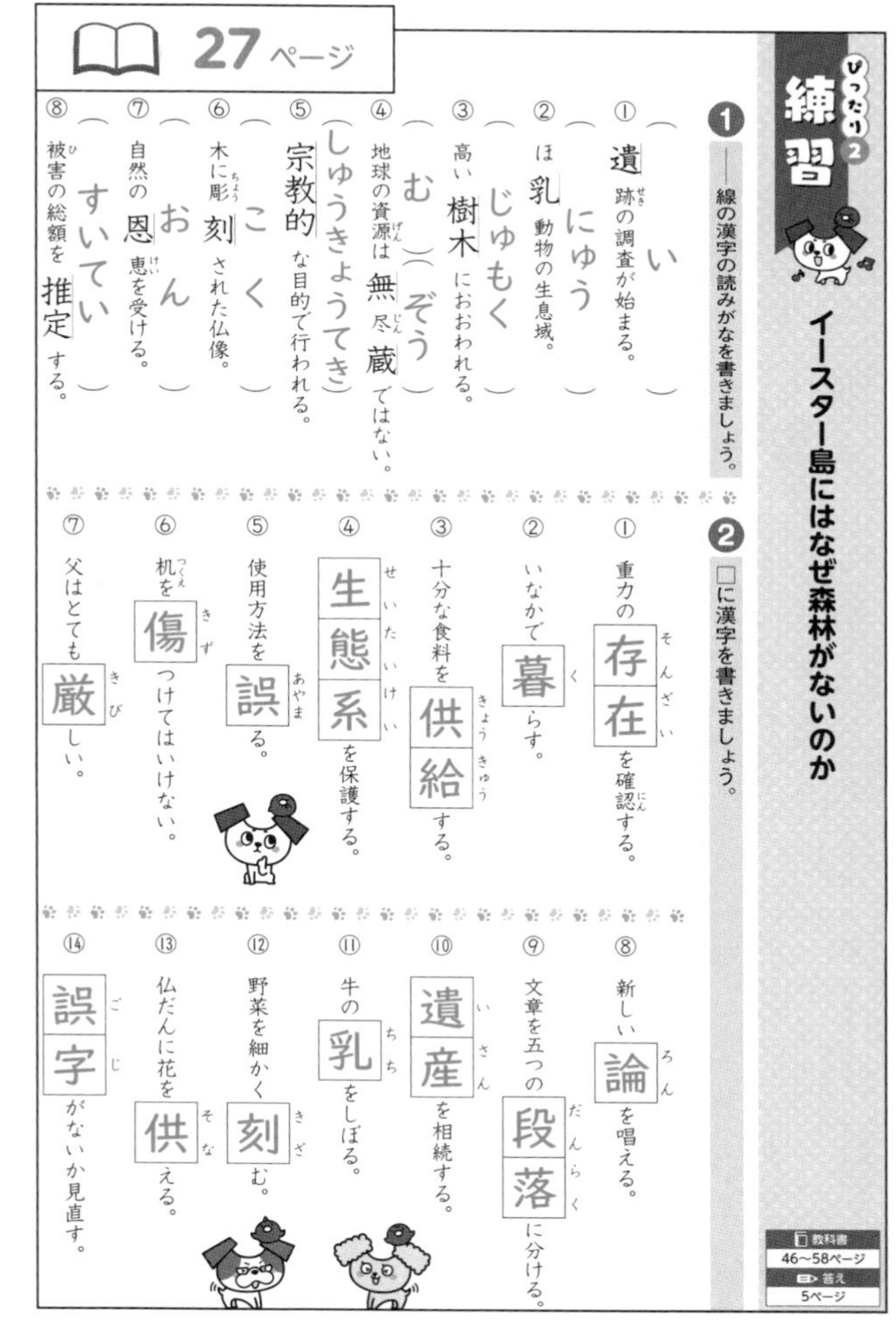

27ページ

ぴったり2 練習

イースター島にはなぜ森林がないのか

1 ——線の漢字の読みがなを書きましょう。

① 遺跡の調査が始まる。（い）
② ほ乳動物の生息域。（にゅう）
③ 高い樹木におおわれる。（じゅもく）
④ 地球の資源は無尽蔵ではない。（む）（ぞう）
⑤ 宗教的な目的で行われる。（しゅうきょうてき）
⑥ 木に彫刻された仏像。（こく）
⑦ 自然の恩恵を受ける。（おん）
⑧ 被害の総額を推定する。（すいてい）

2 □に漢字を書きましょう。

① 重力の存在を確認する。
② いなかで暮らす。
③ 十分な食料を供給する。
④ 生態系を保護する。
⑤ 使用方法を誤る。
⑥ 机を傷つけてはいけない。
⑦ 父はとても厳しい。
⑧ 新しい論を唱える。
⑨ 文章を五つの段落に分ける。
⑩ 遺産を相続する。
⑪ 牛の乳をしぼる。
⑫ 野菜を細かく刻む。
⑬ 仏だんに花を供える。
⑭ 誤字がないか見直す。

教科書 46～58ページ 答え 5ページ

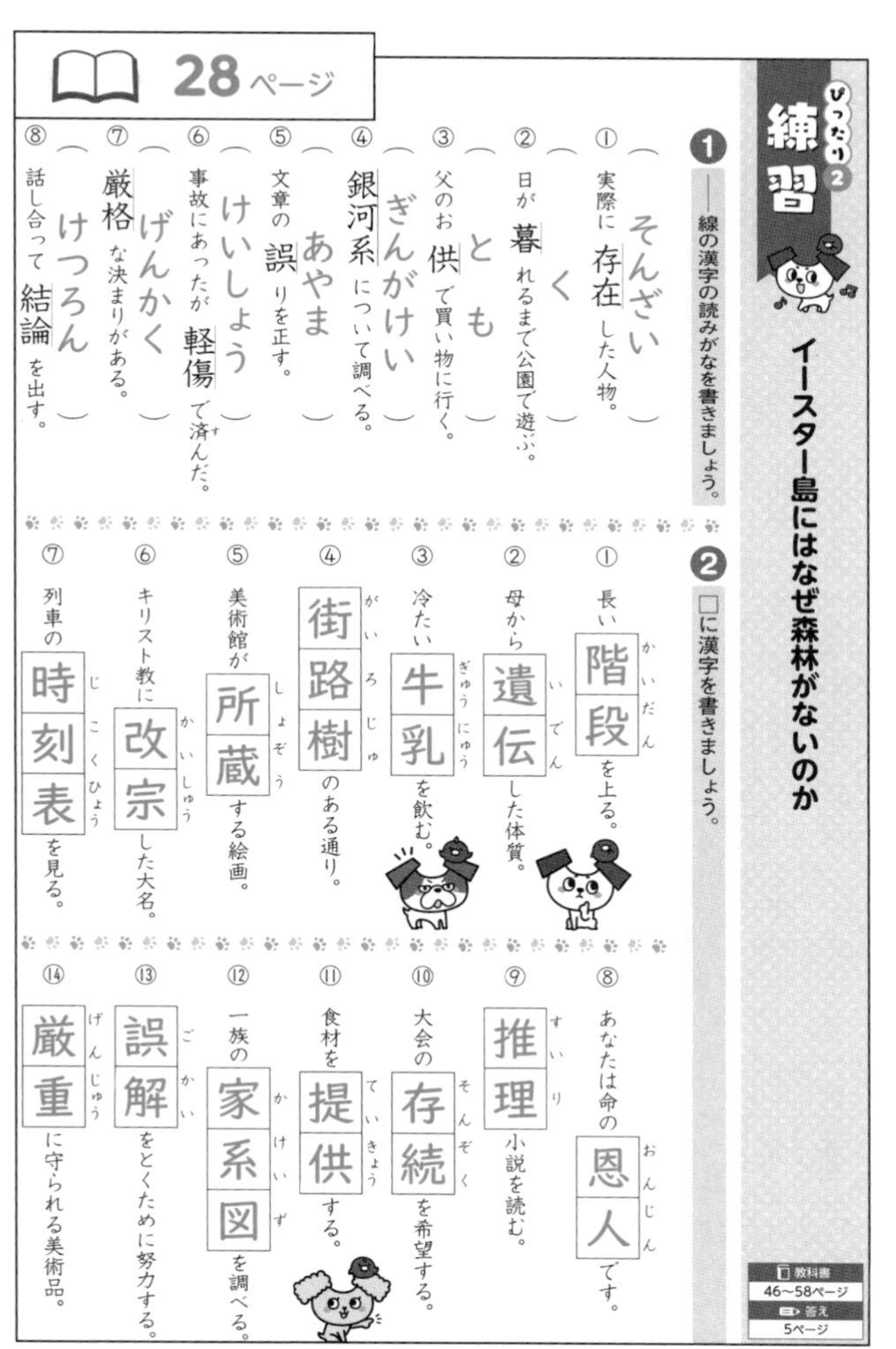

28ページ

ぴったり2 練習

イースター島にはなぜ森林がないのか

1 ——線の漢字の読みがなを書きましょう。

① 実際に存在した人物。（そんざい）
② 日が暮れるまで公園で遊ぶ。（く）
③ 父のお供で買い物に行く。（とも）
④ 銀河系について調べる。（ぎんがけい）
⑤ 文章の誤りを正す。（あやま）
⑥ 事故にあったが軽傷で済んだ。（けいしょう）
⑦ 厳格な決まりがある。（げんかく）
⑧ 話し合って結論を出す。（けつろん）

2 □に漢字を書きましょう。

① 長い階段を上る。
② 母から遺伝した体質。
③ 冷たい牛乳を飲む。
④ 街路樹のある通り。
⑤ 美術館が所蔵する絵画。
⑥ キリスト教に改宗した大名。
⑦ 列車の時刻表を見る。
⑧ あなたは命の恩人です。
⑨ 推理小説を読む。
⑩ 大会の存続を希望する。
⑪ 食材を提供する。
⑫ 一族の家系図を調べる。
⑬ 誤解をとくために努力する。
⑭ 厳重に守られる美術品。

教科書 46～58ページ 答え 5ページ

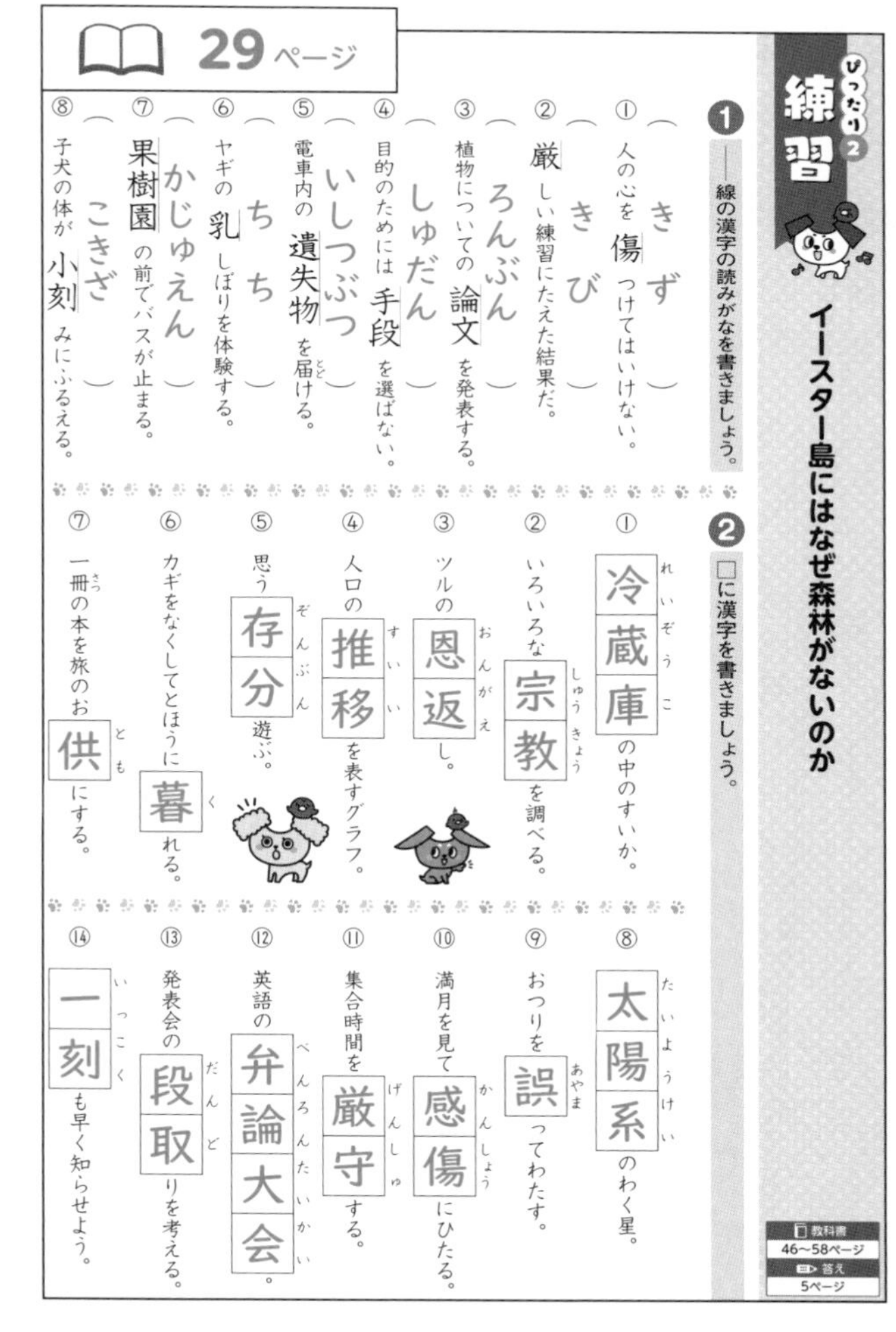

29ページ

ぴったり2 練習

イースター島にはなぜ森林がないのか

1 ——線の漢字の読みがなを書きましょう。

① 人の心を傷つけてはいけない。（きず）
② 厳しい練習にたえた結果だ。（きび）
③ 植物についての論文を発表する。（ろんぶん）
④ 目的のためには手段を選ばない。（しゅだん）
⑤ 電車内の遺失物を届ける。（いしつぶつ）
⑥ ヤギの乳しぼりを体験する。（ちち）
⑦ 果樹園の前でバスが止まる。（かじゅえん）
⑧ 子犬の体が小刻みにふるえる。（こきざ）

2 □に漢字を書きましょう。

① 冷蔵庫の中のすいか。
② いろいろな宗教を調べる。
③ ツルの恩返し。
④ 人口の推移を表すグラフ。
⑤ 思う存分遊ぶ。
⑥ カギをなくしてとほうに暮れる。
⑦ 一冊の本を旅のお供にする。
⑧ 太陽系のわく星。
⑨ おつりを誤ってわたす。
⑩ 満月を見て感傷にひたる。
⑪ 集合時間を厳守する。
⑫ 英語の弁論大会。
⑬ 発表会の段取りを考える。
⑭ 一刻も早く知らせよう。

教科書 46～58ページ 答え 5ページ

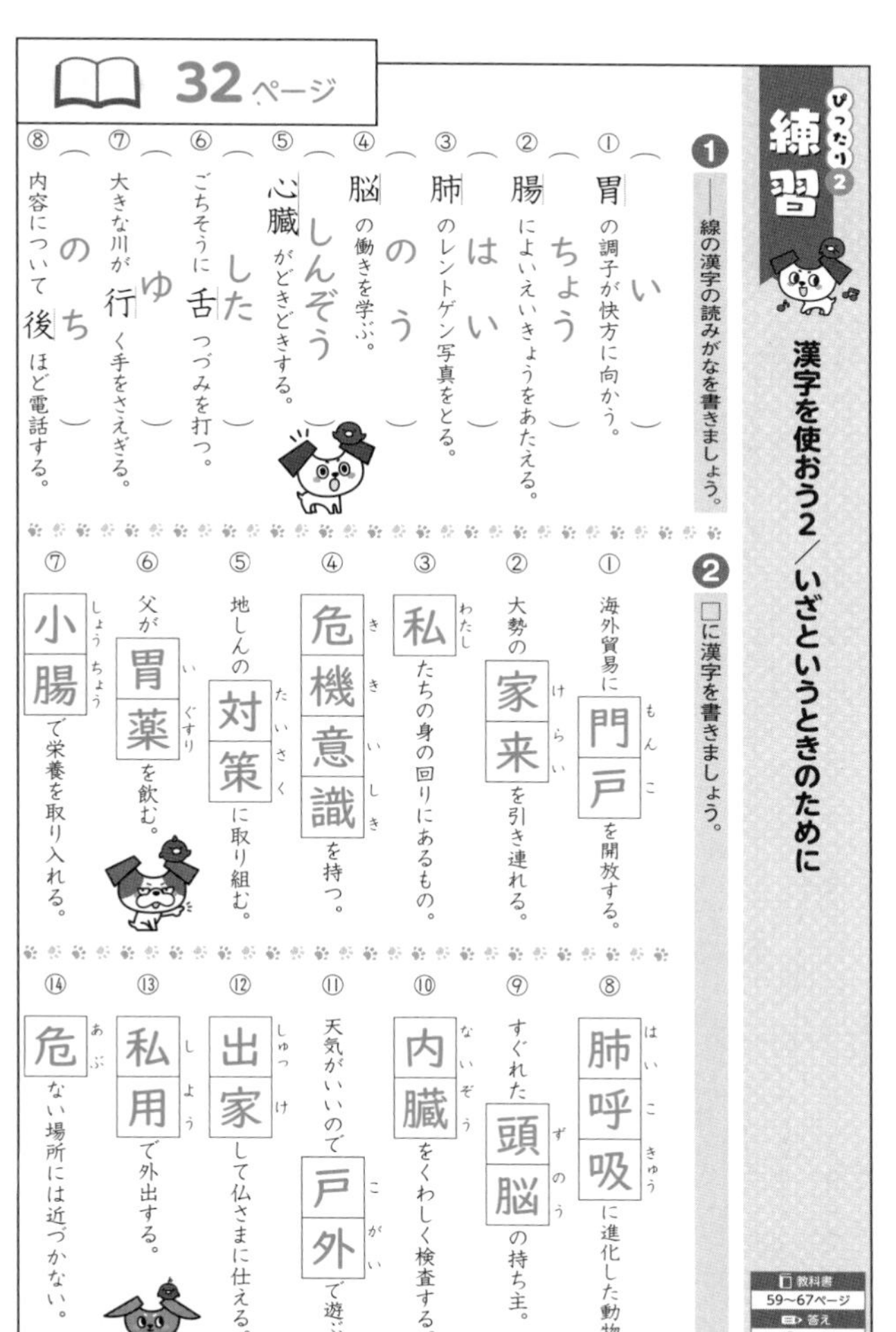

32ページ

ぴったり2 練習

漢字を使おう2／いざというときのために

1 ——線の漢字の読みがなを書きましょう。

① 胃の調子が快方に向かう。（い）
② 腸によいえいきょうをあたえる。（ちょう）
③ 肺のレントゲン写真をとる。（はい）
④ 脳の働きを学ぶ。（のう）
⑤ 心臓がどきどきする。（しんぞう）
⑥ ごちそうに舌つづみを打つ。（した）
⑦ 大きな川が行く手をさえぎる。（ゆ）
⑧ 内容について後ほど電話する。（のち）

2 □に漢字を書きましょう。

① 海外貿易に門戸を開放する。
② 大勢の家来を引き連れる。
③ 私たちの身の回りにあるもの。
④ 危機意識を持つ。
⑤ 対策に取り組む。
⑥ 父が胃薬を飲む。
⑦ 小腸で栄養を取り入れる。
⑧ 肺呼吸に進化した動物。
⑨ すぐれた頭脳の持ち主。
⑩ 内臓をくわしく検査する。
⑪ 天気がいいので戸外で遊ぶ。
⑫ 出家して仏さまに仕える。
⑬ 私用で外出する。
⑭ 危ない場所には近づかない。

教科書 59～67ページ 答え 5ページ

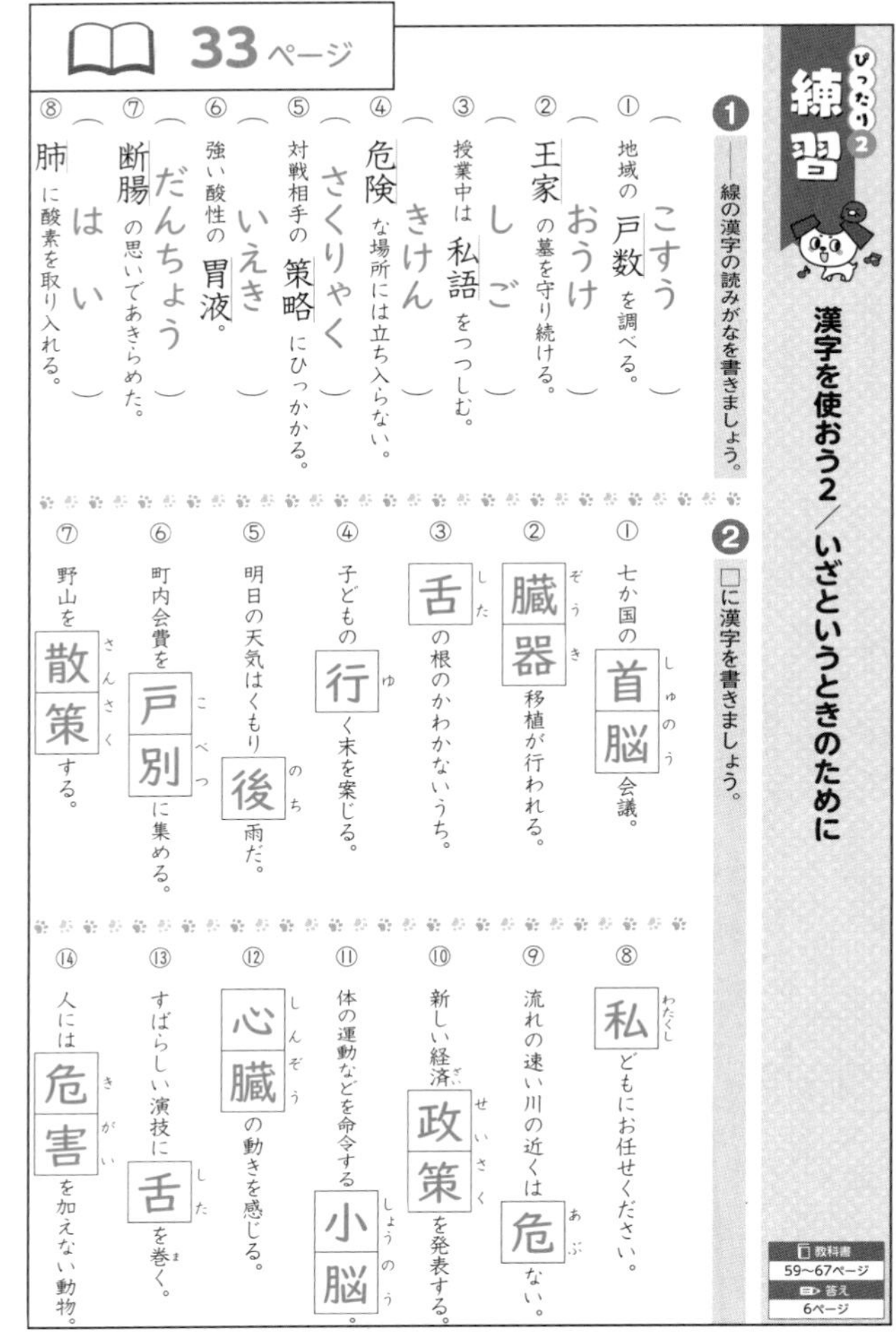

33ページ

練習 ぴったり2

漢字を使おう2／いざというときのために

1 ――線の漢字の読みがなを書きましょう。

① 地域の戸数を調べる。（こすう）
② 王家の墓を守り続ける。（おうけ）
③ 授業中は私語をつつしむ。（しご）
④ 危険な場所には立ち入らない。（きけん）
⑤ 対戦相手の策略にひっかかる。（さくりゃく）
⑥ 強い酸性の胃液。（いえき）
⑦ 断腸の思いであきらめた。（だんちょう）
⑧ 肺に酸素を取り入れる。（はい）

2 □に漢字を書きましょう。

① 七か国の［首脳］会議。
② ［臓器］移植が行われる。
③ ［舌］の根のかわかないうち。
④ 子どもの［行］く末を案じる。
⑤ 明日の天気はくもり［後］雨だ。
⑥ 町内会費を［戸別］に集める。
⑦ 野山を［散策］する。
⑧ ［私］どもにお任せください。
⑨ 流れの速い川の近くは［危］ない。
⑩ 新しい経済［政策］を発表する。
⑪ 体の運動などを命令する［小脳］。
⑫ ［心臓］の動きを感じる。
⑬ すばらしい演技に［舌］を巻く。
⑭ 人には［危害］を加えない動物。

教科書 59～67ページ　答え 6ページ

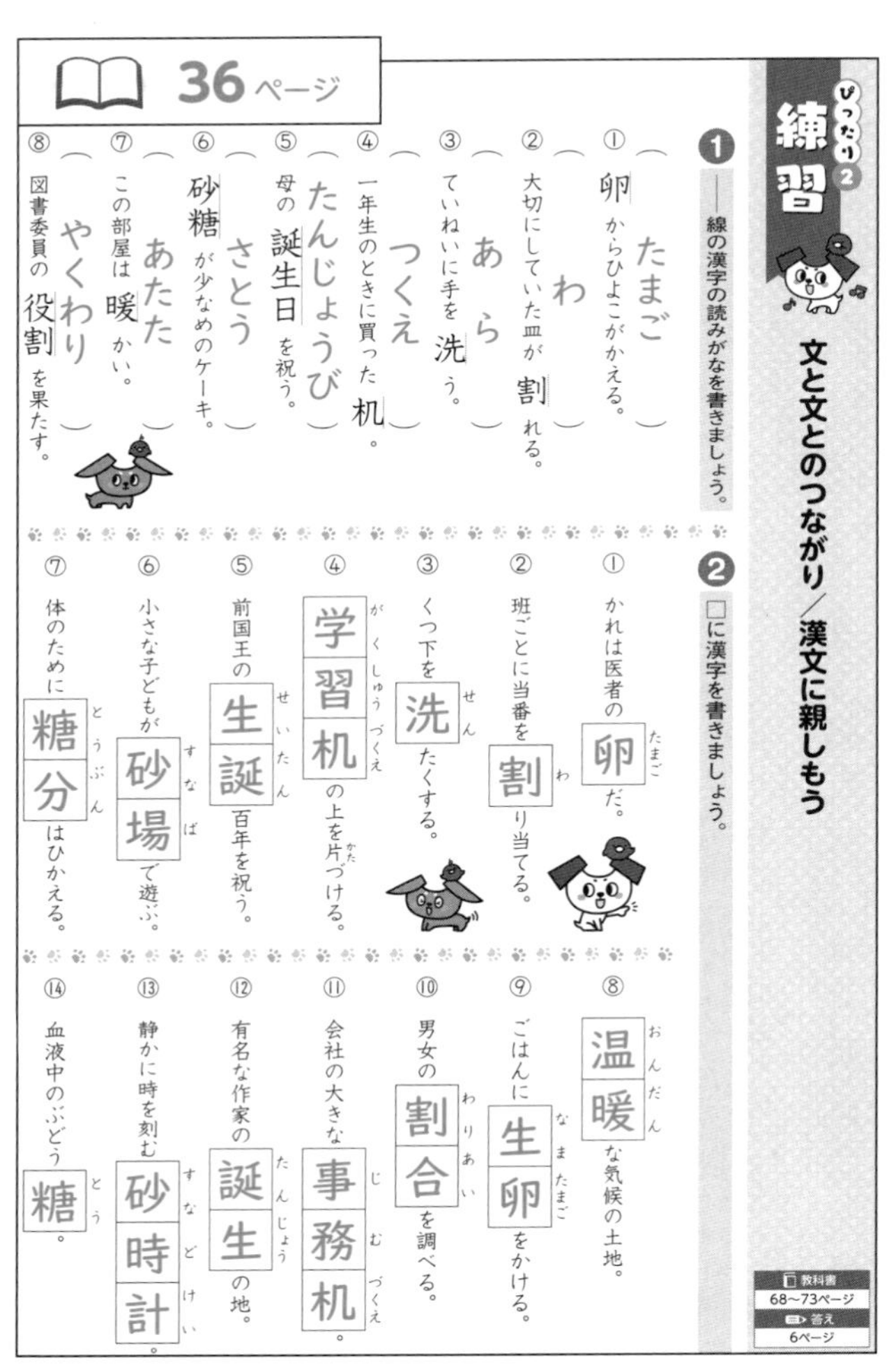

36ページ

練習 ぴったり2

文と文とのつながり／漢文に親しもう

1 ――線の漢字の読みがなを書きましょう。

① 卵からひよこがかえる。（たまご）
② 大切にしていた皿が割れる。（わ）
③ ていねいに手を洗う。（あら）
④ 一年生のときに買った机。（つくえ）
⑤ 母の誕生日を祝う。（たんじょうび）
⑥ 砂糖が少なめのケーキ。（さとう）
⑦ この部屋は暖かい。（あたた）
⑧ 図書委員の役割を果たす。（やくわり）

2 □に漢字を書きましょう。

① かれは医者の［卵］だ。
② 班ごとに当番を［割］り当てる。
③ くつ下を［洗］たくする。
④ ［学習机］の上を片づける。
⑤ 前国王の［生誕］百年を祝う。
⑥ 小さな子どもが［砂場］で遊ぶ。
⑦ 体のために［糖分］はひかえる。
⑧ ［温暖］な気候の土地。
⑨ ごはんに［生卵］をかける。
⑩ 男女の［割合］を調べる。
⑪ 会社の大きな［事務机］。
⑫ 有名な作家の［誕生］の地。
⑬ 静かに時を刻む［砂時計］。
⑭ 血液中のぶどう［糖］。

教科書 68～73ページ　答え 6ページ

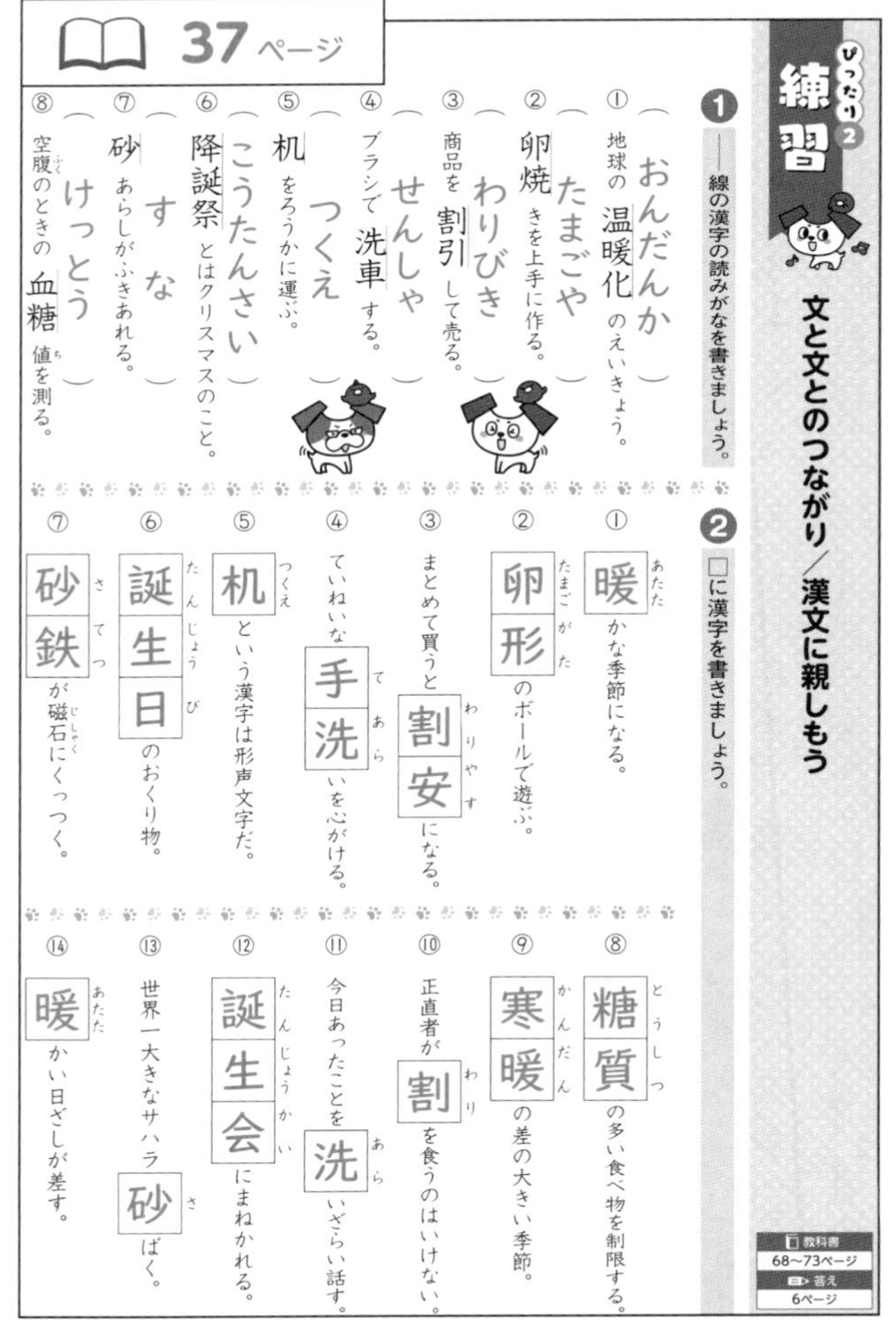

37ページ

練習 ぴったり2

文と文とのつながり／漢文に親しもう

1 ――線の漢字の読みがなを書きましょう。

① 地球の温暖化のえいきょう。（おんだんか）
② 卵焼きを上手に作る。（たまごや）
③ 商品を割引して売る。（わりびき）
④ ブラシで洗車する。（せんしゃ）
⑤ 机をろうかに運ぶ。（つくえ）
⑥ 降誕祭とはクリスマスのこと。（こうたんさい）
⑦ 砂あらしがふきあれる。（すな）
⑧ 空腹のときの血糖値を測る。（けっとう）

2 □に漢字を書きましょう。

① ［暖］かな季節になる。
② ［卵形］のボールで遊ぶ。
③ まとめて買うと［割安］になる。
④ ていねいな［手洗］いを心がける。
⑤ ［机］という漢字は形声文字だ。
⑥ ［誕生日］のおくり物。
⑦ ［砂鉄］が磁石にくっつく。
⑧ ［糖質］の多い食べ物を制限する。
⑨ ［寒暖］の差の大きい季節。
⑩ 正直者が［割］を食うのはいけない。
⑪ 今日あったことを［洗］いざらい話す。
⑫ ［誕生会］にまねかれる。
⑬ 世界一大きなサハラ［砂］ばく。
⑭ ［暖］かい日ざしが差す。

教科書 68～73ページ　答え 6ページ

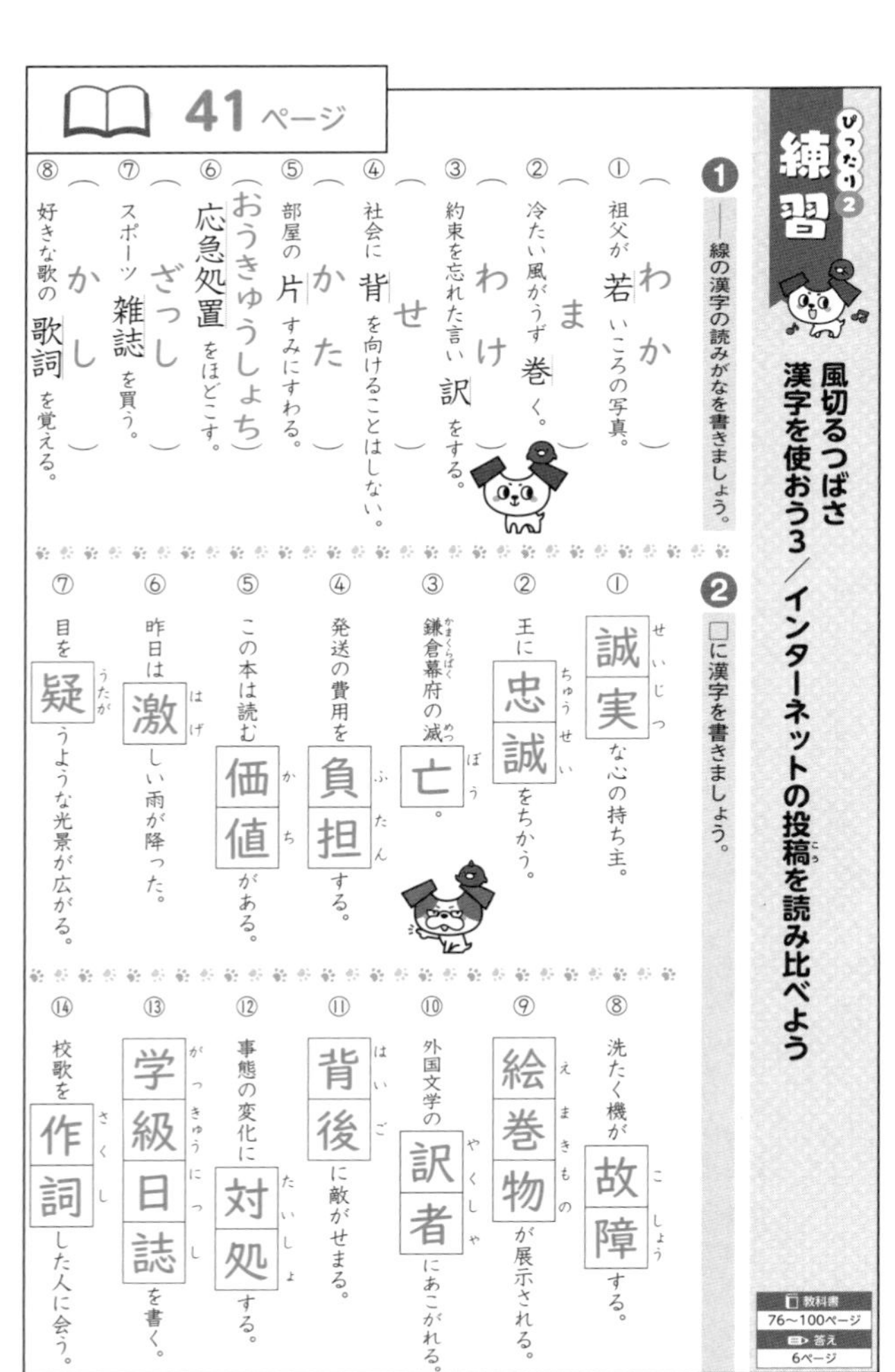

41ページ

練習 ぴったり2

風切るつばさ／漢字を使おう3／インターネットの投稿を読み比べよう

1 ――線の漢字の読みがなを書きましょう。

① 祖父が若いころの写真。（わか）
② 冷たい風がうず巻く。（ま）
③ 約束を忘れた言い訳をする。（わけ）
④ 社会に背を向けることはしない。（せ）
⑤ 部屋の片すみにすわる。（かた）
⑥ 応急処置をほどこす。（おうきゅうしょち）
⑦ スポーツ雑誌を買う。（ざっし）
⑧ 好きな歌の歌詞を覚える。（かし）

2 □に漢字を書きましょう。

① ［誠実］な心の持ち主。
② 王に［忠誠］をちかう。
③ 鎌倉幕府の滅［亡］。
④ 発送の費用を［負担］する。
⑤ この本は読む［価値］がある。
⑥ 昨日は［激］しい雨が降った。
⑦ 目を［疑］うような光景が広がる。
⑧ 洗たく機が［故障］する。
⑨ ［絵巻物］が展示される。
⑩ 外国文学の［訳者］にあこがれる。
⑪ ［背後］に敵がせまる。
⑫ 事態の変化に［対処］する。
⑬ ［学級日誌］を書く。
⑭ 校歌を［作詞］した人に会う。

教科書 76～100ページ　答え 6ページ

42ページ

練習 ぴったり2
風切るつばさ
漢字を使おう3／インターネットの投稿を読み比べよう

1 ――線の漢字の読みがなを書きましょう。

① （せいい） 誠意をもって接する。
② （ちゅうじつ） お手本を忠実になぞる。
③ （ぼうめい） 外国に亡命する。
④ （たんにん） 担任の先生に駅前で会う。
⑤ （すうち） 白血球の数値に注目する。
⑥ （はげ） 弟は食べ物の好ききらいが激しい。
⑦ （うたが） かれの話はどうも疑わしい。
⑧ （しょうじがみ） 祖母が障子紙を張りかえる。

2 □に漢字を書きましょう。

① 若者（わかもの）の意見を聞く。
② 日本民話集の上巻（じょうかん）を読む。
③ それは訳（わけ）の分からない言葉だ。
④ 友だちと背比（せいくら）べをする。
⑤ 道路の片側（かたがわ）の歩道。
⑥ いらないものは処分（しょぶん）する。
⑦ 週刊誌（しゅうかんし）の発売日。
⑧ 単語の品詞（ひんし）を調べる。
⑨ 誠心誠意（せいしんせいい）つくす。
⑩ 忠告（ちゅうこく）をすなおに受け入れる。
⑪ 有名人の死亡（しぼう）記事を読む。
⑫ みんなで作業を分担（ぶんたん）する。
⑬ 見る値打（ねう）ちのある映画。
⑭ すばらしい演奏に感激（かんげき）する。

教科書 76～100ページ　答え 7ページ

43ページ

練習 ぴったり2
風切るつばさ
漢字を使おう3／インターネットの投稿を読み比べよう

1 ――線の漢字の読みがなを書きましょう。

① （はんしんはんぎ） 話を半信半疑で聞く。
② （しょうがいぶつ） 道路上の障害物を除（のぞ）く。
③ （わかば） 山に若葉がしげる。
④ （ま） かのじょの技術には舌を巻く。
⑤ （わけ） 道理でおなかがすく訳だ。
⑥ （せなか） 背中がかゆい。
⑦ （かたとき） 片時も目がはなせない。
⑧ （しょほう） 処方せんを薬ざい師にわたす。

2 □に漢字を書きましょう。

① 学習雑誌（がくしゅうざっし）の付録。
② 動詞（どうし）という単語のはたらき。
③ 何事にも誠意（せいい）をもって行う。
④ 忠犬（ちゅうけん）ハチ公の像の前で待つ。
⑤ 平氏の興亡（こうぼう）をえがく。
⑥ 案内係を担当（たんとう）する。
⑦ 平均値（へいきんち）を求める。
⑧ 激（はげ）しい痛みを感じる。
⑨ 兄への疑（うたが）いが晴れる。
⑩ 安全を保障（ほしょう）する制度。
⑪ 番号の若（わか）い順に並ぶ。
⑫ 人気のまん画を全巻（ぜんかん）そろえる。
⑬ 人物画の背景（はいけい）に興味がわく。
⑭ 国会での質疑応答（しつぎおうとう）。

教科書 76～100ページ　答え 7ページ

44ページ

夏のチャレンジテスト①

時間 30分　/100　合格 80点
教科書 14～100ページ　答え 7ページ

1 ――線の漢字の読みがなを書きましょう。 一つ2点（32点）

① （あら）（まどべ） 洗ったハンカチを窓辺に干す。
② （えいが）（たんとうしゃ） 映画のチケットを担当者にわたす。
③ （りんじ）（すいてい） 臨時のコンサートには推定二千人が集まった。
④ （けいさつかん）（きび） 警察官が交通違反を厳しく取りしまる。
⑤ （すなば）（たわらがた） 砂場で子どもが俵形のおにぎりを作って遊ぶ。
⑥ （なら）（せいくら） 兄と並んで五年ぶりに背比べをする。
⑦ （はんちょう）（にっし） 新しい班長が決まったことを学級日誌に書いた。
⑧ （きょうり）（さんぱい） 父の郷里にある神社に参拝する。

※③「推定」とはあることをもとにして、おしはかって決めることです。

2 次の漢字の赤い部分は、何画目に書きますか。数字で答えましょう。 一つ2点（12点）

① 胸　九画目
② 域　九画目
③ 熟　十画目
④ 就　十画目
⑤ 若　四画目
⑥ 吸　六画目

※それぞれ筆順に気をつけて書こう。
②「域」一→十→土→圡→圢→坷→垣→域→域→域
⑥「吸」丨→冂→口→叨→吸→吸

45ページ

3 □に漢字を書きましょう。 一つ2点（28点）

① 敬語（けいご）を使って話す。
② 敵軍（てきぐん）に取り囲まれる。
③ 片手（かたて）で持つ。
④ 異議（いぎ）を唱える。
⑤ 開会を宣言（せんげん）する。
⑥ 歌の作詞（さくし）をする。
⑦ 机（つくえ）を整理する。
⑧ 姉は頭脳（ずのう）明せきだ。
⑨ 欲望（よくぼう）に負けない。
⑩ 大声で朗読（ろうどく）する。
⑪ 自分の目を疑（うたが）う。
⑫ 簡潔（かんけつ）に述べる。
⑬ 臓器（ぞうき）の移植手術。
⑭ 犬が舌（した）を出している。

※④「異議」を「異義」と書かないように注意しましょう。

4 次の――線の字は、同じ漢字でもそれぞれちがう読み方をします。――線の部分の読みがなを書きましょう。 一つ2点（16点）

① 保存（ぞん）　存在（そん）
② 鉄筋（きん）　筋道（すじ）
③ 供給（きょう）　お供え（そな）
④ 点呼（こ）　呼ぶ（よ）

※漢字には、音読みと訓読みの両方あることが多いですが、どちらかだけのこともあります。①は、ともに音読みです。

5 次の□に、上で示した読み方をする漢字を入れて、熟語を完成させましょう。 一つ2点（12点）

① シ　ア 容姿　イ 公私
② ダン　ア 階段　イ 暖冬
③ イ　ア 胃腸　イ 遺産

46ページ

夏のチャレンジテスト②

1 ――線の漢字の読みがなを書きましょう。 一つ2点(32点)

① 仁愛（じんあい）の心をもって、敬意（けいい）をはらう。
② 解決策（かいけつさく）をクラスみんなで議論（ぎろん）する。
③ 大きく息を吸（す）ってから、肺活量（はいかつりょう）を測る。
④ 美術館の所蔵（しょぞう）する作品が展示（てんじ）されている。
⑤ 列車の車窓（しゃそう）から、あざやかな若葉（わかば）が見えた。
⑥ 思わぬ誤解（ごかい）を受けたため、胸中（きょうちゅう）おだやかではない。
⑦ 「その考えは幼（おさな）いものだ」と忠告（ちゅうこく）を受けた。
⑧ 三番系統（けいとう）のバスに乗れば、郵便局（ゆうびんきょく）に行ける。

2 次の意味をもつ熟語を、□の漢字を組み合わせて作りましょう。 一つ2点(12点)

① ミルク。バターやチーズの原料。 牛乳
② 何度も同じ言葉や名前を大声で言うこと。 連呼
③ つけたしたり、おぎなったりすること。 補足
※読みは「ほそく」です。
④ 会社などを新しく始めること。 創業
※「創」には「つく-る」という読みも。
⑤ 組織や団体の一員としてくわわること。 加盟
⑥ 労働に対して支はらわれるおかね。 賃金

一文字目：賃 加 連 補 創 牛
二文字目：業 盟 足 乳 金 呼

時間30分 /100 合格80点
教科書 14～100ページ
答え 8ページ

47ページ

3 □に漢字を書きましょう。 一つ2点(28点)

① 裏庭（うらにわ）に樹木（じゅもく）を植える。
※①「裏」は字の形に注意しましょう。
② ご恩（おん）は決して忘（わす）れません。
※②「恩」と「思」を使い分けましょう。
③ 朝食を作るために卵（たまご）を割（わ）る。
※④「閉」には、「し-める」という読みもあります。
④ 目を閉（と）じて、宇宙（うちゅう）に思いをはせる。
⑤ トンネルをぬけると、視界（しかい）が急激（きゅうげき）に開けた。
⑥ 傷口（きずぐち）を消毒したあと、包帯を巻（ま）く。
⑦ 故障（こしょう）した機械にさわると危険（きけん）だ。

4 次の漢字の総画数を答えましょう。 一つ3点(12点)

① 穀 14画
② 革 9画
③ 善 12画
④ 刻 8画

②「革」は、初めの四画の書き順に気をつけましょう。

5 次の文からまちがって使われている漢字をぬき出して、正しい漢字を書きましょう。 一つ2点(16点)

例 上下間係が厳しい会社。 → ×間 ○関
① 秒糖にたくさんのアリが群がる。 → ×秒 ○砂
② 友達の談生日をみんなで祝う。 → ×談 ○誕
③ 夢中になって日墓れまで遊ぶ。 → ×墓 ○暮
④ 消防暑の見学を来週に予約する。 → ×暑 ○署

50ページ

ぴったり2 練習 心の動きを俳句で表そう／話し合って考えを深めよう 漢字を使おう4

1 ――線の漢字の読みがなを書きましょう。

① 落とし物を探（さが）す。
② 山沿（ぞ）いで雨が降る。
③ 株（かぶ）の売買をする。
④ 家に荷物が届（とど）く。
⑤ パーティー会場が盛（も）り上がる。
⑥ 改札口の前の券売機（けんばいき）。
⑦ 読本（とくほん）を使って勉強する。
⑧ 映画俳（はい）優のインタビューを見る。

2 □に漢字を書きましょう。

① 俳句（はいく）の勉強をする。
② 株式（かぶしき）会社を設立する。
③ 沿岸（えんがん）漁業が発展する。
④ 魚群を探知（たんち）する。
⑤ 祖父の家に届（とど）け物をする。
⑥ 夏の星座（せいざ）を観察する。
⑦ 川に沿（そ）って歩く。
⑧ 看護（かんご）学校で勉強する。
⑨ 音楽を専門（せんもん）にする。
⑩ 地図で座標（ざひょう）を確かめる。
⑪ 学校の近くを探検（たんけん）する。
⑫ 切り株（かぶ）にすわって休む。
⑬ 専任（せんにん）の講師になる。
⑭ ご飯を大盛（おおも）りにする。

教科書 112～123ページ
答え 8ページ

51ページ

ぴったり2 練習 心の動きを俳句で表そう／話し合って考えを深めよう 漢字を使おう4

1 ――線の漢字の読みがなを書きましょう。

① 祖父は有名な俳人（はいじん）だった。
② 真理を探究（たんきゅう）する。
③ はかりの目盛（めも）りを読み取る。
④ 玉座（ぎょくざ）にすわる。
⑤ 店の前に看板（かんばん）をかかげる。
⑥ お寺の修行で正座（せいざ）する。
⑦ 友だちに忘れ物を届（とど）ける。
⑧ 通学定期券（ていきけん）を購入する。

2 □に漢字を書きましょう。

① たなの上に手が届（とど）く。
② 看護師（かんごし）として働く。
③ 大雨で盛（も）り土がくずれる。
④ 遊園地の入場券（にゅうじょうけん）を買う。
⑤ 学業に専念（せんねん）する。
⑥ 休み時間に宝探（さが）しをする。
⑦ 弟の座高（ざこう）を測定する。
⑧ ランナーを沿道（えんどう）で応えんする。
⑨ 皿に料理を盛（も）りつける。
⑩ 座席（ざせき）を確保する。
⑪ 会社の株主（かぶぬし）になる。
⑫ お得な乗車券（じょうしゃけん）を見つける。
⑬ プログラミングを専門（せんもん）に学ぶ。
⑭ 白線に沿（そ）って走る。

教科書 112～123ページ
答え 8ページ

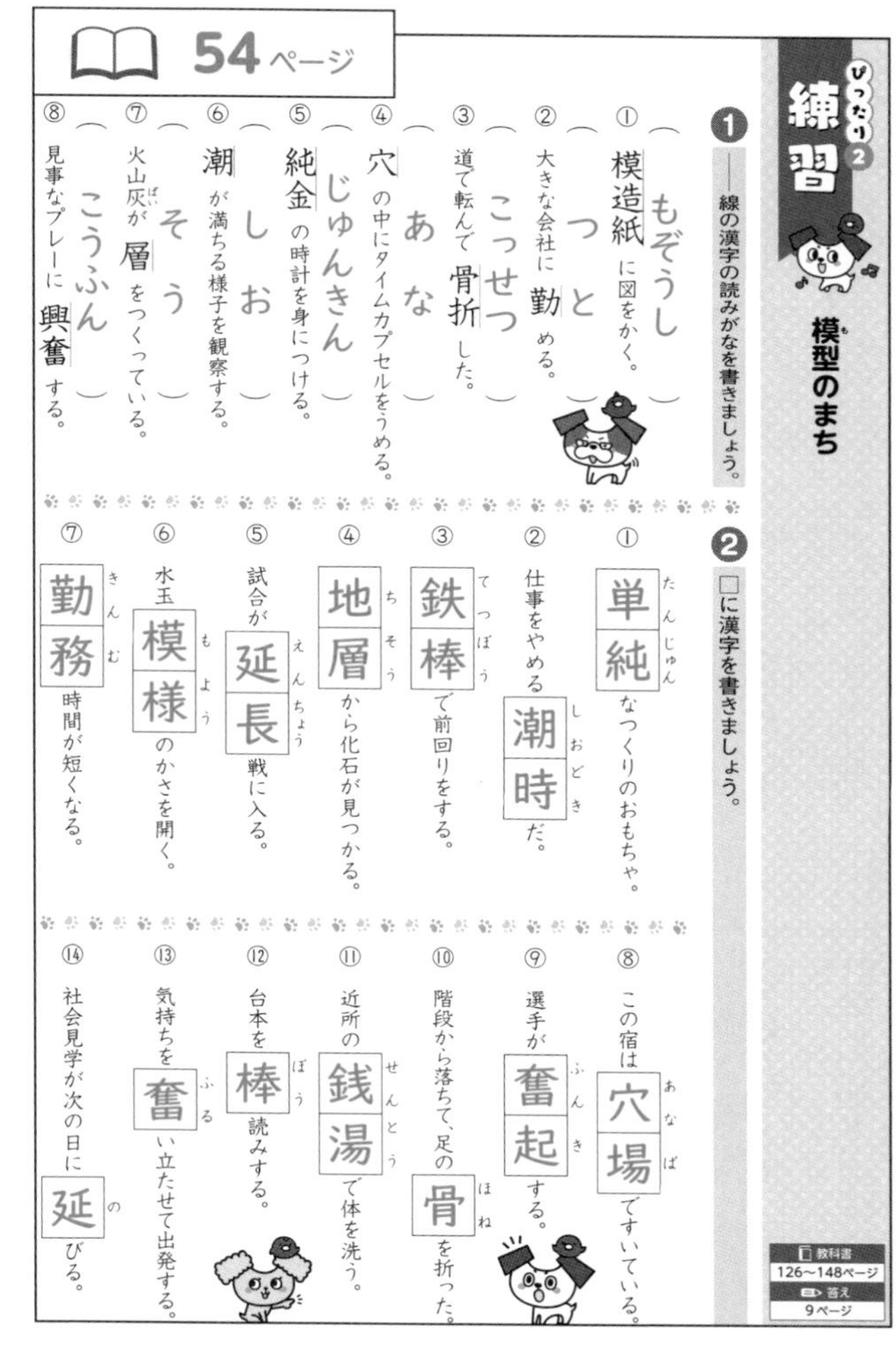
54ページ

練習 ぴったり2

模型のまち

1 ——線の漢字の読みがなを書きましょう。

① 模造紙に図をかく。（もぞうし）
② 大きな会社に勤める。（つと）
③ 道で転んで骨折した。（こっせつ）
④ 穴の中にタイムカプセルをうめる。（あな）
⑤ 純金の時計を身につける。（じゅんきん）
⑥ 潮が満ちる様子を観察する。（しお）
⑦ 火山灰が層をつくっている。（そう）
⑧ 見事なプレーに興奮する。（こうふん）

2 □に漢字を書きましょう。

① 単純（たんじゅん）なつくりのおもちゃ。
② 仕事をやめる潮時（しおどき）だ。
③ 鉄棒（てつぼう）で前回りをする。
④ 地層（ちそう）から化石が見つかる。
⑤ 試合が延長（えんちょう）戦に入る。
⑥ 水玉模様（もよう）のかさを開く。
⑦ 勤務（きんむ）時間が短くなる。
⑧ この宿は穴場（あなば）ですいている。
⑨ 選手が奮起（ふんき）する。
⑩ 階段から落ちて、足の骨（ほね）を折った。
⑪ 近所の銭湯（せんとう）で体を洗う。
⑫ 台本を棒（ぼう）読みする。
⑬ 気持ちを奮（ふる）い立たせて出発する。
⑭ 社会見学が次の日に延（の）びる。

教科書 126〜148ページ 答え 9ページ

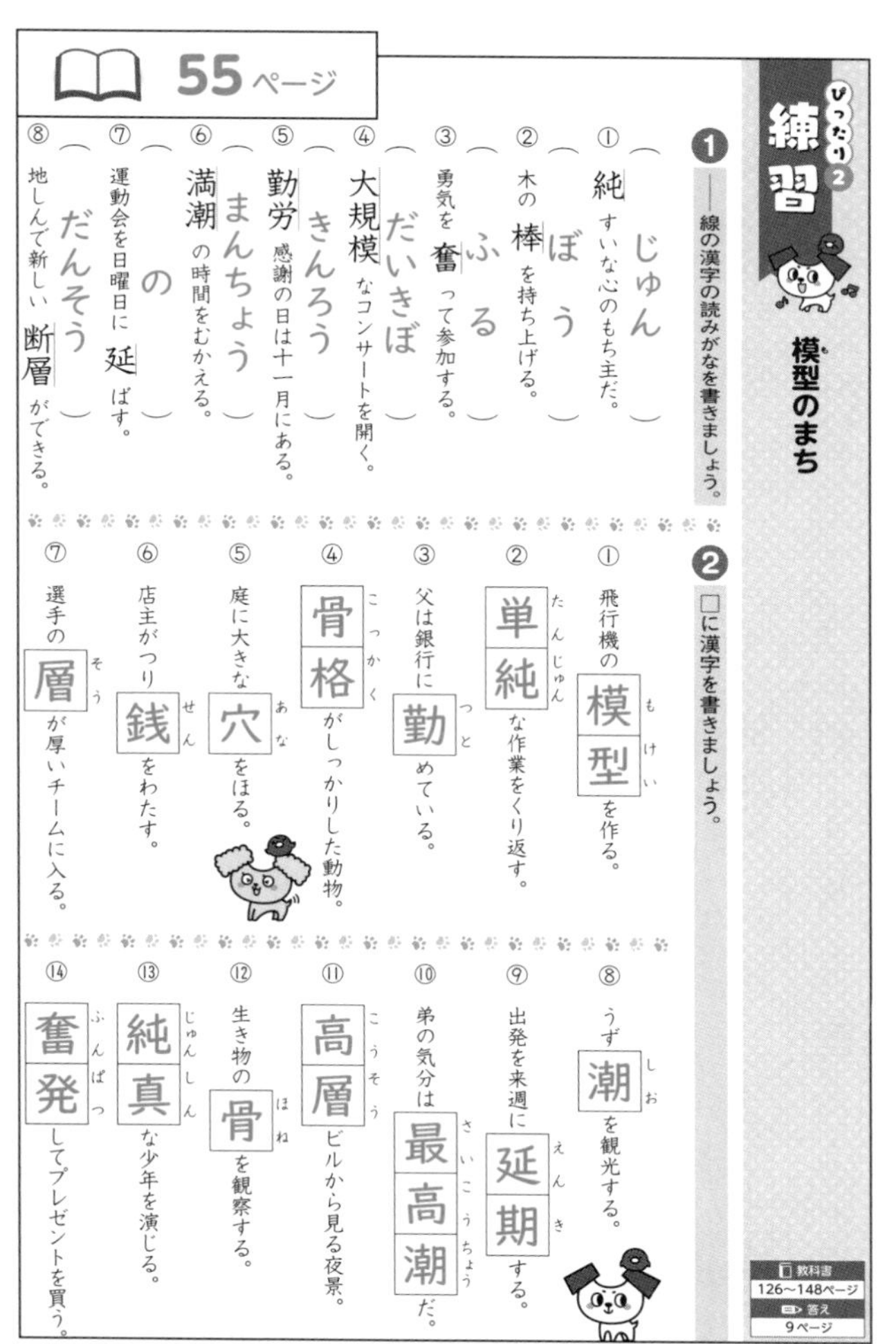
55ページ

練習 ぴったり2

模型のまち

1 ——線の漢字の読みがなを書きましょう。

① 純すいな心のもち主だ。（じゅん）
② 木の棒を持ち上げる。（ぼう）
③ 勇気を奮って参加する。（ふる）
④ 大規模なコンサートを開く。（だいきぼ）
⑤ 勤労感謝の日は十一月にある。（きんろう）
⑥ 満潮の時間をむかえる。（まんちょう）
⑦ 運動会を日曜日に延ばす。（の）
⑧ 地しんで新しい断層ができる。（だんそう）

2 □に漢字を書きましょう。

① 飛行機の模型（もけい）を作る。
② 単純（たんじゅん）な作業をくり返す。
③ 父は銀行に勤（つと）めている。
④ 骨格（こっかく）がしっかりした動物。
⑤ 庭に大きな穴（あな）をほる。
⑥ 店主がつり銭（せん）をわたす。
⑦ 選手の層（そう）が厚いチームに入る。
⑧ うず潮（しお）を観光する。
⑨ 出発を来週に延期（えんき）する。
⑩ 弟の気分は最高潮（さいこうちょう）だ。
⑪ 高層（こうそう）ビルから見る夜景。
⑫ 生き物の骨（ほね）を観察する。
⑬ 純真（じゅんしん）な少年を演じる。
⑭ 奮発（ふんぱつ）してプレゼントを買う。

教科書 126〜148ページ 答え 9ページ

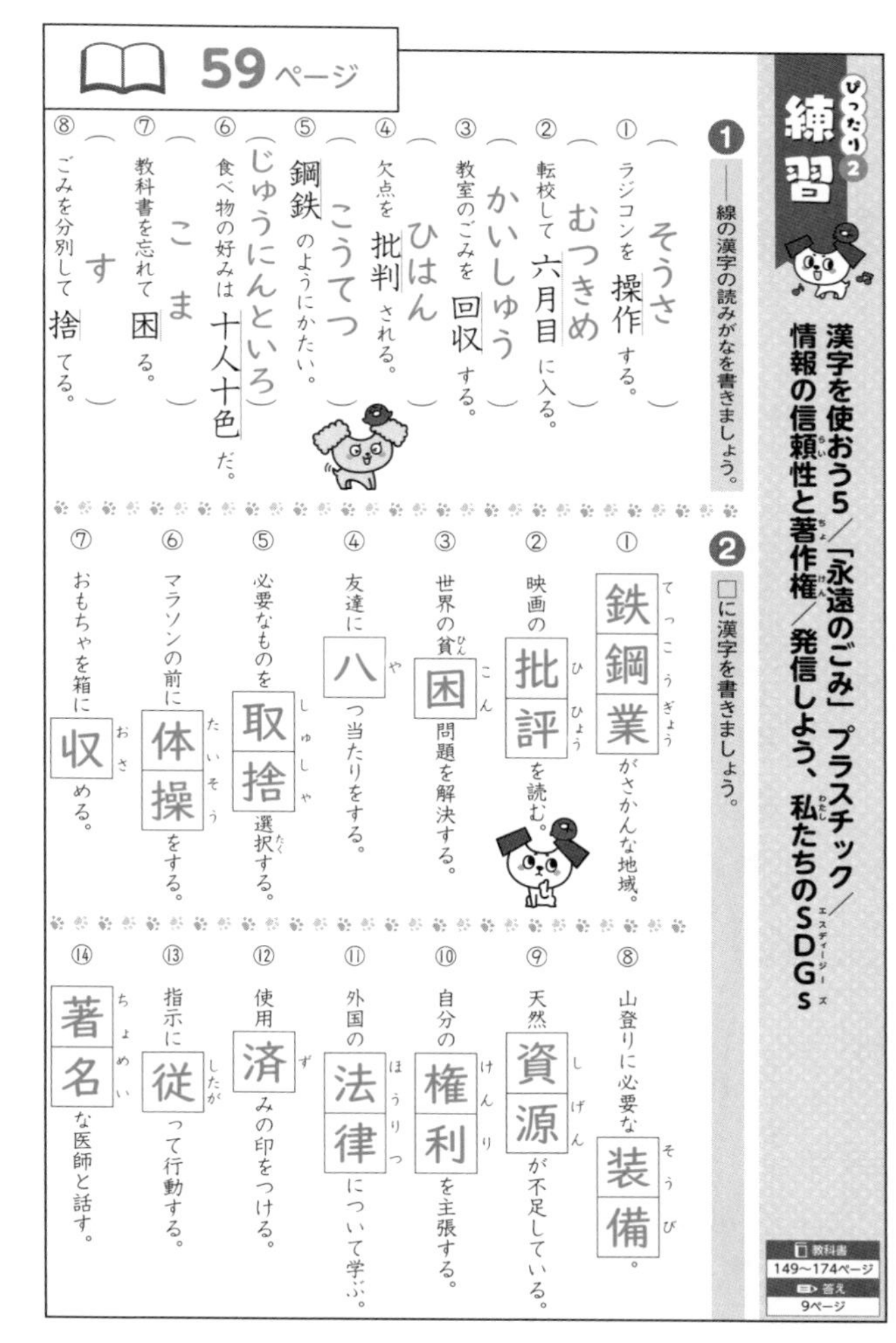
59ページ

練習 ぴったり2

漢字を使おう5／「永遠のごみ」プラスチック／情報の信頼性と著作権／発信しよう、私たちのSDGs

1 ——線の漢字の読みがなを書きましょう。

① ラジコンを操作する。（そうさ）
② 転校して六月目に入る。（むつきめ）
③ 教室のごみを回収する。（かいしゅう）
④ 欠点を批判される。（ひはん）
⑤ 鋼鉄のようにかたい。（こうてつ）
⑥ 食べ物の好みは十人十色だ。（じゅうにんといろ）
⑦ 教科書を忘れて困る。（こま）
⑧ ごみを分別して捨てる。（す）

2 □に漢字を書きましょう。

① 鉄鋼業（てっこうぎょう）がさかんな地域。
② 映画の批評（ひひょう）を読む。
③ 世界の貧困（ひんこん）問題を解決する。
④ 友達に八（や）つ当たりをする。
⑤ 必要なものを取捨（しゅしゃ）選択する。
⑥ マラソンの前に体操（たいそう）をする。
⑦ おもちゃを箱に収（おさ）める。
⑧ 山登りに必要な装備（そうび）。
⑨ 天然資源（しげん）が不足している。
⑩ 自分の権利（けんり）を主張する。
⑪ 外国の法律（ほうりつ）について学ぶ。
⑫ 使用済（ず）みの印をつける。
⑬ 指示に従（したが）って行動する。
⑭ 著名（ちょめい）な医師と話す。

教科書 149〜174ページ 答え 9ページ

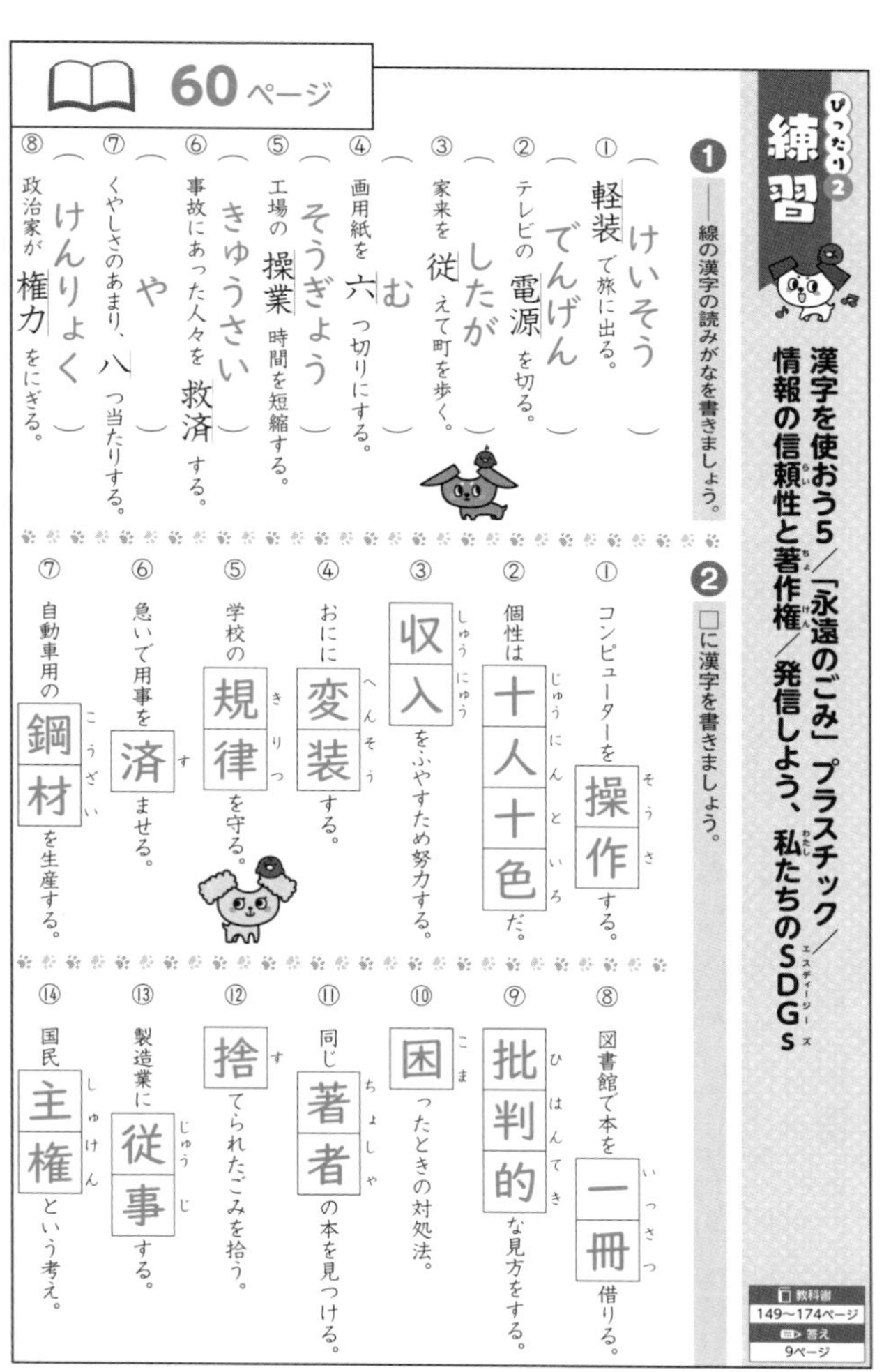
60ページ

練習 ぴったり2

漢字を使おう5／「永遠のごみ」プラスチック／情報の信頼性と著作権／発信しよう、私たちのSDGs

1 ——線の漢字の読みがなを書きましょう。

① 軽装で旅に出る。（けいそう）
② テレビの電源を切る。（でんげん）
③ 家来を従えて町を歩く。（したが）
④ 画用紙を六つ切りにする。（む）
⑤ 工場の操業時間を短縮する。（そうぎょう）
⑥ 事故にあった人々を救済する。（きゅうさい）
⑦ くやしさのあまり、八つ当たりする。（や）
⑧ 政治家が権力をにぎる。（けんりょく）

2 □に漢字を書きましょう。

① コンピューターを操作（そうさ）する。
② 個性は十人十色（じゅうにんといろ）だ。
③ 収入（しゅうにゅう）をふやすため努力する。
④ おにに変装（へんそう）する。
⑤ 学校の規律（きりつ）を守る。
⑥ 急いで用事を済（す）ませる。
⑦ 自動車用の鋼材（こうざい）を生産する。
⑧ 図書館で本を一冊（いっさつ）借りる。
⑨ 批判的（ひはんてき）な見方をする。
⑩ 困（こま）ったときの対処法。
⑪ 同じ著者（ちょしゃ）の本を見つける。
⑫ 捨（す）てられたごみを拾う。
⑬ 製造業に従事（じゅうじ）する。
⑭ 国民主権（しゅけん）という考え。

教科書 149〜174ページ 答え 9ページ

61ページ

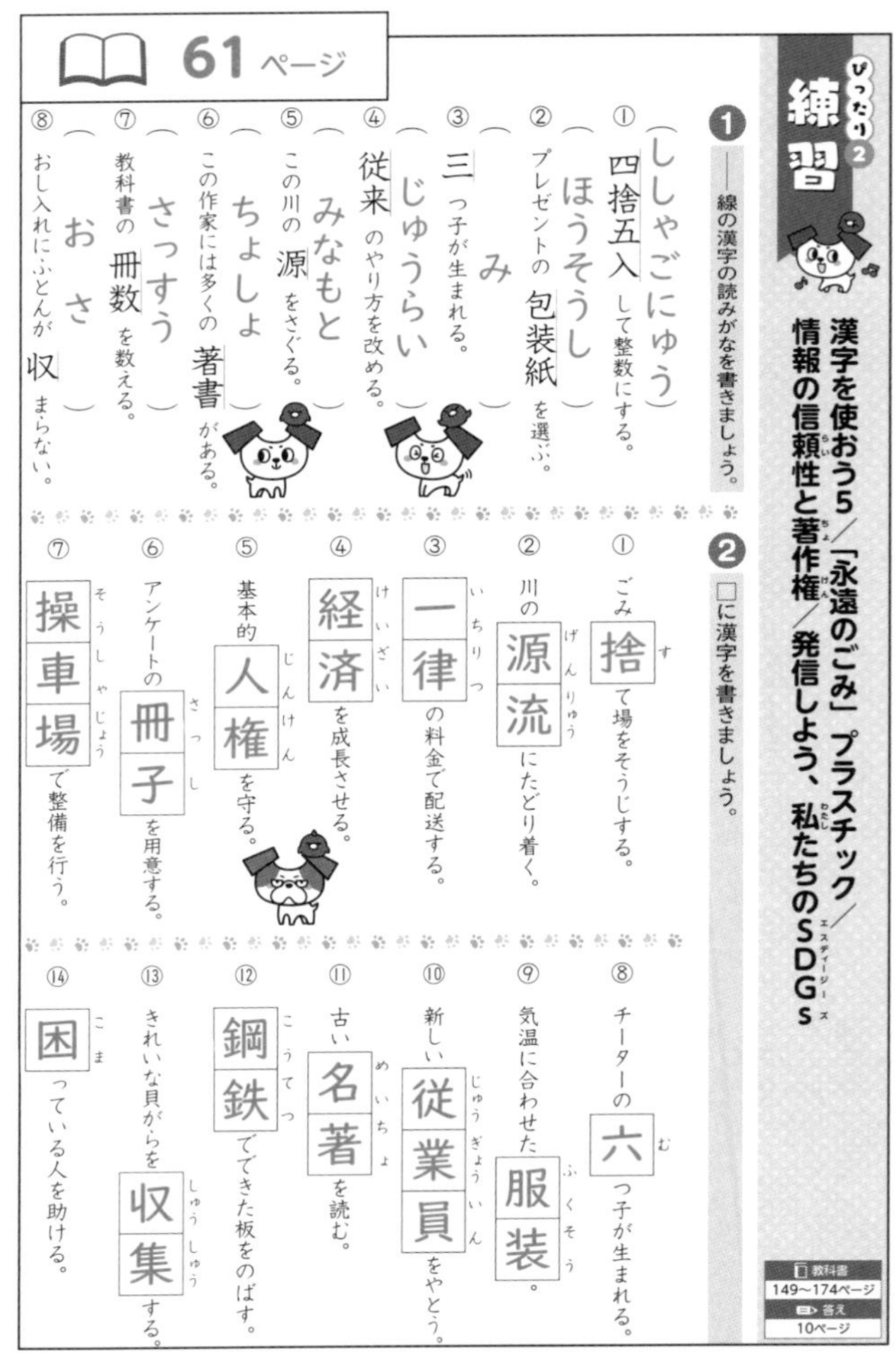

練習 ぴったり2

漢字を使おう5／「永遠のごみ」プラスチック／情報の信頼性と著作権／発信しよう、私たちのSDGs

1 ――線の漢字の読みがなを書きましょう。

① 四捨五入して整数にする。（ししゃごにゅう）
② プレゼントの包装紙を選ぶ。（ほうそうし）
③ 三つ子が生まれる。（み）
④ 従来のやり方を改める。（じゅうらい）
⑤ この川の源をさぐる。（みなもと）
⑥ この作家には多くの著書がある。（ちょしょ）
⑦ 教科書の冊数を数える。（さっすう）
⑧ おし入れにふとんが収まらない。（おさ）

2 □に漢字を書きましょう。

① ごみ［捨］て場をそうじする。
② 川の［源流］にたどり着く。
③ ［一律］の料金で配送する。
④ ［経済］を成長させる。
⑤ 基本的［人権］を守る。
⑥ アンケートの［冊子］を用意する。
⑦ ［操車場］で整備を行う。
⑧ チーターの［六］つ子が生まれる。
⑨ 気温に合わせた［服装］。
⑩ 新しい［従業員］をやとう。
⑪ 古い［名著］を読む。
⑫ ［鋼鉄］でできた板をのばす。
⑬ きれいな貝がらを［収集］する。
⑭ ［困］っている人を助ける。

教科書 149～174ページ　答え 10ページ

64ページ

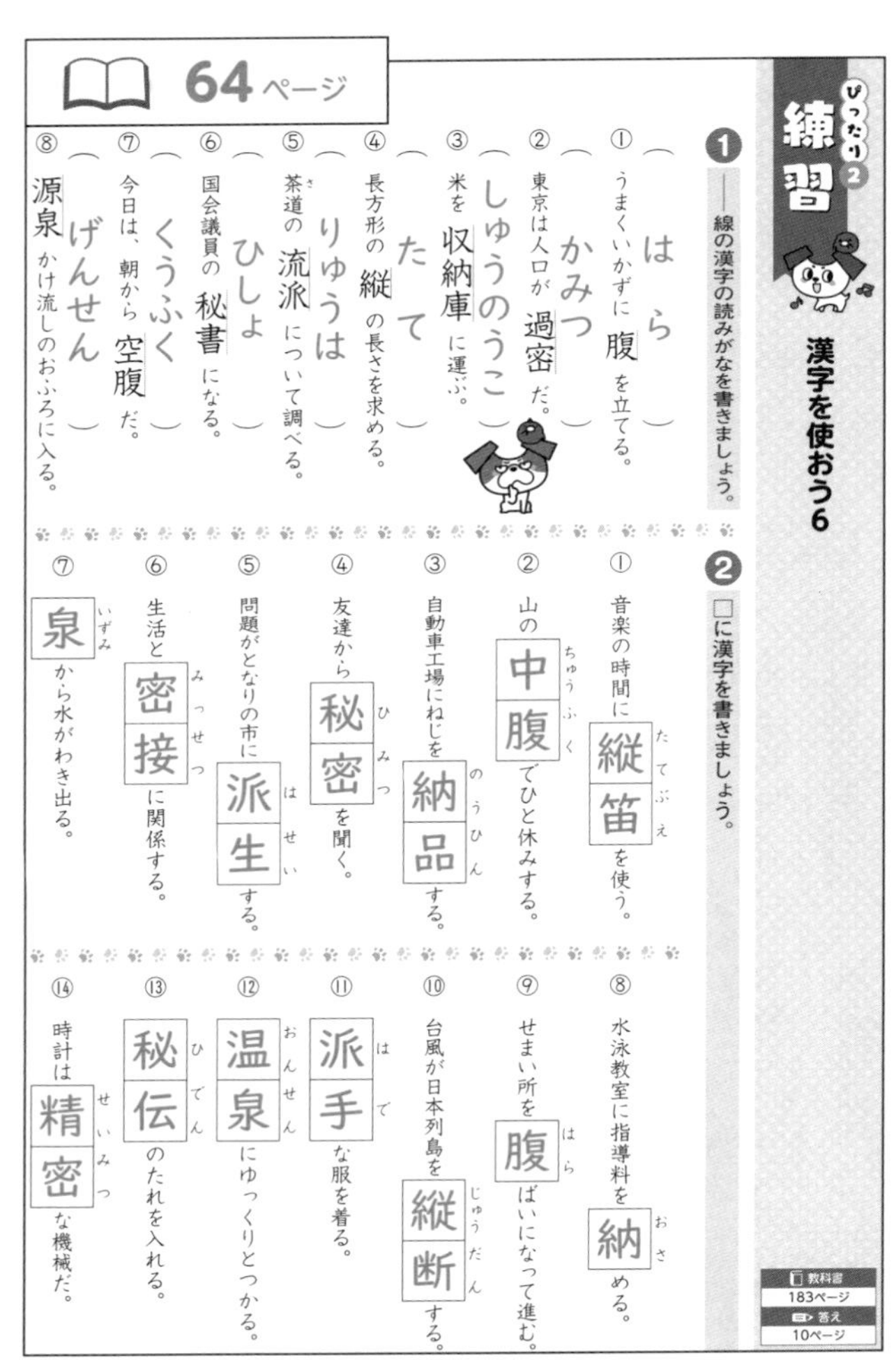

練習 ぴったり2

漢字を使おう6

1 ――線の漢字の読みがなを書きましょう。

① うまくいかずに腹を立てる。（はら）
② 東京は人口が過密だ。（かみつ）
③ 米を収納庫に運ぶ。（しゅうのうこ）
④ 長方形の縦の長さを求める。（たて）
⑤ 茶道の流派について調べる。（りゅうは）
⑥ 国会議員の秘書になる。（ひしょ）
⑦ 今日は、朝から空腹だ。（くうふく）
⑧ 源泉かけ流しのおふろに入る。（げんせん）

2 □に漢字を書きましょう。

① 音楽の時間に［縦笛］を使う。
② 山の［中腹］でひと休みする。
③ 自動車工場にねじを［納品］する。
④ 友達から［秘密］を聞く。
⑤ 問題がとなりの市に［派生］する。
⑥ 生活と［密接］に関係する。
⑦ ［泉］から水がわき出る。
⑧ 水泳教室に指導料を［納］める。
⑨ せまい所を［腹］ばいになって進む。
⑩ 台風が日本列島を［縦断］する。
⑪ ［派手］な服を着る。
⑫ ［温泉］にゆっくりとつかる。
⑬ ［秘伝］のたれを入れる。
⑭ 時計は［精密］な機械だ。

教科書 183ページ　答え 10ページ

67ページ

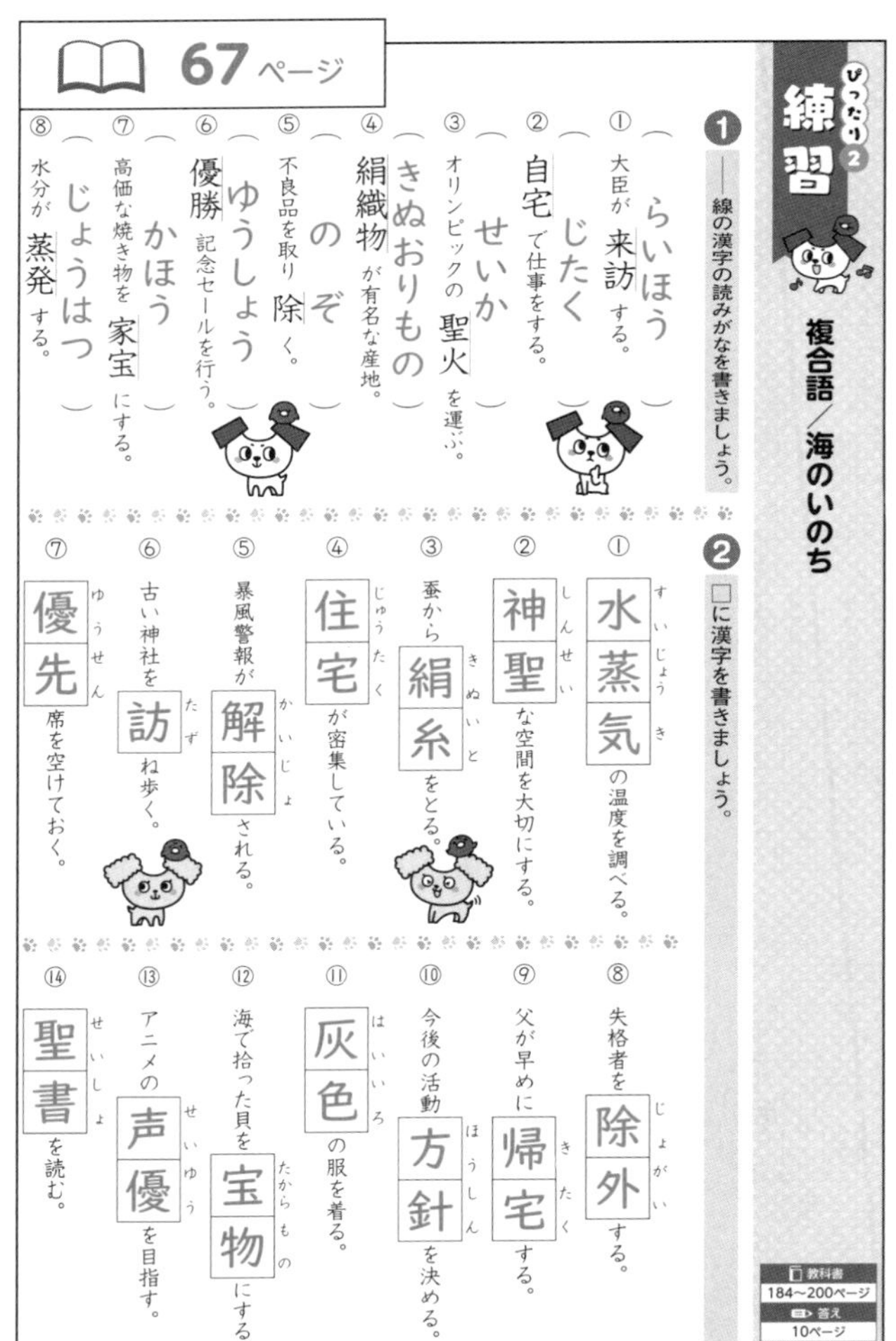

練習 ぴったり2

複合語／海のいのち

1 ――線の漢字の読みがなを書きましょう。

① 大臣が来訪する。（らいほう）
② 自宅で仕事をする。（じたく）
③ オリンピックの聖火を運ぶ。（せいか）
④ 絹織物が有名な産地。（きぬおりもの）
⑤ 不良品を取り除く。（のぞ）
⑥ 優勝記念セールを行う。（ゆうしょう）
⑦ 高価な焼き物を家宝にする。（かほう）
⑧ 水分が蒸発する。（じょうはつ）

2 □に漢字を書きましょう。

① ［水蒸気］の温度を調べる。
② ［神聖］な空間を大切にする。
③ 蚕から［絹糸］をとる。
④ ［住宅］が密集している。
⑤ 暴風警報が［解除］される。
⑥ 古い神社を［訪］ね歩く。
⑦ ［優先］席を空けておく。
⑧ 失格者を［除外］する。
⑨ 父が早めに［帰宅］する。
⑩ 今後の活動［方針］を決める。
⑪ ［灰色］の服を着る。
⑫ 海で拾った貝を［宝物］にする。
⑬ アニメの［声優］を目指す。
⑭ ［聖書］を読む。

教科書 184～200ページ　答え 10ページ

68ページ

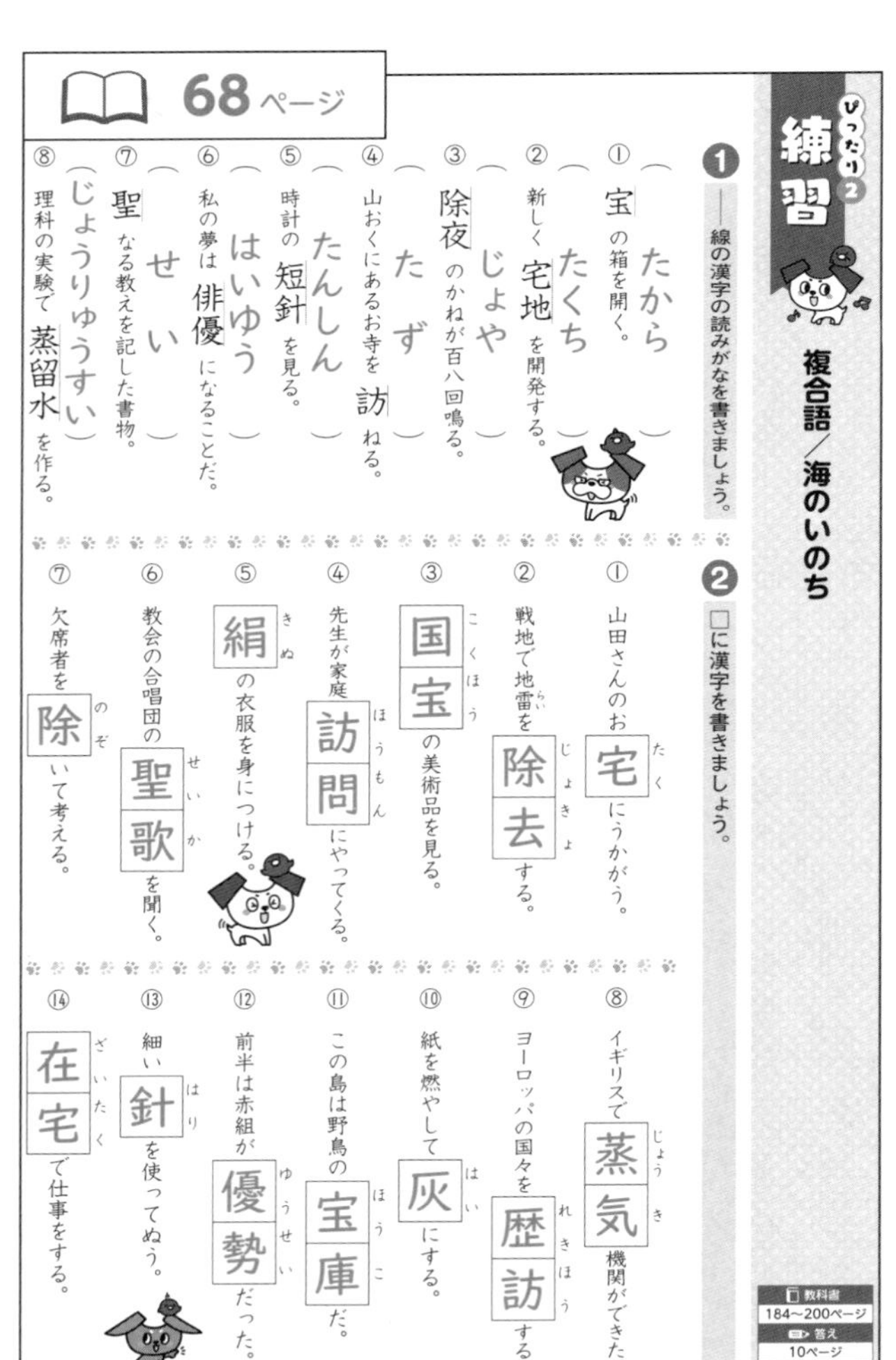

練習 ぴったり2

複合語／海のいのち

1 ――線の漢字の読みがなを書きましょう。

① 宝の箱を開く。（たから）
② 新しく宅地を開発する。（たくち）
③ 除夜のかねが百八回鳴る。（じょや）
④ 山おくにあるお寺を訪ねる。（たず）
⑤ 時計の短針を見る。（たんしん）
⑥ 私の夢は俳優になることだ。（はいゆう）
⑦ 聖なる教えを記した書物。（せい）
⑧ 理科の実験で蒸留水を作る。（じょうりゅうすい）

2 □に漢字を書きましょう。

① 山田さんのお［宅］にうかがう。
② 戦地で地雷を［除去］する。
③ ［国宝］の美術品を見る。
④ 先生が家庭［訪問］にやってくる。
⑤ ［絹］の衣服を身につける。
⑥ 教会の合唱団の［聖歌］を聞く。
⑦ 欠席者を［除］いて考える。
⑧ イギリスで［蒸気］機関ができた。
⑨ ヨーロッパの国々を［歴訪］する。
⑩ 紙を燃やして［灰］にする。
⑪ この島は野鳥の［宝庫］だ。
⑫ 前半は赤組が［優勢］だった。
⑬ 細い［針］を使ってぬう。
⑭ ［在宅］で仕事をする。

教科書 184～200ページ　答え 10ページ

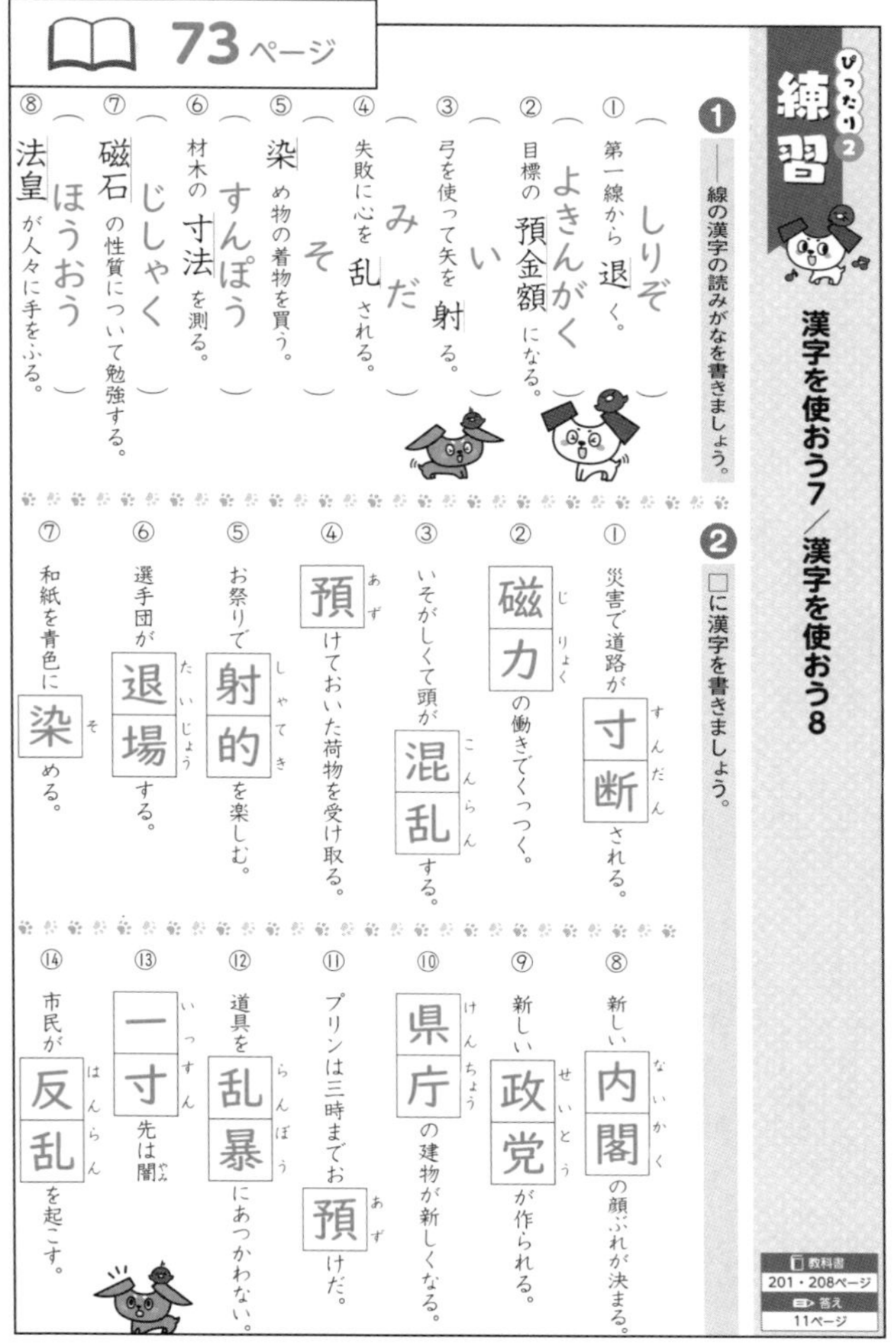

73ページ

練習 ぴったり2

漢字を使おう7／漢字を使おう8

1 ―線の漢字の読みがなを書きましょう。

① 第一線から退く。（しりぞ）
② 目標の預金額になる。（よきんがく）
③ 弓を使って矢を射る。（い）
④ 失敗に心を乱される。（みだ）
⑤ 染め物の着物を買う。（そ）
⑥ 材木の寸法を測る。（すんぽう）
⑦ 磁石の性質について勉強する。（じしゃく）
⑧ 法皇が人々に手をふる。（ほうおう）

2 □に漢字を書きましょう。

① 災害で道路が寸断される。
② 磁力の働きでくっつく。
③ いそがしくて頭が混乱する。
④ 預けておいた荷物を受け取る。
⑤ お祭りで射的を楽しむ。
⑥ 選手団が退場する。
⑦ 和紙を青色に染める。
⑧ 新しい内閣の顔ぶれが決まる。
⑨ 新しい政党が作られる。
⑩ 県庁の建物が新しくなる。
⑪ プリンは三時までお預けだ。
⑫ 道具を乱暴にあつかわない。
⑬ 一寸先は闇。
⑭ 市民が反乱を起こす。

教科書 201・208ページ 答え 11ページ

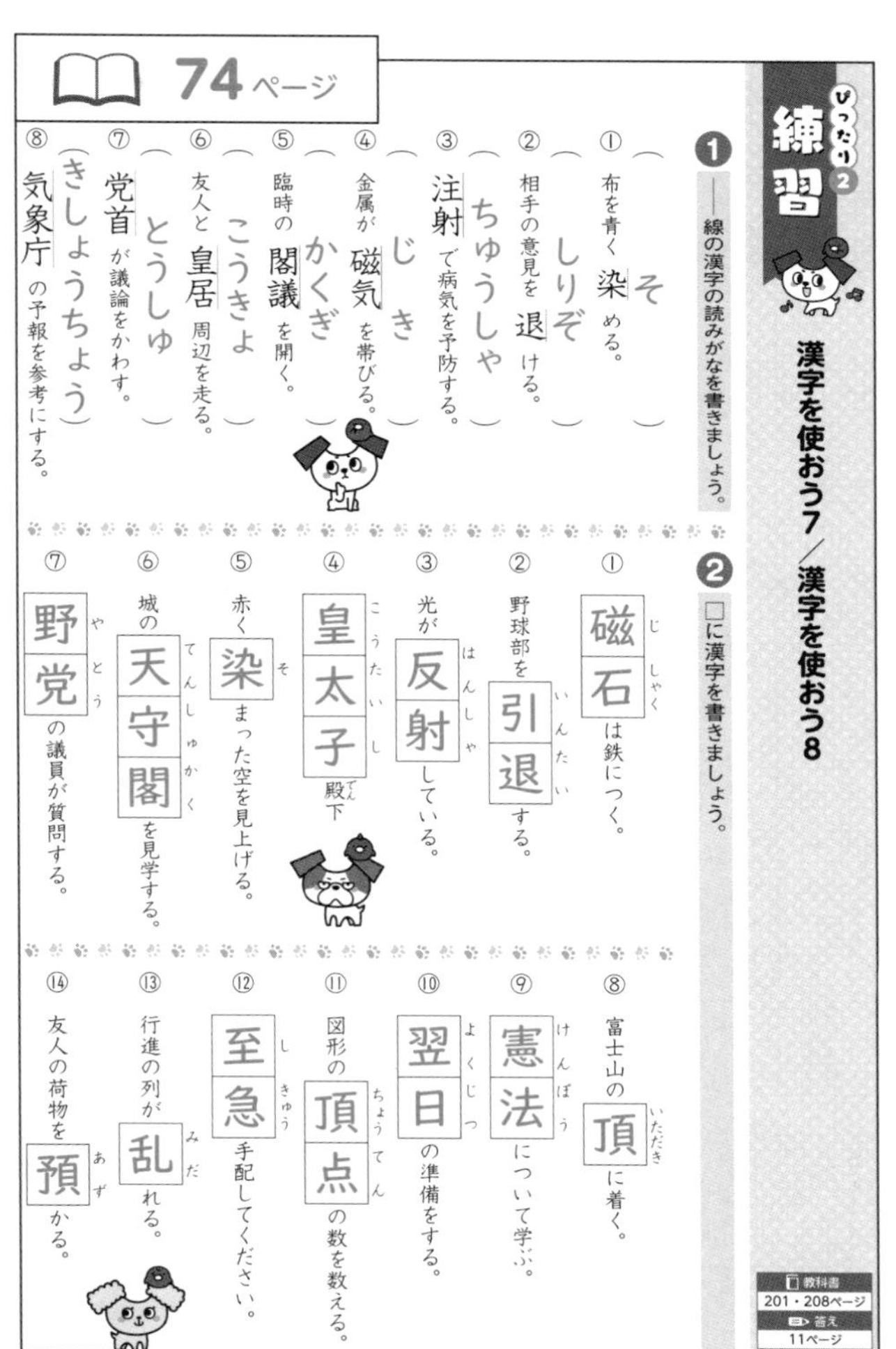

74ページ

練習 ぴったり2

漢字を使おう7／漢字を使おう8

1 ―線の漢字の読みがなを書きましょう。

① 布を青く染める。（そ）
② 相手の意見を退ける。（しりぞ）
③ 注射で病気を予防する。（ちゅうしゃ）
④ 金属が磁気を帯びる。（じき）
⑤ 臨時の閣議を開く。（かくぎ）
⑥ 友人と皇居周辺を走る。（こうきょ）
⑦ 党首が議論をかわす。（とうしゅ）
⑧ 気象庁の予報を参考にする。（きしょうちょう）

2 □に漢字を書きましょう。

① 磁石は鉄につく。
② 野球部を引退する。
③ 光が反射している。
④ 皇太子殿下
⑤ 赤く染まった空を見上げる。
⑥ 城の天守閣を見学する。
⑦ 野党の議員が質問する。
⑧ 富士山の頂に着く。
⑨ 憲法について学ぶ。
⑩ 翌日の準備をする。
⑪ 図形の頂点の数を数える。
⑫ 至急手配してください。
⑬ 行進の列が乱れる。
⑭ 友人の荷物を預かる。

教科書 201・208ページ 答え 11ページ

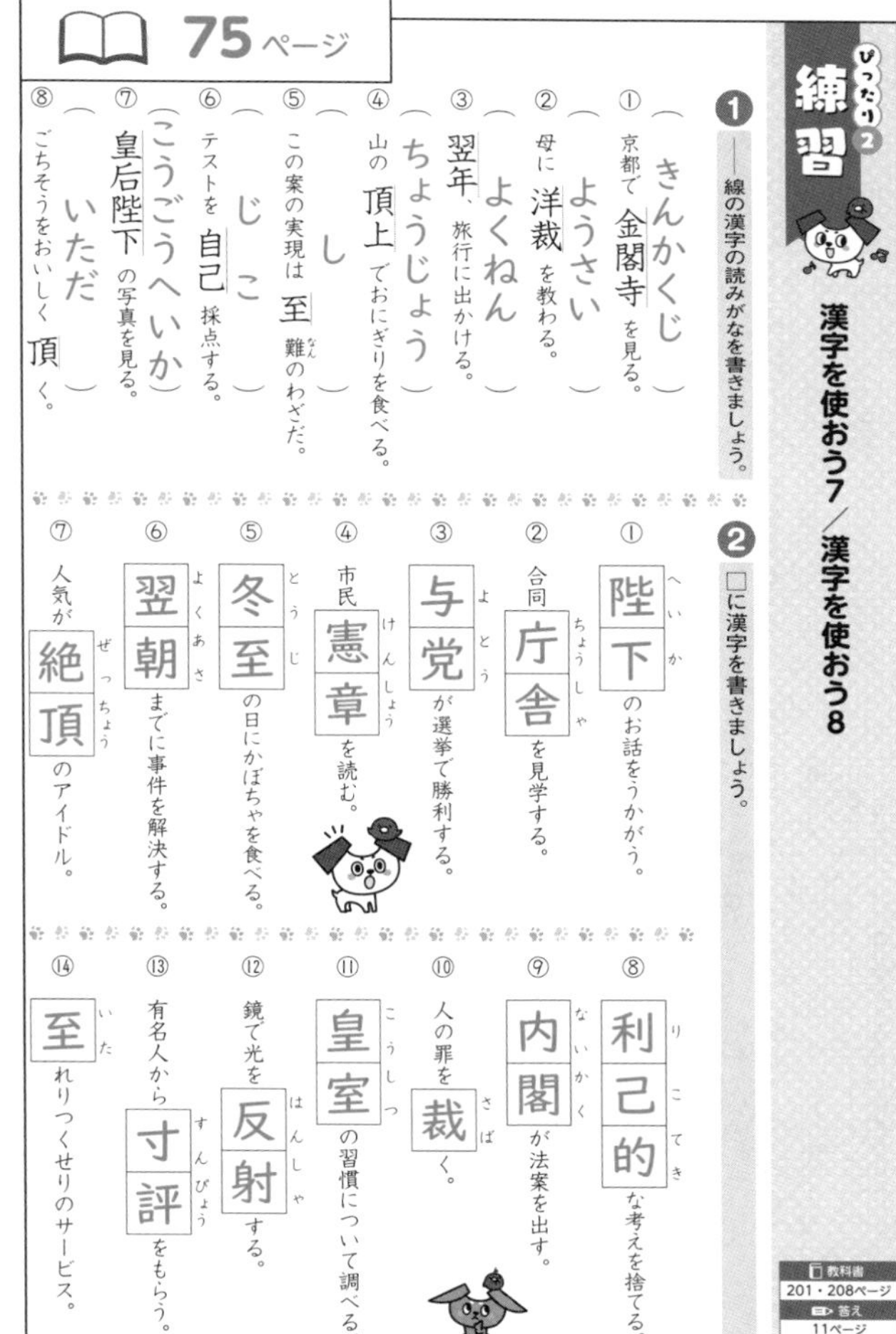

75ページ

練習 ぴったり2

漢字を使おう7／漢字を使おう8

1 ―線の漢字の読みがなを書きましょう。

① 京都で金閣寺を見る。（きんかくじ）
② 母に洋裁を教わる。（ようさい）
③ 翌年、旅行に出かける。（よくねん）
④ 山の頂上でおにぎりを食べる。（ちょうじょう）
⑤ この案の実現は至難のわざだ。（し）
⑥ テストを自己採点する。（じこ）
⑦ 皇后陛下の写真を見る。（こうごうへいか）
⑧ ごちそうをおいしく頂く。（いただ）

2 □に漢字を書きましょう。

① 陛下のお話をうかがう。
② 合同庁舎を見学する。
③ 与党が選挙で勝利する。
④ 市民憲章を読む。
⑤ 冬至の日にかぼちゃを食べる。
⑥ 翌朝までに事件を解決する。
⑦ 人気が絶頂のアイドル。
⑧ 利己的な考えを捨てる。
⑨ 内閣が法案を出す。
⑩ 人の罪を裁く。
⑪ 皇室の習慣について調べる。
⑫ 鏡で光を反射する。
⑬ 有名人から寸評をもらう。
⑭ 至れりつくせりのサービス。

教科書 201・208ページ 答え 11ページ

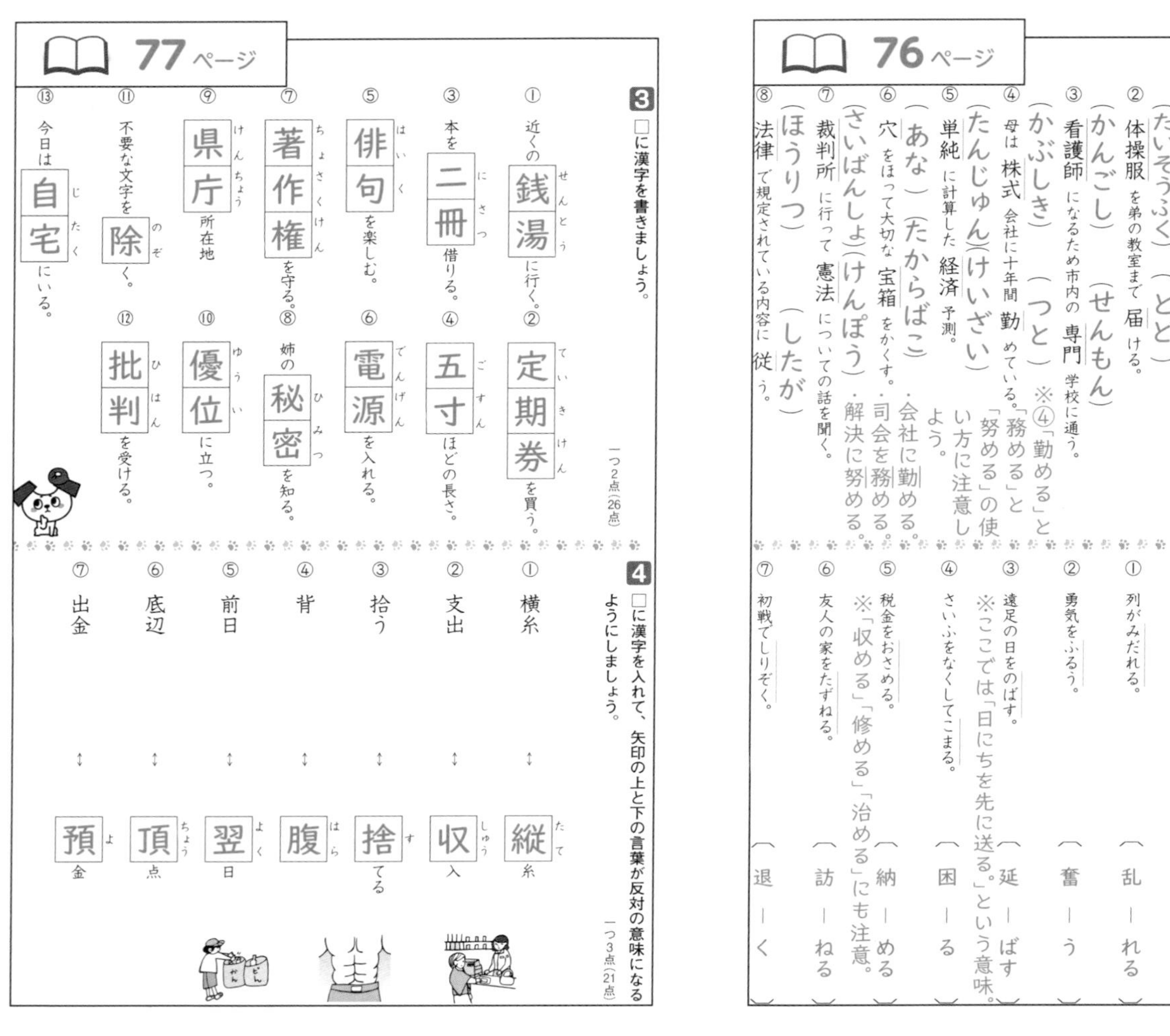

76ページ

冬のチャレンジテスト①

時間30分　／100　合格80点
教科書112〜208ページ　答え12ページ

1 ——線の漢字の読みがなを書きましょう。　一つ2点(32点)

① 空いている座席をみんなで探す。（ざせき）（さが）
② 体操服を弟の教室まで届ける。（たいそうふく）（とど）
③ 看護師になるため市内の専門学校に通う。（かんごし）（せんもん）
④ 母は株式会社に十年間勤めている。（かぶしき）（つと）
※④「勤める」と「努める」の使い方に注意しよう。
・会社に勤める。・司会を務める。・解決に努める。
⑤ 単純に計算した経済予測。（たんじゅん）（けいざい）
⑥ 穴をほって大切な宝箱をかくす。（あな）（たからばこ）
⑦ 裁判所に行って憲法についての話を聞く。（さいばんしょ）（けんぽう）
⑧ 法律で規定されている内容に従う。（ほうりつ）（したが）

2 ——線の部分を、漢字と送りがなに直して書きましょう。　一つ3点(21点)

例 演説をおこなう。（行う）
① 列がみだれる。（乱れる）
② 勇気をふるう。（奮う）
③ 遠足の日をのばす。（延ばす）
※ここでは「日にちを先に送る」という意味。
④ さいふをなくしてこまる。（困る）
⑤ 税金をおさめる。（納める）
※「収める」「修める」「治める」にも注意。
⑥ 友人の家をたずねる。（訪ねる）
⑦ 初戦でしりぞく。（退く）

77ページ

3 □に漢字を書きましょう。　一つ2点(26点)

① 近くの銭湯に行く。
② 定期券を買う。
③ 本を二冊借りる。
④ 五寸ほどの長さ。
⑤ 俳句を楽しむ。
⑥ 電源を入れる。
⑦ 著作権を守る。
⑧ 姉の秘密を知る。
⑨ 県庁所在地
⑩ 優位に立つ。
⑪ 不要な文字を除く。
⑫ 批判を受ける。
⑬ 今日は自宅にいる。

4 □に漢字を入れて、矢印の上と下の言葉が反対の意味になるようにしましょう。　一つ3点(21点)

① 横糸 ↕ 縦糸
② 支出 ↕ 収入
③ 拾う ↕ 捨てる
④ 背 ↕ 腹
⑤ 前日 ↕ 翌日
⑥ 底辺 ↕ 頂点
⑦ 出金 ↕ 預金

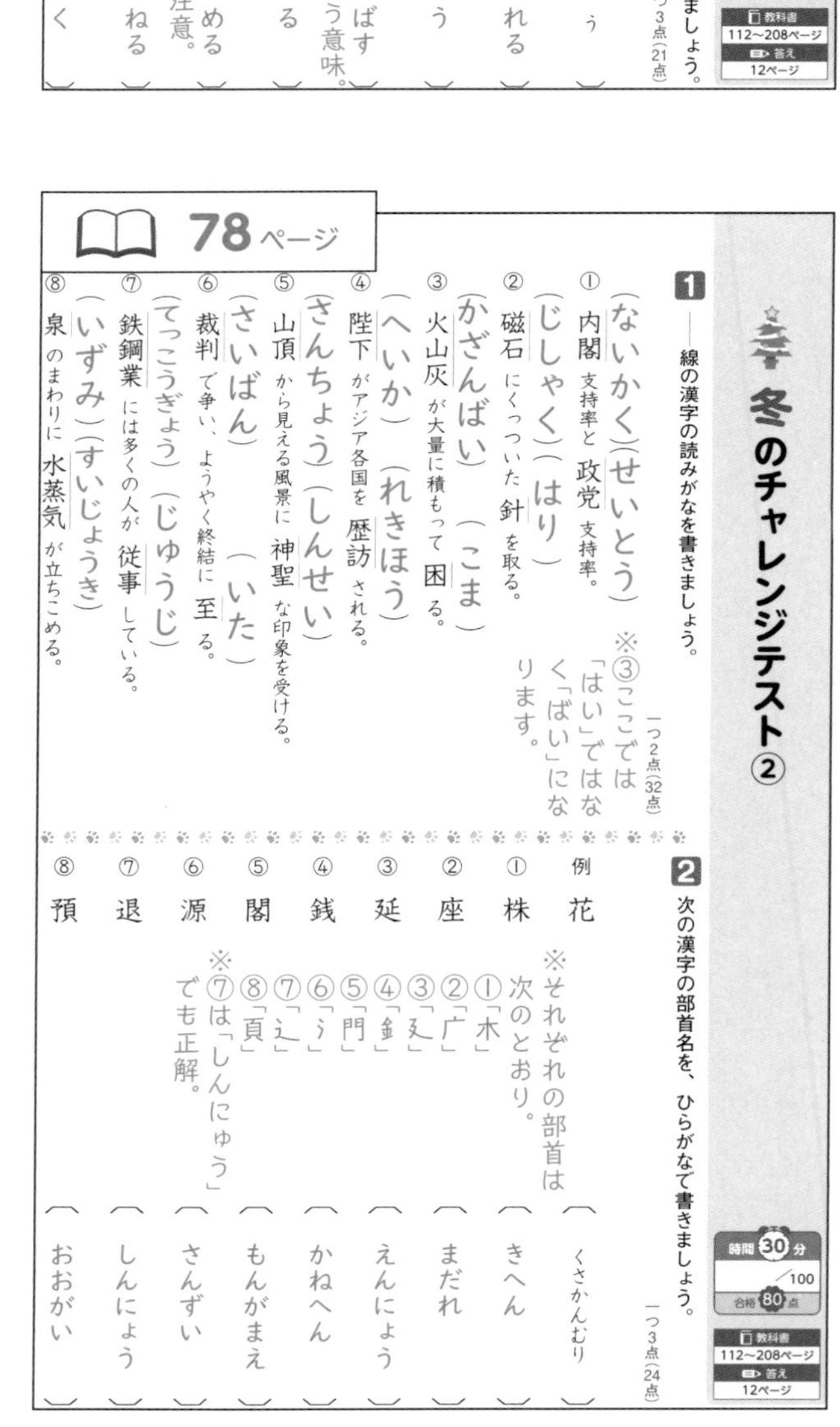

78ページ

冬のチャレンジテスト②

時間30分　／100　合格80点
教科書112〜208ページ　答え12ページ

1 ——線の漢字の読みがなを書きましょう。　一つ2点(32点)

① 内閣支持率と政党支持率。（ないかく）（せいとう）
② 磁石にくっついた針を取る。（じしゃく）（はり）
③ 火山灰が大量に積もって困る。（かざんばい）（こま）
※③ここでは「はい」ではなく「ばい」になります。
④ 陛下がアジア各国を歴訪される。（へいか）（れきほう）
⑤ 山頂から見える風景に神聖な印象を受ける。（さんちょう）（しんせい）
⑥ 裁判で争い、ようやく終結に至る。（さいばん）（いた）
⑦ 鉄鋼業には多くの人が従事している。（てっこうぎょう）（じゅうじ）
⑧ 泉のまわりに水蒸気が立ちこめる。（いずみ）（すいじょうき）

2 次の漢字の部首名を、ひらがなで書きましょう。　一つ3点(24点)

例 花（くさかんむり）
① 株（きへん）
② 座（まだれ）
③ 延（えんにょう）
④ 銭（かねへん）
⑤ 閣（もんがまえ）
⑥ 源（さんずい）
⑦ 退（しんにょう）
⑧ 預（おおがい）

※それぞれの部首は次のとおり。
①「木」②「广」③「廴」④「金」⑤「門」⑥「氵」⑦「辶」⑧「頁」
※⑦は「しんにゅう」でも正解。

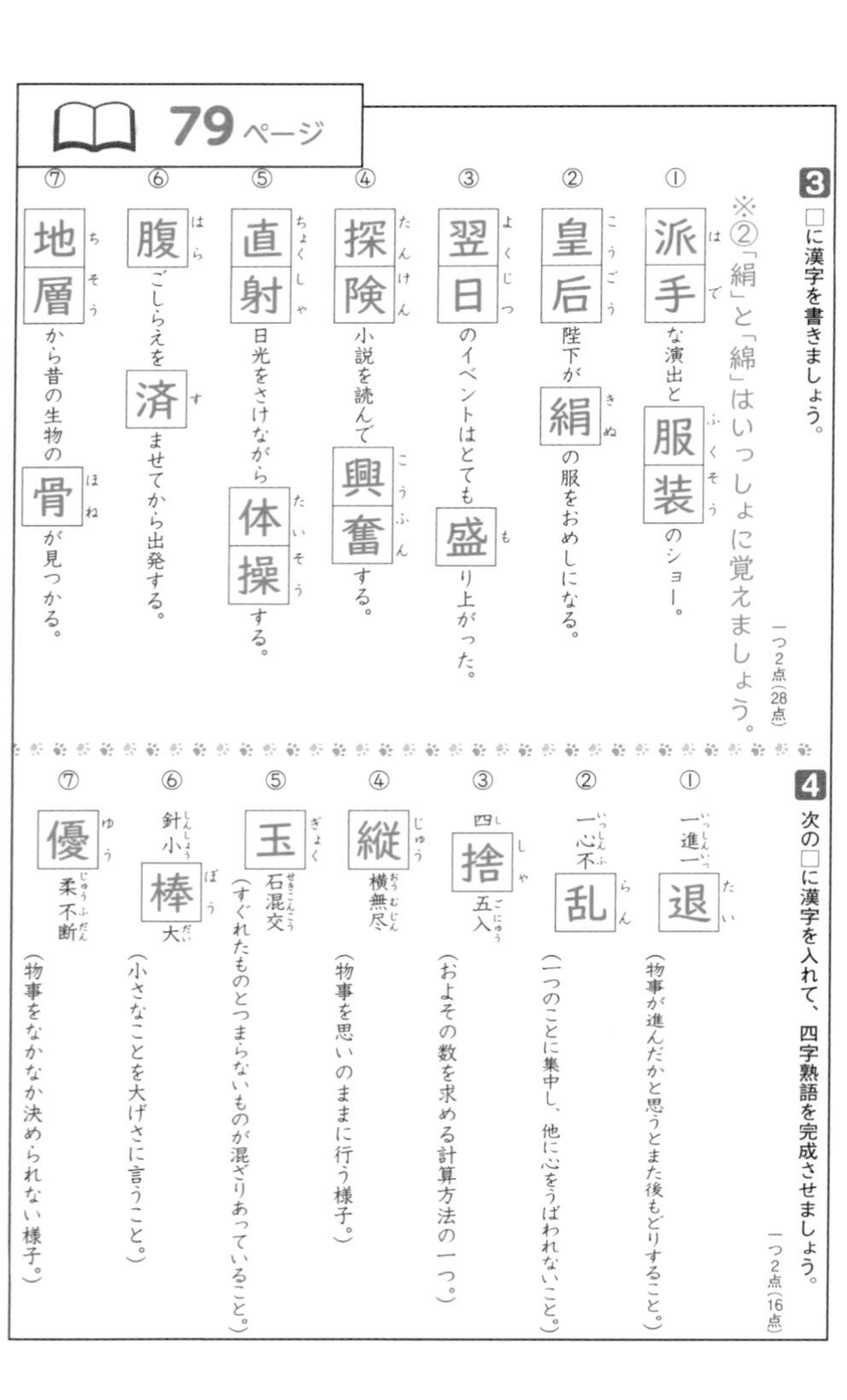

79ページ

3 □に漢字を書きましょう。　一つ2点(28点)

① 派手な演出と服装のショー。
② 皇后陛下が絹の服をおめしになる。
※②「絹」と「綿」はいっしょに覚えましょう。
③ 翌日のイベントはとても盛り上がった。
④ 探険小説を読んで興奮する。
⑤ 直射日光をさけながら体操する。
⑥ 腹ごしらえを済ませてから出発する。
⑦ 地層から昔の生物の骨が見つかる。

4 次の□に漢字を入れて、四字熟語を完成させましょう。　一つ2点(16点)

① 一進一退（物事が進んだかと思うとまた後もどりすること。）
② 一心不乱（一つのことに集中し、他に心をうばわれないこと。）
③ 四捨五入（およその数を求める計算方法の一つ。）
④ 縦横無尽（物事を思いのままに行う様子。）
⑤ 玉石混交（すぐれたものとつまらないものが混ざりあっていること。）
⑥ 針小棒大（小さなことを大げさに言うこと。）
⑦ 優柔不断（物事をなかなか決められない様子。）

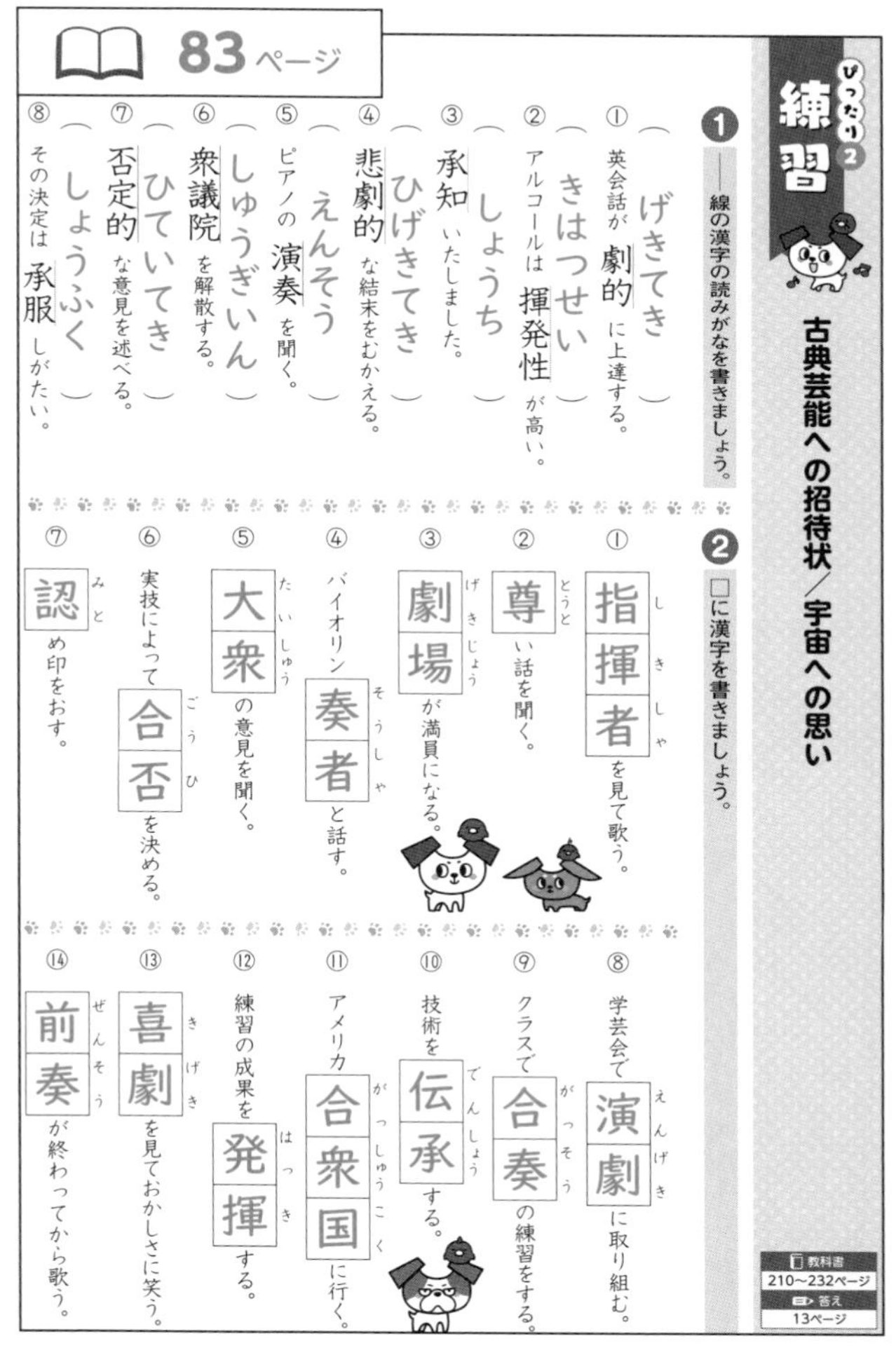

83ページ

練習 ぴったり2

古典芸能への招待状／宇宙への思い

1 ——線の漢字の読みがなを書きましょう。

① 英会話が劇的に上達する。（げきてき）
② アルコールは揮発性が高い。（きはつせい）
③ 承知いたしました。（しょうち）
④ 悲劇的な結末をむかえる。（ひげきてき）
⑤ ピアノの演奏を聞く。（えんそう）
⑥ 衆議院を解散する。（しゅうぎいん）
⑦ 否定的な意見を述べる。（ひていてき）
⑧ その決定は承服しがたい。（しょうふく）

2 □に漢字を書きましょう。

① 指揮者（しきしゃ）を見て歌う。
② 尊（とうと）い話を聞く。
③ 劇場（げきじょう）が満員になる。
④ バイオリン奏者（そうしゃ）と話す。
⑤ 大衆（たいしゅう）の意見を聞く。
⑥ 実技によって合否（ごうひ）を決める。
⑦ 認（みと）め印をおす。
⑧ 学芸会で演劇（えんげき）に取り組む。
⑨ クラスで合奏（がっそう）の練習をする。
⑩ 技術を伝承（でんしょう）する。
⑪ アメリカ合衆国（がっしゅうこく）に行く。
⑫ 練習の成果を発揮（はっき）する。
⑬ 喜劇（きげき）を見ておかしさに笑う。
⑭ 前奏（ぜんそう）が終わってから歌う。

教科書 210～232ページ　答え 13ページ

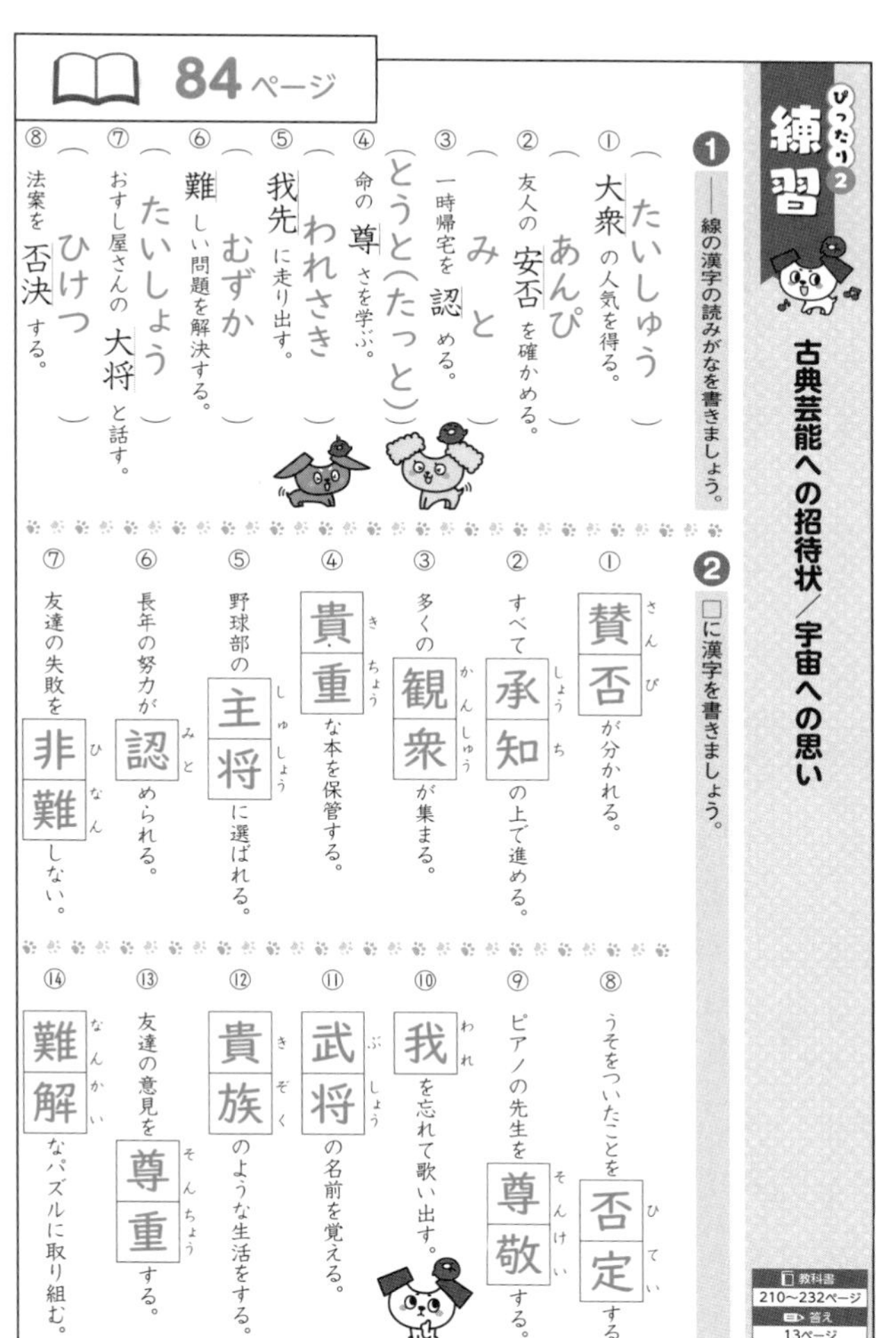

84ページ

練習 ぴったり2

古典芸能への招待状／宇宙への思い

1 ——線の漢字の読みがなを書きましょう。

① 大衆の人気を得る。（たいしゅう）
② 友人の安否を確かめる。（あんぴ）
③ 一時帰宅を認める。（みと）
④ 命の尊さを学ぶ。（とうと（たっと））
⑤ 我先に走り出す。（われさき）
⑥ 難しい問題を解決する。（むずか）
⑦ おすし屋さんの大将と話す。（たいしょう）
⑧ 法案を否決する。（ひけつ）

2 □に漢字を書きましょう。

① 賛否（さんぴ）が分かれる。
② すべて承知（しょうち）の上で進める。
③ 多くの観衆（かんしゅう）が集まる。
④ 貴重（きちょう）な本を保管する。
⑤ 野球部の主将（しゅしょう）に選ばれる。
⑥ 長年の努力が認（みと）められる。
⑦ 友達の失敗を非難（ひなん）しない。
⑧ うそをついたことを否定（ひてい）する。
⑨ ピアノの先生を尊敬（そんけい）する。
⑩ 我（われ）を忘れて歌い出す。
⑪ 武将（ぶしょう）の名前を覚える。
⑫ 貴族（きぞく）のような生活をする。
⑬ 友達の意見を尊重（そんちょう）する。
⑭ 難解（なんかい）なパズルに取り組む。

教科書 210～232ページ　答え 13ページ

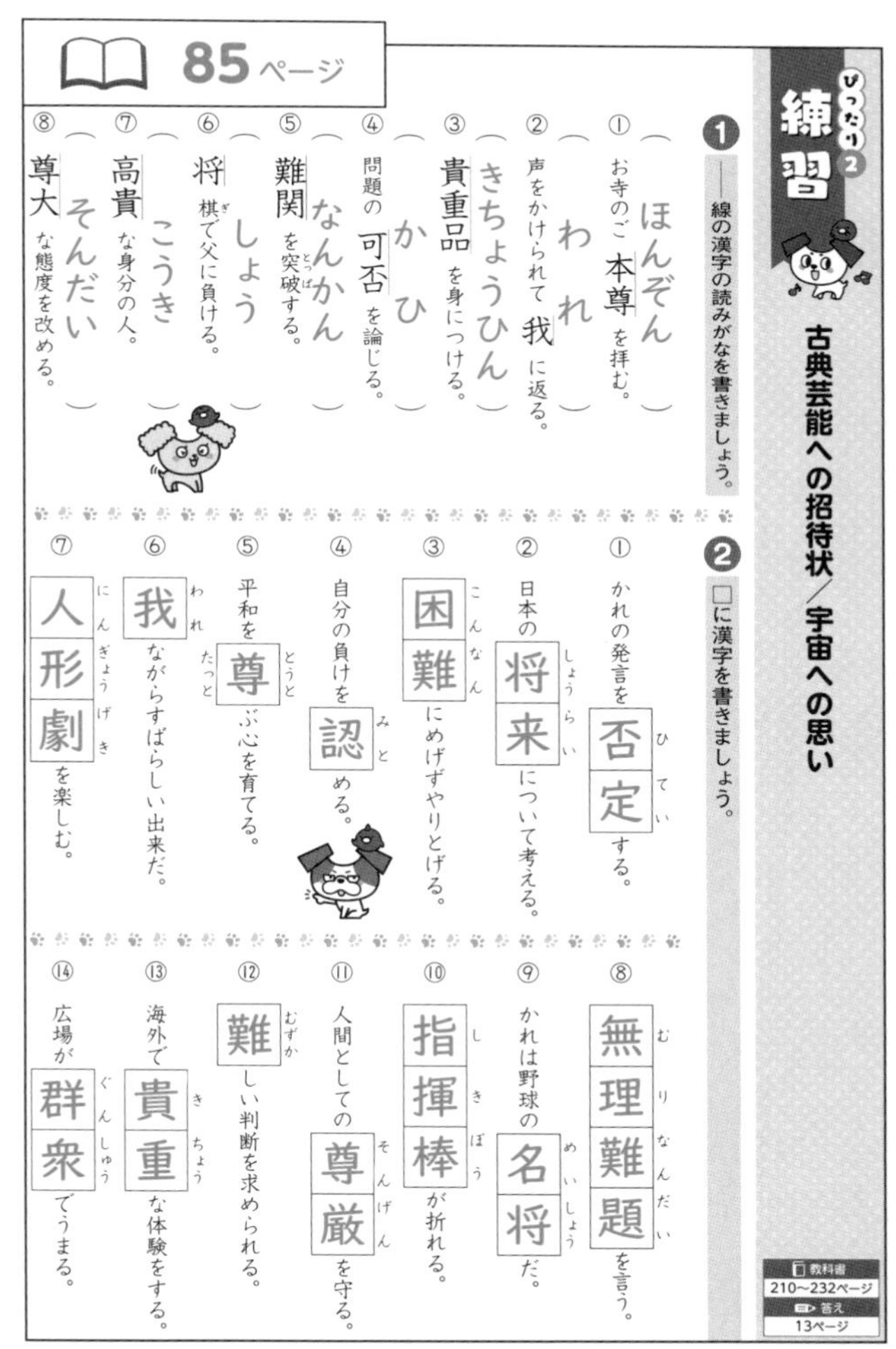

85ページ

練習 ぴったり2

古典芸能への招待状／宇宙への思い

1 ——線の漢字の読みがなを書きましょう。

① お寺のご本尊を拝む。（ほんぞん）
② 声をかけられて我に返る。（われ）
③ 貴重品を身につける。（きちょうひん）
④ 問題の可否を論じる。（かひ）
⑤ 難関を突破（とっぱ）する。（なんかん）
⑥ 将棋で父に負ける。（しょう）
⑦ 高貴な身分の人。（こうき）
⑧ 尊大な態度を改める。（そんだい）

2 □に漢字を書きましょう。

① かれの発言を否定（ひてい）する。
② 日本の将来（しょうらい）について考える。
③ 困難（こんなん）にめげずやりとげる。
④ 自分の負けを認（みと）める。
⑤ 平和を尊（とうと／たっと）ぶ心を育てる。
⑥ 我（われ）ながらすばらしい出来だ。
⑦ 人形劇（にんぎょうげき）を楽しむ。
⑧ 無理難題（むりなんだい）を言う。
⑨ かれは野球の名将（めいしょう）だ。
⑩ 指揮棒（しきぼう）が折れる。
⑪ 人間としての尊厳（そんげん）を守る。
⑫ 難（むずか）しい判断を求められる。
⑬ 海外で貴重（きちょう）な体験をする。
⑭ 広場が群衆（ぐんしゅう）でうまる。

教科書 210～232ページ　答え 13ページ

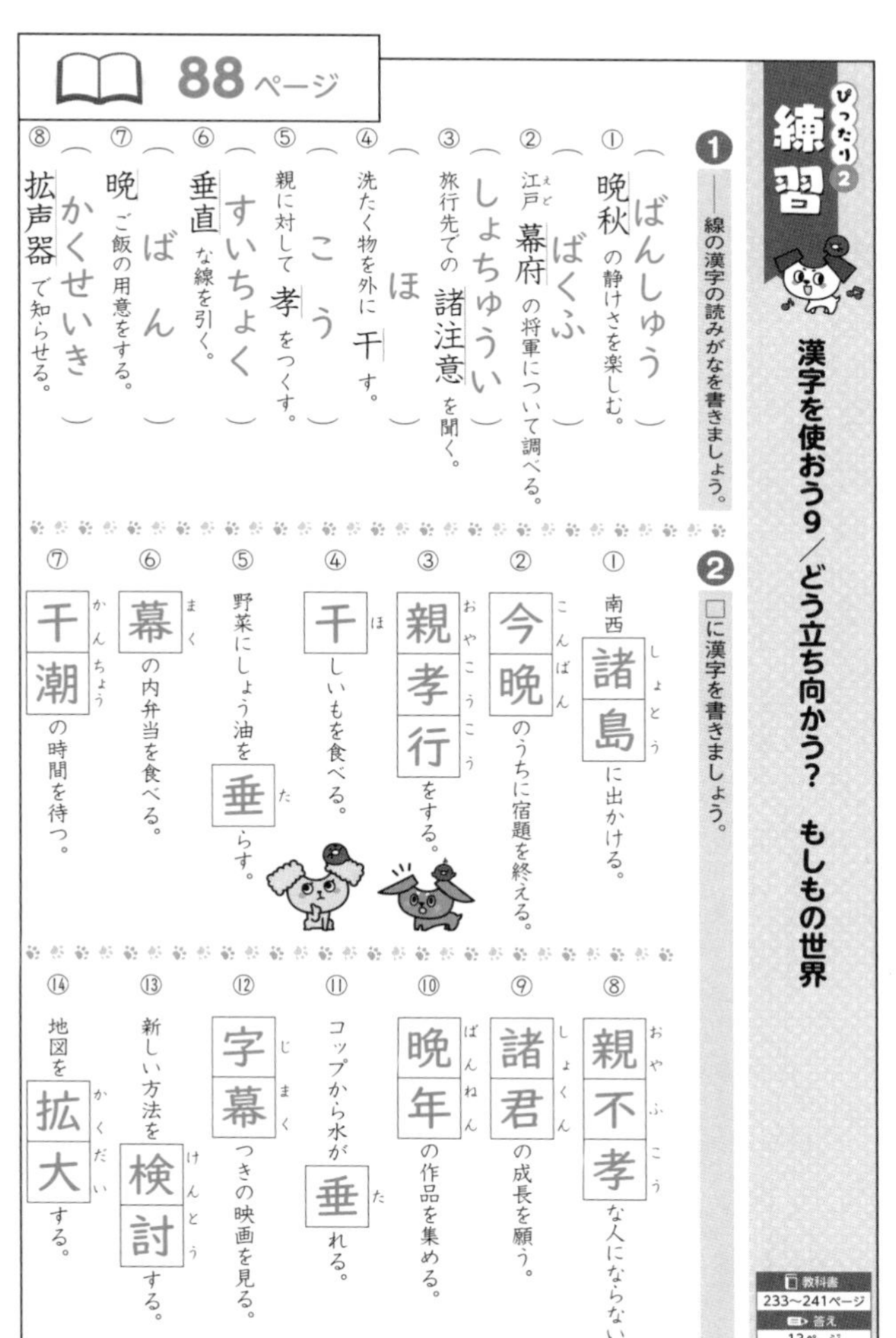

88ページ

練習 ぴったり2

漢字を使おう9／どう立ち向かう？　もしもの世界

1 ——線の漢字の読みがなを書きましょう。

① 晩秋の静けさを楽しむ。（ばんしゅう）
② 江戸（えど）幕府の将軍について調べる。（ばくふ）
③ 旅行先での諸注意を聞く。（しょちゅうい）
④ 洗たく物を外に干す。（ほ）
⑤ 親に対して孝をつくす。（こう）
⑥ 垂直な線を引く。（すいちょく）
⑦ 晩ご飯の用意をする。（ばん）
⑧ 拡声器で知らせる。（かくせいき）

2 □に漢字を書きましょう。

① 南西諸島（しょとう）に出かける。
② 今晩（こんばん）のうちに宿題を終える。
③ 親孝行（おやこうこう）をする。
④ 干（ほ）しいもを食べる。
⑤ 野菜にしょう油を垂（た）らす。
⑥ 幕（まく）の内弁当を食べる。
⑦ 干潮（かんちょう）の時間を待つ。
⑧ 親不孝（おやふこう）な人にならない。
⑨ 諸君（しょくん）の成長を願う。
⑩ 晩年（ばんねん）の作品を集める。
⑪ コップから水が垂（た）れる。
⑫ 字幕（じまく）つきの映画を見る。
⑬ 新しい方法を検討（けんとう）する。
⑭ 地図を拡大（かくだい）する。

教科書 233～241ページ　答え 13ページ

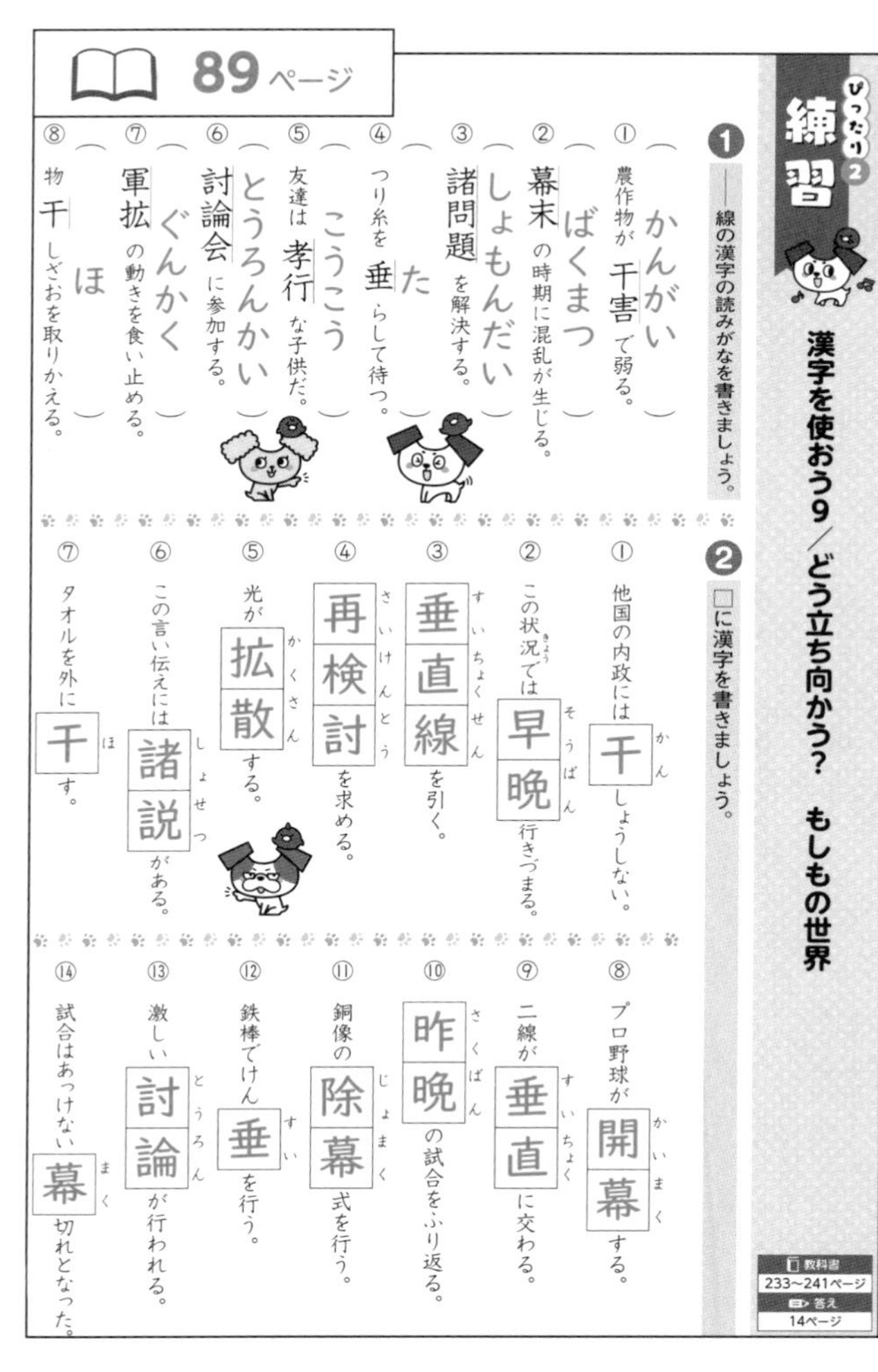

89ページ

ぴったり2 練習

漢字を使おう9／どう立ち向かう？ もしもの世界

教科書 233〜241ページ　答え 14ページ

1 ―線の漢字の読みがなを書きましょう。

① 農作物が干害で弱る。（かんがい）
② 幕末の時期に混乱が生じる。（ばくまつ）
③ 諸問題を解決する。（しょもんだい）
④ つり糸を垂らして待つ。（た）
⑤ 友達は孝行な子供だ。（こうこう）
⑥ 討論会に参加する。（とうろんかい）
⑦ 軍拡の動きを食い止める。（ぐんかく）
⑧ 物干しざおを取りかえる。（ほ）

2 □に漢字を書きましょう。

① 他国の内政には［干］(かん)しょうしない。
② この状況では［早晩］(そうばん)行きづまる。
③ ［垂直線］(すいちょくせん)を引く。
④ ［再検討］(さいけんとう)を求める。
⑤ 光が［拡散］(かくさん)する。
⑥ この言い伝えには［諸説］(しょせつ)がある。
⑦ タオルを外に［干］(ほ)す。
⑧ プロ野球が［開幕］(かいまく)する。
⑨ 二線が［垂直］(すいちょく)に交わる。
⑩ ［昨晩］(さくばん)の試合をふり返る。
⑪ 銅像の［除幕］(じょまく)式を行う。
⑫ 鉄棒でけん［垂］(すい)を行う。
⑬ 激しい［討論］(とうろん)が行われる。
⑭ 試合はあっけない［幕］(まく)切れとなった。

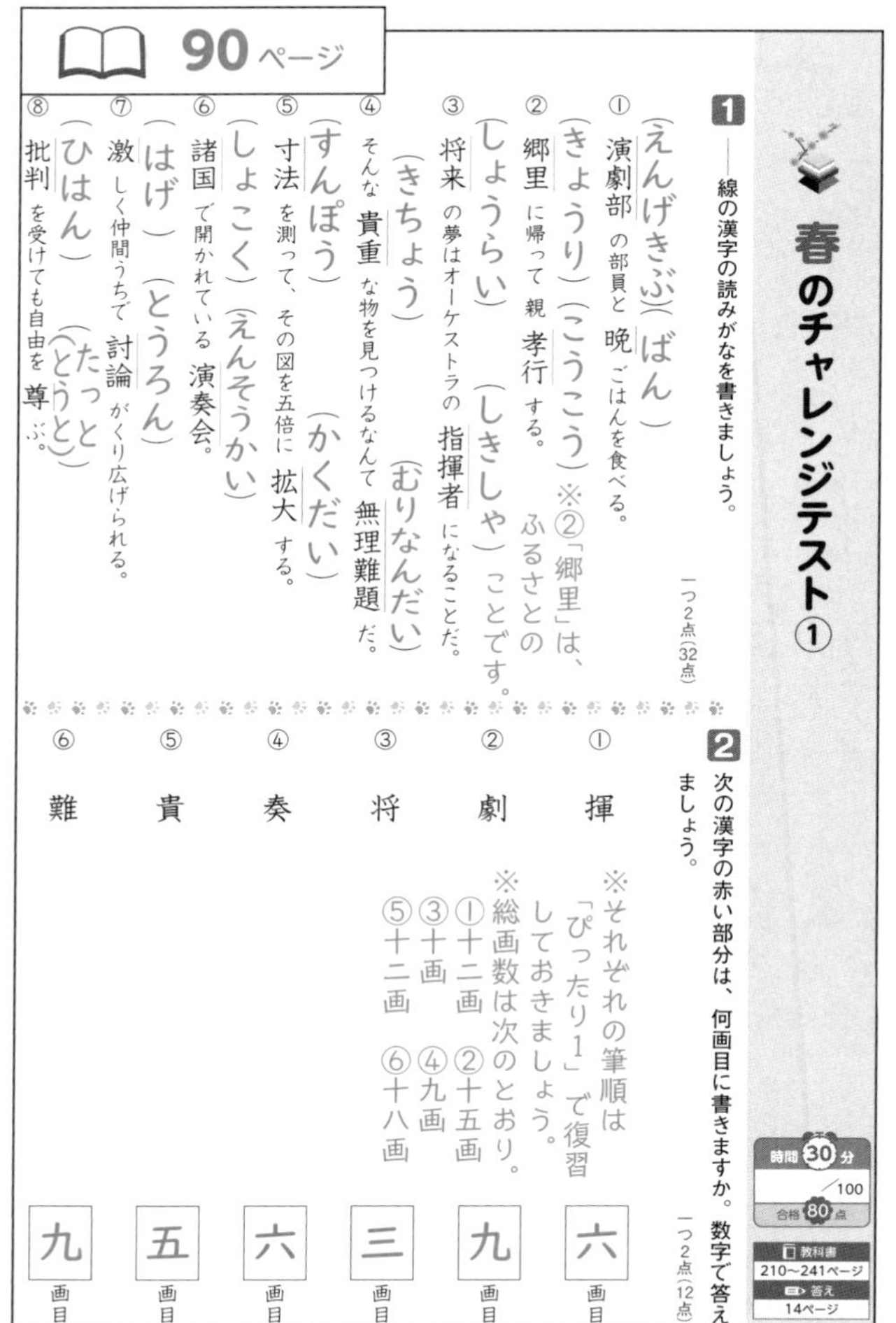

90ページ

春のチャレンジテスト①

時間30分　/100　合格80点
教科書 210〜241ページ　答え 14ページ

1 ―線の漢字の読みがなを書きましょう。　一つ2点（32点）

① 演劇部の部員と晩ごはんを食べる。（えんげきぶ）（ばん）
② 郷里に帰って親孝行する。（きょうり）（こうこう）
※②「郷里」は、ふるさとのことです。
③ 将来の夢はオーケストラの指揮者になることだ。（しょうらい）（しきしゃ）
④ そんな貴重な物を見つけるなんて無理難題だ。（きちょう）（むりなんだい）
⑤ 寸法を測って、その図を五倍に拡大する。（すんぽう）（かくだい）
⑥ 諸国で開かれている演奏会。（しょこく）（えんそうかい）
⑦ 激しく仲間うちで討論がくり広げられる。（はげ）（とうろん）
⑧ 批判を受けても自由を尊ぶ。（ひはん）（たっと）（とうと）

2 次の漢字の赤い部分は、何画目に書きますか。数字で答えましょう。　一つ2点（12点）

① 揮　六画目
② 劇　九画目
③ 将　三画目
④ 奏　六画目
⑤ 貴　五画目
⑥ 難　九画目

※それぞれの筆順は「ぴったり1」で復習しておきましょう。
※総画数は次のとおり。
①十二画　②十五画　③十画　④九画　⑤十二画　⑥十八画

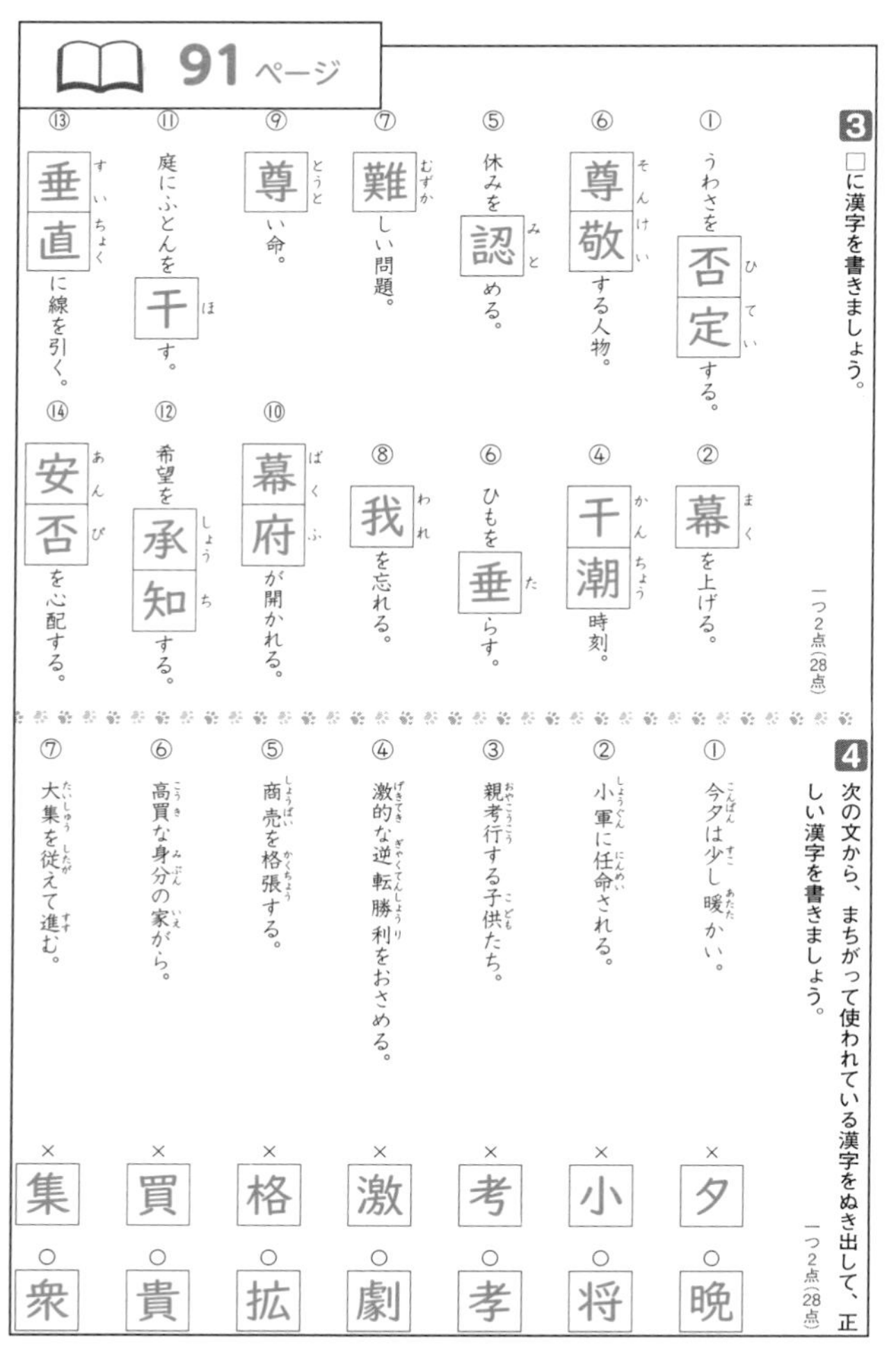

91ページ

3 □に漢字を書きましょう。　一つ2点（28点）

① うわさを［否定］(ひてい)する。
② ［幕］(まく)を上げる。
③ ［尊敬］(そんけい)する人物。
④ ［干潮］(かんちょう)時刻。
⑤ 休みを［認］(みと)める。
⑥ ひもを［垂］(た)らす。
⑦ ［難］(むずか)しい問題。
⑧ ［我］(われ)を忘れる。
⑨ ［尊］(とうと)い命。
⑩ ［幕府］(ばくふ)が開かれる。
⑪ 庭にふとんを［干］(ほ)す。
⑫ 希望を［承知］(しょうち)する。
⑬ ［垂直］(すいちょく)に線を引く。
⑭ ［安否］(あんぴ)を心配する。

4 次の文から、まちがって使われている漢字をぬき出して、正しい漢字を書きましょう。　一つ2点（28点）

① 今夕は少し暖かい。　×夕　○晩
② 小軍に任命される。　×小　○将
③ 親考行する子供たち。　×考　○孝
④ 激的な逆転勝利をおさめる。　×激　○劇
⑤ 商売を格張する。　×格　○拡
⑥ 高買な身分の家がら。　×買　○貴
⑦ 大集を従えて進む。　×集　○衆

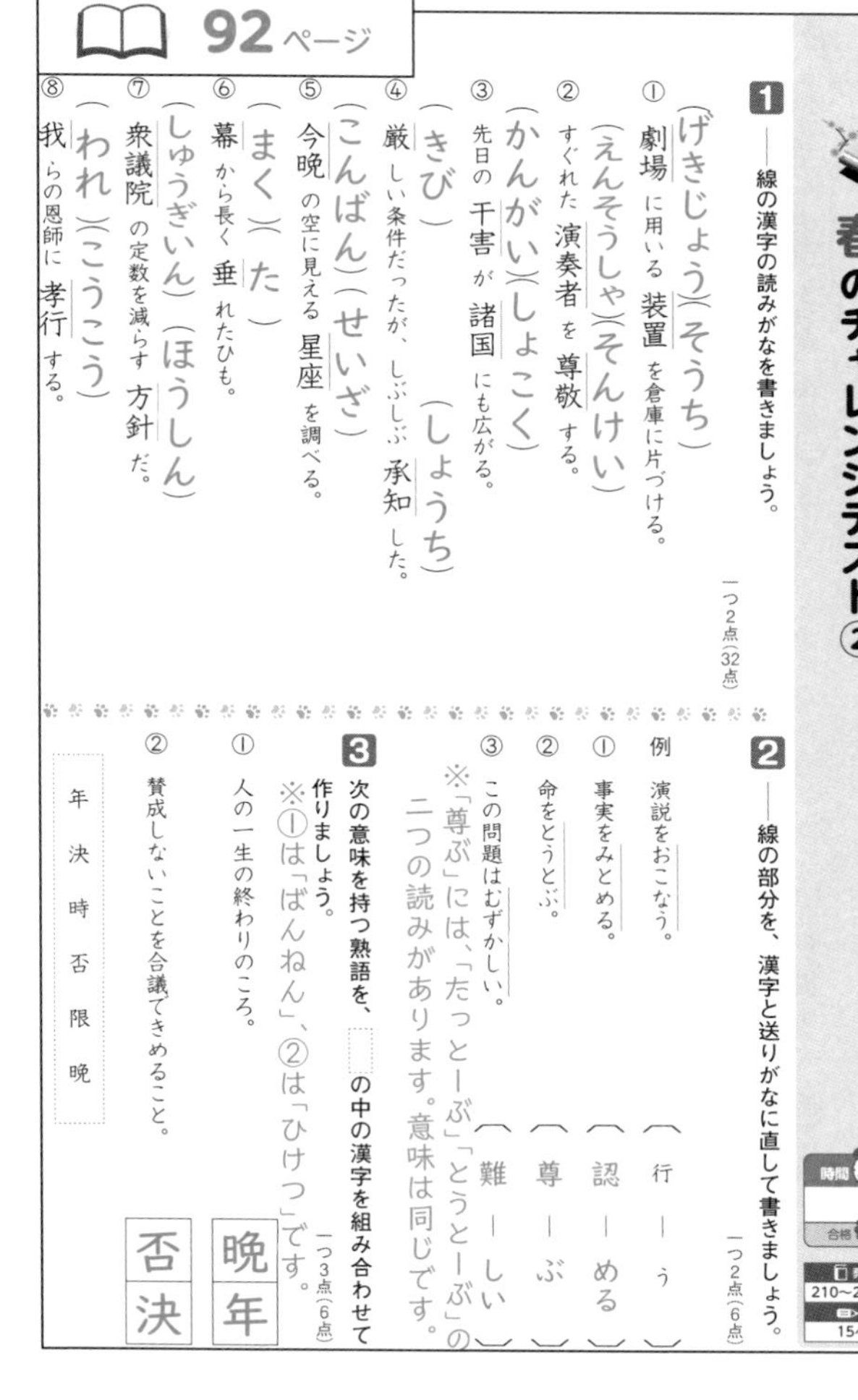

92ページ

春のチャレンジテスト②

時間30分　／100　合格80点
教科書210～241ページ　答え15ページ

1 ――線の漢字の読みがなを書きましょう。　一つ2点(32点)

① 劇場(げきじょう)に用いる装置(そうち)を倉庫に片づける。
② すぐれた演奏者(えんそうしゃ)を尊敬(そんけい)する。
③ 先日の干害(かんがい)が諸国(しょこく)にも広がる。
④ 厳(きび)しい条件だったが、しぶしぶ承知(しょうち)した。
⑤ 今晩(こんばん)の空に見える星座(せいざ)を調べる。
⑥ 幕(まく)から長く垂(た)れたひも。
⑦ 衆議院(しゅうぎいん)の定数を減らす方針(ほうしん)だ。
⑧ 我(われ)らの恩師に孝行(こうこう)する。

2 ――線の部分を、漢字と送りがなに直して書きましょう。　一つ2点(6点)

例 演説をおこなう。(行－う)
① 事実をみとめる。(認－める)
② 命をとうとぶ。(尊－ぶ)
③ この問題はむずかしい。(難－しい)

※「尊ぶ」には、「たっと－ぶ」「とうと－ぶ」の二つの読みがあります。意味は同じです。

3 次の意味を持つ熟語を、□の中の漢字を組み合わせて作りましょう。　一つ3点(6点)

※①は「ばんねん」、②は「ひけつ」です。

① 人の一生の終わりのころ。　晩年
② 賛成しないことを合議できめること。　否決

年　決　時　否　限　晩

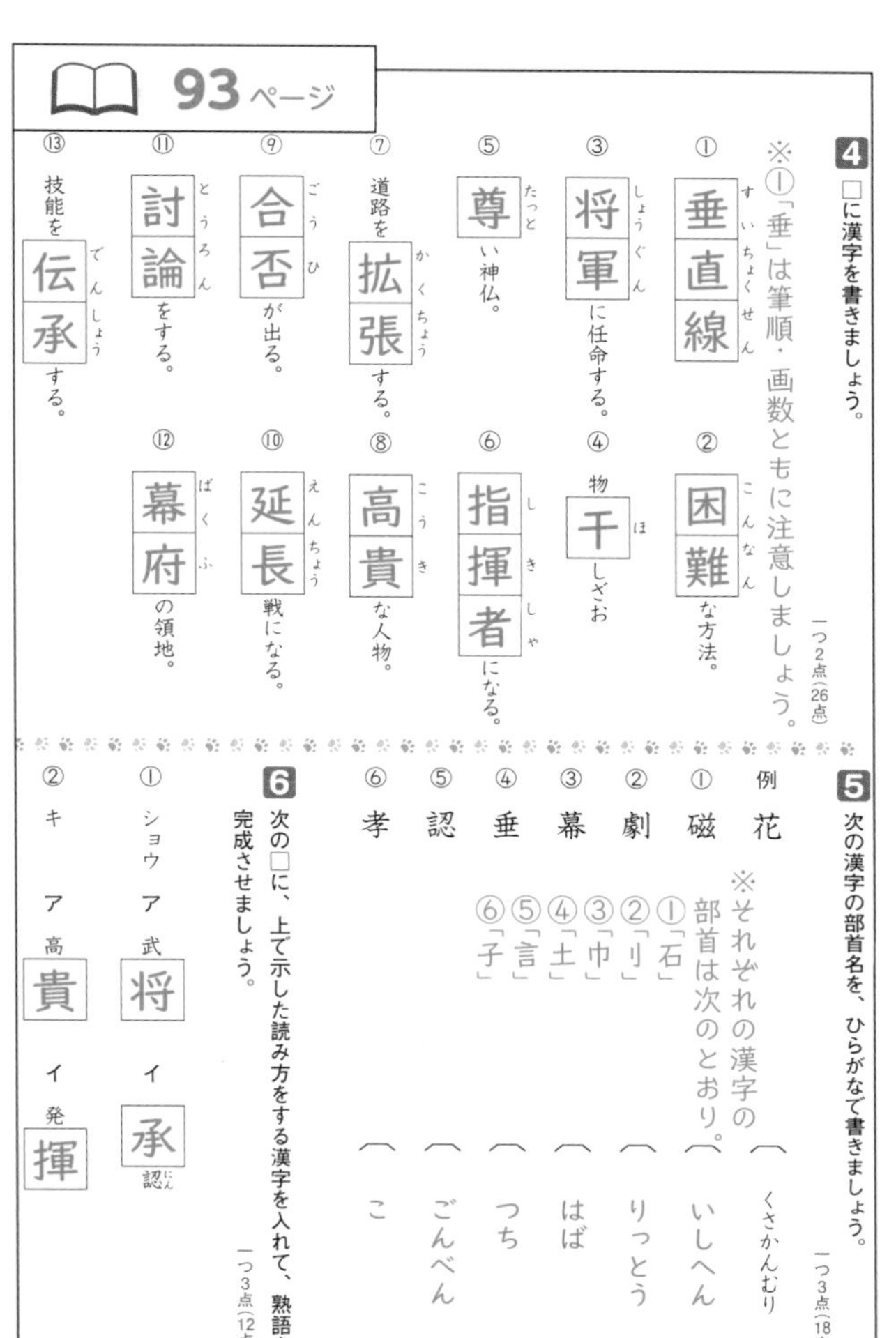

93ページ

4 □に漢字を書きましょう。　一つ2点(26点)

※①「垂」は筆順・画数ともに注意しましょう。

① 垂直線(すいちょくせん)
② 困難(こんなん)な方法。
③ 将軍(しょうぐん)に任命する。
④ 物干(ほ)しざお
⑤ 尊(たっと)い神仏。
⑥ 指揮者(しきしゃ)になる。
⑦ 道路を拡張(かくちょう)する。
⑧ 高貴(こうき)な人物。
⑨ 合否(ごうひ)が出る。
⑩ 延長(えんちょう)戦になる。
⑪ 討論(とうろん)をする。
⑫ 幕府(ばくふ)の領地。
⑬ 技能を伝承(でんしょう)する。

5 次の漢字の部首名を、ひらがなで書きましょう。　一つ3点(18点)

例 花(くさかんむり)
① 磁(いしへん)
② 劇(りっとう)
③ 幕(はば)
④ 垂(つち)
⑤ 認(ごんべん)
⑥ 孝(こ)

※それぞれの漢字の部首は次のとおり。①「石」②「刂」③「巾」④「土」⑤「言」⑥「子」

6 次の□に、上で示した読み方をする漢字を入れて、熟語を完成させましょう。　一つ3点(12点)

① ショウ　ア 武将　イ 承認
② キ　ア 高貴　イ 発揮

学力診断（しんだん）テスト①

6年 漢字のまとめ

名前　　月　日

時間 30分　合格80点　/100

答え 16ページ

1 ——線の漢字の読みがなを書きましょう。（一つ1点（25点））

① 展覧会（てんらんかい）で、お気に入りの絵を探（さが）す。
② 養蚕（ようさん）業がさかんな町を訪問（ほうもん）する。
③ 卵（たまご）を使ったごく簡素（かんそ）な料理を作る。
④ 潮（しお）の香りのする海辺を散策（さんさく）する。
⑤ 熟（じゅく）したサクランボを果樹園（かじゅえん）で食べた。
⑥ 郷里（きょうり）に行くため、明晩（みょうばん）から留守にします。
⑦ 批判（ひはん）されても誠意（せいい）をもって対応する。
⑧ 肺呼吸（はいこきゅう）の生き物についての調査を済（す）ませる。
⑨ 通訳（つうやく）について学んだ恩師（おんし）を、終生敬（うやま）う。
⑩ 大雨警報（けいほう）が夜になって解除（かいじょ）される。
⑪ 皮革（ひかく）製品を売っている店で値段（ねだん）をきく。
⑫ 数々の困難（こんなん）を経て、優勝（ゆうしょう）することができた。

2 □に漢字を書きましょう。（一つ1点（25点））

① 消灯［時刻］（じこく）を過ぎても、話が［盛］（も）り上がる。
② まだ［補欠］（ほけつ）だが、［成長株］（せいちょうかぶ）の選手。
③ ［机］（つくえ）の上を［片］（かた）づける。
④ エンジン［装置］（そうち）から［異様］（いよう）な音がする。
⑤ 布を［染］（そ）めたところ、少し［縮］（ちぢ）んだ。
⑥ 腹が立ち、［興奮］（こうふん）して［我］（われ）を［忘］（わす）れる。
⑦ ［班員］（はんいん）の話は［筋道］（すじみち）が通っている。
⑧ ［分担］（ぶんたん）して、ごみを［捨］（す）てる。
⑨ ［悲劇］（ひげき）をあつかった［映画］（えいが）をみる。
⑩ ［針］（はり）の［穴］（あな）に糸を通す。
⑪ ［翌日］（よくじつ）のバスの［運賃］（うんちん）を確かめる。
⑫ ［心臓］（しんぞう）の悪い病人を［看護］（かんご）する。

●裏にも問題があります。

3 ——線の部分を、漢字と送りがなに分けて書きましょう。（一つ1点（6点））

① 会社につとめる。（勤—める）
※×務める
② あぶない橋をわたる。（危—ない）
※×危い
③ かれの言葉をうたがう。（疑—う）
※「疑い」「疑う」と覚えましょう。
④ 自分がやったとみとめる。（認—める）
※×認る
⑤ 大家族でくらす。（暮—らす）
⑥ 日差しがあたたかい。（暖—かい）
※「温かい」とのちがいに気をつけましょう。

4 次の□に共通して入る漢字を書きましょう。（一つ1点（6点））

① 役□・□り算・□り当て　割
② □比べ・□景・□中　背
※せいくらべ・はいけい・せなか
③ 車を□りる・雪が□る・□参　降
※お・りる・ふ・る・こうさん
④ □幕・□じる・□まる　閉
※へいまく・と・じる・し・まる
⑤ 絵□物・全二十□・舌を□く　巻
⑥ お□を連れる・□給・花を□える　供
※「そな・える」は、神仏にさしあげる、という意味です。

5 次の漢字の中で、他の三つと総画数がちがうものを選び、その漢字と総画数を書きましょう。（一つ1点（6点））

		漢字	総画数
①	処 冊 片 庁　※他は五画。	片	四画
②	亡 己 千 尺　※他は三画。	尺	四画
③	閣 聖 障 誤	聖	十三画

6 次の漢字の赤い部分は、何画目に書きますか。数字で答えましょう。（一つ1点（6点））

① 域　十一画目
※この「、」は最後に書きます。
② 若　四画目
※「右」も横画より左ばらいを先に書きます。
③ 敵　六画目
④ 承　六画目
※総画数は八画です。
⑤ 臨　七画目
⑥ 骨　四画目
※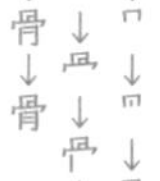

7 次の□に、上で示した読み方をする漢字を入れて、熟語を完成させましょう。（一つ2点（26点））

① コウ　ア 皇室　イ 紅白　ウ 鋼鉄　エ 親孝行
② セン　ア 専門　イ 開会宣言　ウ 温泉　エ 洗面器　オ 銭湯
③ シュウ　ア 収入　イ 宗教　ウ 就職　エ 衆議院

学力診断テスト②

6年 漢字のまとめ

学力診断テスト②

名前

月 日

時間 30分

合格80点 ／100

答え 17ページ

1 ――線の漢字の読みがなを書きましょう。 一つ1点(25点)

① 好きな作家の遺作（いさく）となった推理（すいり）小説を読む。
② 楽器ごとの班（はん）に分かれて、演奏会（えんそうかい）の練習をする。
③ 券売機（けんばいき）がいきなり故障（こしょう）した。
④ 貴重（きちょう）な体験談を冊子（さっし）にまとめる。
⑤ 念願だった大仏を拝（おが）んで、とても感激（かんげき）する。
⑥ 電気系統（けいとう）のシステムを操作（そうさ）する。
⑦ 派生（はせい）した問題は、枚挙（まいきょ）にいとまがない。
⑧ 新しいものを創作（そうさく）するために力を発揮（はっき）する。
⑨ 県庁（けんちょう）の相談窓口（まどぐち）に一時間並（なら）ぶ。
⑩ 学者が地層（ちそう）のできかたについて意欲的（いよくてき）に調べる。
⑪ 憲法（けんぽう）では、個人の尊重（そんちょう）がうたわれる。
⑫ 厳（きび）しい運命とたたかう若者（わかもの）が主人公の物語。

2 □に漢字を書きましょう。 一つ1点(25点)

① 二国間の［同］［盟］（どうめい）が締結に［至］（いた）る。
② ［注］［射］（ちゅうしゃ）のあとが［傷］（きず）になる。
③ こわれた［模］［型］（もけい）を［処］［分］（しょぶん）する。
④ 二つの［政］［党］（せいとう）が［討］［論］（とうろん）を行う。
⑤ ［著］［名］（ちょめい）な作家が［誕］［生］（たんじょう）して百年だ。
⑥ 大通り［沿］（ぞ）いの店で買い物をして［帰］［宅］（きたく）する。
⑦ ［権］［利］（けんり）を主張したが、［否］［定］（ひてい）された。
⑧ ［穀］［物］（こくもつ）を燃やして［灰］（はい）をつくる。
⑨ ［月］［刊］［誌］（げっかんし）が［郵］［送］（ゆうそう）で［届］（とど）く。
⑩ ［胃］［腸］（いちょう）の病気を［疑］（うたが）う。
⑪ 江戸［幕］［府］（ばくふ）の［将］［軍］（しょうぐん）は十五人だ。
⑫ ［宇］［宙］（うちゅう）に行くのが［幼］（おさな）いころからの夢です。

裏にも問題があります。

3 □に漢字を入れて、矢印の上と下の言葉が反対の意味になるようにしましょう。 一つ1点(8点)

① 満潮 ↕ ［干］潮（かんちょう）
② 横断 ↕ ［縦］断（じゅうだん）
③ 短縮 ↕ ［延］長（えんちょう）
④ 縮小 ↕ ［拡］大（かくだい）
⑤ 入室 ↕ ［退］室（たいしつ）
⑥ 水平 ↕ ［垂］直（すいちょく）
⑦ 悪意 ↕ ［善］意（ぜんい）
⑧ 整然 ↕ ［乱］雑（らんざつ）

4 次の漢字の●でかくれた部分は、はねますか、はねませんか。はねる場合は○、はねない場合は×で答えましょう。 一つ1点(4点)

① 預 ［○］
② 亡 ［×］
③ 就 ［○］
④ 片 ［×］

5 次の意味をもつ熟語を、□の漢字を組み合わせて作りましょう。 一つ2点(10点)

① 物事を行うのが非常にむずかしい様子。 ［困難］
② 人に知らせずに、かくしておく事がら。 ［秘密］
③ 液体がその表面から気体になる現象。 ［蒸発］
④ 鉄を引きつけるはたらきをもつ物体。 ［磁石］
※ここの「石」はシャクと読みます。
⑤ 気持ちがあかるく、ほがらかなこと。 ［明朗］

密 石 明 困 発 磁 秘 蒸 朗 難

6 次の①～⑧の中に漢字を入れ、漢字のしりとりを完成させます。当てはまる漢字を□の中から選び、書きましょう。 一つ2点(16点)

○ 公 → ① → ① 立 → 立 候 → ② → ② 欠
○ 黄 → ③ → ③ 鉄 → 鉄 → ④ → ④ 線
○ 屋 根 → ⑤ → ⑤ 山 → 山 → ⑥ → ⑥ 点
○ 通 → ⑦ → ⑦ 語 → 語 → ⑧ → ⑧ 流

裏 訳 補 源 頂 棒 砂 私

① ［私］ ② ［補］ ③ ［砂］ ④ ［棒］
⑤ ［裏］ ⑥ ［頂］ ⑦ ［訳］ ⑧ ［源］

※①「公私」は、おおやけのことわたくしごと。

7 次の文から、まちがって使われている漢字をぬき出して、正しい漢字を書きましょう。 上下それぞれ1点(12点)

※すべて音読みは同じだがちがう漢字になります。

① 昨判から腹痛で苦しむ。 ×［判］ ○［晩］
② バッテリー内臓の電話機。 ×［臓］ ○［蔵］
※「内臓」という言葉もあります。
③ 単準明快な説明。 ×［準］ ○［純］
④ 国王閉下のスピーチ。 ×［閉］ ○［陛］
⑤ 南西署島を旅する。 ×［署］ ○［諸］
⑥ 旅先で肺句を作る。 ×［肺］ ○［俳］

漢字クイズ

1
①異 ②欲 ③善 ④熟

2
①革 ②善 ③朗 ④危 ⑤降 ⑥簡

3
①源 ②訳 ③策 ④模

4
①阝 ②亻 ③金

5
①イ ②イ ③ア ④ア ⑤イ ⑥ア ⑦イ ⑧イ ⑨ア ⑩ア

6
①干 ②態 ③証 ④今 ⑤選 ⑥供